Das Hobbythek Buch 8

Jean Pütz

DAS HOBBYTHEK-BUCH 8

Unter Mitarbeit von
Heinz Gollhardt

vgs

CIP-Kurztitelaufnahme der Deutschen Bibliothek

Pütz, Jean:
Das Hobbythek-Buch/Jean Pütz. Unter Mitarb. von
Heinz Gollhardt. – Köln: vgs
Bd. 2 verf. von Jean Pütz; Wolfgang Back.
Bd. 1 und d. T.: Back, Wolfgang: Das Hobbythek-Buch
NE: Back, Wolfgang:
8. – 1. Auflage – 1983
ISBN 3-8025-6107-4

Bildquellen:

Klaus Tietze, Düsseldorf, S. 1, Abb. 1 b, c, d; S. 60, Abb. 1 b. Staatliche Antikensammlungen und Glyptothek, München, S. 10, Abb. 2. Deutsches Museum, München, S. 10, Abb. 3, 4; S. 46, Abb. 1. Carl W. Egeling, Bad Hersfeld, S. 14, Abb. 7. Degussa AG, Frankfurt, S. 35, Abb. 2. Annemarie Bamborschke, Berlin, S. 38, Abb. 4, 5; S. 39, Abb. 6. Staatliches Museum für Völkerkunde, München, S. 46, Abb. 1. Keramik-Museum, Mettlach, S. 51, Abb. 3. Norbert Golluch, Rösrath, S. 55, Abb. 1. Jean Pütz, Köln, S. 62, Abb. 1; S. 109, Abb. 1; S. 118, Abb. 9a; S. 151, Abb. 42; S. 152, Abb. 43. Georg-August-Universität, Göttingen, S. 63, Abb. 2. Wolfgang Arntz, Wermelskirchen II, S. 67, Abb. 6; S. 71, Abb. 3; S. 82, Abb. 1; S. 84, Abb. 5. Bildarchiv Werner Büdeler, Thalham/Obb., S. 82, Abb. 2. I.S.E.L., Tokio, S. 113, Abb. 4; S. 150, Abb. 41.
Gerhard Praßer, Köln: alle übrigen Fotos.
Thomsen-Elektronik, Greifenstein-Nenderoth: alle Schaltpläne.
Ernst Ebner, Bad Brückenau: alle Zeichnungen.

1. Auflage 1983

Reproduktion der Abbildungen: Scharf-Lithographie, Köln
Satz: ICS Computersatz, Bergisch Gladbach
Druck: Industrie + Werbedruck, Herford
Printed in Germany
ISBN 3-8025-6107-4

Inhalt

Gießton – alte Technik wird wieder entdeckt

Abb. 1: Dies alles sind Gegenstände aus Gießton. *Oben links:* Hier sieht man einen Rohling noch in der Form; *unten links:* noch unglasierte Tongegenstände; *unten rechts:* das Gießton-Verfahren eignet sich vor allem zur Serienherstellung; *oben rechts:* machen Sie sich doch Ihr Geschirr einmal selbst.

Das Arbeiten mit Ton war immer schon beliebt. Aber das Interesse, das ihm jetzt gilt, läßt auf mehr schließen als nur ein Bedürfnis nach Selbstbetätigung.
In einer Zeit zunehmender Technisierung, Automatisierung und Entfremdung von natürlichen Stoffen und natürlicher Umwelt sehnen sich die Menschen besonders stark nach Tätigkeiten, bei denen sie noch ohne hochgezüchtete technische Hilfsmittel mit eigenen Händen und mit natürlichen Materialien etwas zustandebringen können. Das Arbeiten mit Ton und anderen keramischen Materialien erfüllt diesen Wunsch geradezu ideal. Hier kann man etwas tun, was unsere Vorfahren vor 10 000 Jahren auch bereits konnten – wir werden dazu gleich noch mehr hören. Reine Nostalgie also? Ein bißchen mehr ist es schon. Auf diese Weise werden alte Kulturtechniken – und handwerkliche Techniken rechnen durchaus dazu – lebendig erhalten und sogar weiterentwickelt. Vieles auf diesem Gebiet ist nämlich bereits verloren. Man findet zum Beispiel heute kaum noch jemanden, der einem fachgerecht ein Möbelstück polieren kann. Und bestimmte Techniken der Herstellung von farbigem Glas sind ganz verlorengegangen.
Sie werden vielleicht fragen, warum sich die Hobbythek nicht früher ausführlich mit dem Thema Keramik beschäftigt hat. Nun: beschäftigt haben wir uns damit schon einmal; und zwar im *Hobbythek-Buch 1*, wo es allerdings nur um das Töpfern mit einer Tonmischung geht, die man nicht zu brennen braucht. Für erste Geschicklichkeitsübungen ist diese Methode auch heute noch zu empfehlen. Hier aber werden wir weitergehen und Ihnen eine besonders interessante Technik vorführen, das sogenannte *Gießton-Verfahren* oder fachmännisch auch *Schlickergießen* genannt.
Aber wir haben mit diesem Thema auch noch aus einem anderen Grund etwas gewartet. Wir meinen, daß das Töpfern erst richtig Spaß macht, wenn man nicht mit jeder Schüssel oder jedem Becher auf die Suche nach einem Brennofen gehen muß. Der eigene Brennofen macht den Spaß erst komplett. Und wenn man – wie es bei der Gießtechnik leicht zu machen ist – sich ganze Geschirre selbst herstellt oder Kacheln für eine ganze Küchenwand selbst bemalt, dann braucht man einfach einen Brennofen. Und zwar einen geräumigen. In die kleinen Brennöfen zum Emallieren bekommt man nämlich nicht einmal eine einzige Kachel hinein. Trotzdem kosten sie 350 Mark und mehr. Außerdem erreichen sie die Temperatur für einen Keramikbrand gar nicht.
Die *Hobbythek* hat durch ihre Empfehlungen schon manches in Bewegung gesetzt. Das scheint in diesem Fall auch auf die Preise für Brennöfen zuzutreffen. Früher mußte man für einen Ofen mit 40 Liter Inhalt 2500 Mark und mehr hinlegen. Heute bekommt man ihn schon für rund 1000 Mark – und zwar mit Temperatursteuerung. Mehr dazu sagen wir Ihnen im Anhang ab *Seite 167.*
Wenn Sie mit Hilfe unserer Vorschläge Ihre ersten Schüsseln, Tassen, Teller usw. hergestellt haben und sich sicher sind, daß Ihnen die Sache Spaß macht, dann sollten Sie sich einen Brennofen kaufen. Vielleicht finanzieren Sie ihn gemeinsam mit Freunden, denn auch das Töpfern macht in Gesellschaft mehr Spaß als in der Einsamkeit. Kaufen Sie sich dann gleich einen Ofen mit 40 Liter Inhalt; Sie werden bald merken, daß es überhaupt nicht schwierig ist, ihn zu füllen.

Keramik – eine der ältesten handwerklichen Techniken

Die ältesten Funde von keramischen Gegenständen stammen aus dem 11. bis 8. Jahrtausend vor unserer Zeitrechnung – sie sind also 10 000 bis 13 000 Jahre alt. Sie stammen aus tiefster Steinzeit und sie sind – wissenschaftlich ausgedrückt – Bestandteil der *neolithischen Kulturentwicklung*. Besonders schnell entwickelten sich diese Techniken in Nordsyrien und in Palästina.
Das Aufkommen der Keramik fällt in eine Zeit, in der sich die steinzeitlichen Menschen in ihrer Ernährung umstellten. Sie begannen mit frühen Formen des Ackerbaus, das heißt, ein wichtiger Bestandteil ihrer Ernährung wurde Getreide. Das aber mußte man kochen und backen, und dafür brauchte man Gefäße. Und da man weder Metalle noch gar Porzellan kannte, formte man sich aus Ton Gefäße, der damals noch schwach gebrannt wurde und nicht sehr haltbar war.
Bereits im 6. Jahrtausend v. Chr. waren Tongefäße zu Behältern jeglicher Art geworden. Man benutzte sie zum Aufbewahren von trockenen und flüssigen Gütern, zum Transport, und in Form

von Figuren auch für kultische Zwecke. Sehr früh begannen die Menschen, die Gegenstände des täglichen Gebrauchs nicht nur nützlich zu machen, sondern auch zu verschönern. Ein uraltes Motiv zur Verzierung von Tonschalen war das Fischgrätmuster, für das Beispiele aus dem 7. Jahrtausend v. Chr. gefunden worden sind.

Die ältesten Funde, die man in *Ägypten* gemacht hat, sind „erst“ 7000 Jahre alt (aus dem 5. Jahrtausend v. Chr.). Die fortgeschrittene Technik läßt aber vermuten, daß man dort schon früher ihre Herstellung beherrschte. Die Gefäße sind bereits bei hoher Temperatur festgebrannt; sie haben rotpolierte Außenseiten und sind reich verziert.

Einen Höhepunkt erreichte die keramische Kunst im alten *Griechenland*. Schon im 7. Jahrhundert v. Chr. stellte man in Korinth in geradezu industriellem Maßstab Keramik her. Es gab Manufakturen mit bis zu 50 Arbeitern; und im 5. vorchristlichen Jahrhundert beherrschte griechische Töpferei praktisch den gesamten Mittelmeerraum. Schwarzfigurige und rotfigurige Vasenmalerei bildete einen Höhepunkt der keramischen Technik und Kunst.

Diese künstlerische Technik setzte eine vollkommene Beherrschung der Tonaufbereitung und des Brennens voraus. Die Grundlagen dieser Technik waren zwar bereits seit Jahrtausenden bekannt, aber erst die Griechen verstanden mit ihr souverän umzugehen. Sowohl die rote wie die schwarze Farbe geht auf Eisenoxide zurück (Fe_2O_3 bzw. Fe_3O_4). Beide Oxide erzeugen beim Brennen oberhalb von 800° C diese charakteristischen Farbtöne, in die vor dem Brand die Konturen der Figuren geritzt wurden. Dieselbe Technik werden wir bei der Engobenmalerei (ab *Seite 37*) vorstellen.

Als das *Römische Reich* die griechische Vorherrschaft beendete, übernahmen die Römer nicht nur die Herrschaft, sondern auch verschiedene Kulturtechniken. Ab dem 2. Jahrhundert v. Chr. beherrschten sie den Keramik-Markt. Es entstanden Manufakturen, die jährlich 200.000 bis 300.000 Gefäße herstellten und vor allem nach Spanien, Gallien und in die besetzten Teile von Germanien exportierten. Eine ausgesprochene „Exportkeramik“ war das sogenannte *Terra sigillata*. Der Name stammt von Formschüsseln, in die der Ton auf einer Drehscheibe hineingedrückt wurde. Diese Formschüsseln ermöglichten eine Produktion in hohen Auflagen. Außerdem trugen sie vertiefte Ornamente, die als erhabene Verzierung auf den Tongefäßen wieder auftauchten. Die typische rote *Terra sigillata* bildete in damaliger Zeit das verbreitetste Eß-, Trink- und Tafelgeschirr. An Ausgrabungsorten wie Köln und Xanten kann man die Scherben dieser Geschirre in fast jedem Quadratmeter Boden finden.

Aber die Kunst der Keramikherstellung war nicht auf Europa beschränkt. Bereits im 2. bis 8. Jahrhundert vor unserer Zeitrechnung gab es bei den Völkern, die vor den Inkas in *Peru* lebten, kunstreiche Töpfer. Die sogenannte *Moche-Kultur* (benannt nach einem Fluß im Norden Perus) brachte herrliche Portraitvasen hervor. Die *Nazca-Kultur* hat uns Tierfiguren überliefert, die bereits kunstvoll verziert waren. Auch die sogenannte Engobentechnik (mehr dazu auf *Seite 37*) war bereits sehr hoch entwickelt. Man verwendete elf Farben; mehr als sonst irgendwo in der Welt.

Die ältesten Funde in *Schwarzafrika* datieren aus den Jahren 500 v. Chr. bis 500 n. Chr. Eine Kultur, die nach der alten Stadt Nok benannt ist, ist uns überliefert in affengesichtigen Tonköpfen, Schalen und kunstvollen Ritualgefäßen. Wie fast überall in der Welt waren dort vor allem Frauen die Hersteller von Keramik.

In den frühesten Zeiten wurden Tongefäße und Figuren ohne jegliche technische Hilfe (wie Drehscheiben usw.) mit der Hand geformt. Man begann damit, daß man einen Tonkloß mit den Fingern eindrückte und so eine primitive Schale formte. Später kam die sogenannte Aufbautechnik hinzu, mit der man heute noch arbeiten kann. Auf einen vorgeformten Gefäßboden werden Tonwürste aufgesetzt und sorgfältig miteinander verstrichen.

Immerhin kam die *Drehscheibe* aber bereits um die Mitte des 4. Jahrtausends vor unserer Zeitrechnung auf (zwischen 3700 und 3600). Erfunden wurde sie im südlichen Mesopotamien. Erst mit ihr wurde die Produktion von Geschirr für den täglichen Gebrauch möglich.

Die Technik, der wir uns hier ausführlicher beschäftigen wollen, ist hingegen noch recht jung. Sie wird fachmännisch als *Schlickergießen* oder auch *Gießtontechnik* bezeichnet, und sie soll im Jahre 1790 in Tournai (im südwestlichen Belgien) erfunden worden sein. Dieses Verfahren wurde fast 100 Jahre geheimgehalten, so daß es erst im 19. Jahrhundert allgemein zugänglich wurde.

Abb. 2: Eine attische Halsamphora aus der Zeit zwischen 540 und 530 v. Chr.

Abb. 4: Steingutwaschschüssel mit Krug, hergestellt für Friedrich III., König von Preußen.

Abb. 3: Modell einer römischen Töpferwerkstatt, die man im Deutschen Museum in München nachgebaut hat.

Die keramischen Gattungen

Das Schlickergießen ist eine Technik, die bei der Porzellanherstellung schon seit langem bekannt ist. Auch Porzellan gehört zu den klassischen keramischen Warengattungen, zu denen gehören:

Irdenware, also das eigentliche Tonzeug, das bis in das 13. Jahrundert die einzige in Europa hergestellte keramische Warengattung war. Sie kommt mit niedrigen Brenntemperaturen zwischen 900° und 1000 °C aus.

Das Steingut gehört ebenfalls zur sogenannten klassischen Feinkeramik. Es wurde erstmals in England in der Mitte des 18. Jahrhunderts hergestellt und von *Josiah Wedgwood* verfeinert und zu kunstvollen Gegenständen verarbeitet. Steinzeug hat bereits den weißen Scherben des Porzellans; es läßt sich jedoch leichter verarbeiten. Da es bei niedrigeren Temperaturen gebrannt wird, läßt es sich auch mit vielen Farben verzieren, die die Brenntemperaturen von Porzellan nicht aushalten würden. (Brenntemperatur etwa 1000° bis 1100 °C.)

Steinzeug hatten die Chinesen bereits im 2. Jahrhundert v. Chr. erfunden. Es hat einen sehr harten, farbigen Scherben und eignete sich deshalb vor der Erfindung des Porzellans gut als Geschirr. Das älteste Steinzeug Europas stammt aus Siegburg aus den Jahren zwischen 1270 und 1290. (Brenntemperatur etwa 1150° bis 1250 °C.)

Das Porzellan schließlich, das man auch als das Weiße Gold bezeichnet, ist zuerst in China zwischen dem 7. und 9. Jahrhundert aus dem Steinzeug entwickelt worden. Im 13. Jahrhundert kam es nach Europa, wo man es erst 5 Jahrhunderte später selbst herstellen konnte. Es besteht im wesentlichen aus Kaolin – einer weißen Tonerde –, Feldspat und Quarz. Das Kaolin ist gewissermaßen das Knochengerüst des Porzellans, der Feldspat hingegen das Fleisch. Je mehr Kaolin ein Porzellan enthält, desto härter wird es. Feldspat hingegen dient als Flußmittel während des Brennens. Der Quarz ist ein Magerungsmittel, das die übermäßige Wasseraufnahme beim Herstellen der Porzellanmasse verhindert. Auf diese Weise vermeidet man beim Trocknen des frischgeformten Porzellans ein allzu starkes Schwinden (Schrumpfen). (Brenntemperatur etwa 1350° bis 1450 °C.)

Die Suche nach einem Rezept für das weiße Gold betrieb man in den Laboratorien der Alchimisten fast mit gleicher Emsigkeit wie die Suche nach dem echten Gold. Zunächst einmal brachte das für das Töpferhandwerk allerhand Fortschritte. Man erfand Keramikmassen, die dem Porzellan sehr ähnlich und in der Qualität wesentlich besser waren als die herkömmliche Irdenware. Auf diese Weise entstand das *Delfter Steingut* in Holland, das italienische *Medici-Porzellan*, das eigentlich ein Steinzeug ist. Aber Porzellan war es eben doch nicht. Diese edelste Form der Keramik wurde in Europa mehr durch Zufall entdeckt. Auf der Suche nach einem Rohstoff, aus dem sich Gold machen läßt, stieß *Johann Friedrich Böttger* auf die wertvolle Erde Kaolin. Aus ihr ließ sich zwar nicht das ersehnte gelbe Metall gewinnen, aber ein porzellanähnliches Steinzeug von roter Farbe, das sogenannte *Jaspis-Porzellan*. Ein Jahr später entwickelte Böttger das erste weiße Hartporzellan Europas. Die daraufhin 1710 gegründete Porzellanmanufaktur in Meißen besteht heute noch.

Nach dem Schlickerguß-Verfahren könnten auch Sie Porzellan herstellen. Das setzt allerdings voraus, daß Sie über einen Ofen verfügen, der Temperaturen zwischen 1350° und 1450 °C erreicht. Solche Temperaturen sind für das Brennen von Porzellan Voraussetzung. Vielleicht gibt es in absehbarer Zeit solche Öfen auch für den Laien. Die Technik der Herstellung von Porzellan können Sie beim Gießtonverfahren schon lernen.

Was ist Gießton?

Gießton ist eine keramische Masse wie andere Tone auch – nur ist sie flüssig. Im Prinzip ist Gießton nichts weiter als in Wasser aufgeschwemmtes und mit Wasserglas vermischtes Tonmehl mit einigen weiteren Zutaten. Auf die Mischung kommt es allerdings an. Wir haben selbst mit verschiedenen Mischungen experimentiert und uns auch beraten lassen. Das Ergebnis: Einen wirklich funktionierenden Gießton selbst herzustellen, ist kaum möglich. Allein die unterschiedlichen Rohstoffqualitäten, die Sie im Geschäft erhalten, lassen sich kaum einkalkulieren. Außerdem würde Ihnen ein Lieferant, der sonst in Lkw-Ladungen disponiert, kaum 2 kg Feldspat einer bestimmten Qualität ins Haus liefern.

Inzwischen gibt es aber in den verschiedensten Geschäften fertige Gießtone, die man entweder als Pulver zum Selbstanrühren oder als fertige Gießmasse in Eimern bekommen kann. Auch wir haben uns schließlich auf diese fertigen Mischungen verlassen und dabei die besten Erfahrungen gemacht. Trotzdem sollen Sie wissen, woraus Gießton eigentlich besteht.

Gießton ist eine Mischung aus verschiedenen Tonen, zum Beispiel:

Fett-Ton
Mager-Ton
Kaolin
Schamotte (bei hoher Temperatur gebrannter und wieder gemahlener Ton)
Quarzmehl (als Magerungsmittel)
Feldspat, Dolomit, Glasmehl usw. (als Flußmittel)

Aufgeschwemmt wird dies alles in Wasser. Das Erstaunliche ist nun, daß der Gießton flüssiger ist, als er es von der Menge des zugegebenen Wassers eigentlich sein dürfte. Der Grund dafür sind die sogenannten *Verflüssigungsmittel*, die außer dem Wasser noch zugesetzt werden. Und das sind:

> Wasserglas (Natrium/Kaliumsilicat) oder Soda

Der fertige Gießschlicker hat einen Wassergehalt von 32 bis 34% und ein spezifisches Gewicht von 1,6 bis 1,7 g pro Kubikzentimeter.

Was geschieht beim Schlickergießen?

Der flüssige Gießton wird in eine Gipsform gegossen. Und was jetzt passiert, hält man, wenn man es zum erstenmal macht, für Zauberei. Innerhalb von wenigen Minuten bildet sich nämlich an den Wänden der Gipsform eine dünne Schicht aus schon relativ festem Ton. Wie funktioniert das?

Der trockene Gips der Form saugt mit erstaunlicher Kraft das Wasser in der Gießtonmischung an sich. Dabei lagern sich die festen Teile der Mischung dicht an dicht an die Wände der Form. Je länger man den Gießton in der Form stehen läßt, um so dicker wird die Schicht. Man kann also durch einfaches Verkürzen oder Verlängern der Wartezeit bestimmen, wie fein oder wie dick die Wände eines Gefäßes werden sollen.

Zum Schluß wird der restliche Gießton wieder in das Vorratsgefäß zurückgegossen. Die feste Schicht an der Gips-

Abb. 5: Gießen des Rohlings. *Oben links:* Die Gipsform wird randvoll gegossen; *oben rechts:* nach einer gewissen Zeit wird der flüssige Ton zurückgegossen, so daß nur eine dünne Tonwand stehenbleibt; *unten:* die geöffnete Form mit dem Gießling.

form beginnt zu trocknen, wobei sie leicht einschrumpft und sich von der Form löst. Schon nach 20 bis 30 Minuten kann man das Werkstück vorsichtig herausnehmen. Der Fachmann nennt es „lederhart".
Das Schlickergießen ist das ideale Verfahren für die Herstellung von Serienprodukten.
Da die Gipsform eine ganze Menge Wasser aufnehmen muß, könnten Sie jetzt denken, daß man sie erst langwierig wieder trocknen müßte, bevor neu gegossen werden kann. Das Erstaunliche ist: man kann in dieselbe Gipsform zehnmal und mehr hintereinander Gießton füllen und dadurch ein weiteres Gefäß herstellen. Es dauert ziemlich lange, bis die Saugkraft der Gipsform sich erschöpft. Trotzdem beschleunigt es das Herstellen eines größeren Stapels von Tellern, wenn man zwei identische Gipsformen vom selben Modell herstellt und sie abwechselnd mit Gießton füllt.
Aber bevor wir hier weiter in Einzelheiten gehen, wollen wir uns mit dem Herstellen der Gipsform beschäftigen.

Abb. 6: Auch häßliche Plastikgefäße eignen sich durchaus als Modell für schöne Tongefäße.

Für die Gipsform brauchen wir ein Modell

Das Schöne an der Gießtontechnik ist, daß man vorhandene Formen in Ton wiederholen kann; und zwar so oft, wie man will. Dabei kann der Gegenstand, den wir in Ton nachbilden wollen, aus jedem beliebigen Material sein. Es eignen sich also nicht nur Gegenstände aus Ton oder Porzellan, sondern auch aus Metall, Holz oder Plastik.

Wir haben die Erfahrung gemacht, daß vor allem Plastikgegenstände durch ihr Material, die Aufdrucke und ihre Farbe ausgesprochen häßlich und billig wirken, in ihrer Form aber durchaus schön sein können. Wir haben mit Joghurtbechern oder Heringstöpfen aus Plastik einmal ausprobiert, daß sie als Tonbecher nicht mehr wiederzuerkennen sind.
Allerdings sollten Sie bei der Wahl eines Modells doch auf eine gewisse Materialgerechtigkeit achten. Während bei Plastikgefäßen oft sogar ein Tongefäß imitiert wird – hier also die Wiederholung in Ton die Herstellung des Gegenstandes im richtigen Material überhaupt erst möglich macht –, können andere Gegenstände völlig ungeeignet sein. Falsch wäre es zum Beispiel, einen schmiedeeisernen Gegenstand in Ton gießen zu wollen.
Besonderen Spaß macht es natürlich, wenn man sich das Original für die Gipsform selbst herstellt. Dieses Originalmodell kann durchaus aus Gips

Abb. 7: Ein Drehgerät für Formen, wie man es im Handel bekommt.

sein, der sich leicht formen und auch in hartem Zustand noch ohne Schwierigkeiten bearbeiten läßt. Modelle für Teller, Schüsseln, Näpfe, Becher, Vasen usw. sehen natürlich am besten aus, wenn man sie regelrecht dreht. Dafür gibt es verstellbare Drehgeräte (wir zeigen eins in *Abbildung 7*), die sich ein handwerklich einigermaßen geschickter Mensch aus Holz leicht selbst bauen kann. Im Prinzip bestehen diese Geräte aus einem leicht konisch zulaufenden Holzzapfen, der an einer Seite flach gehobelt ist, damit er sich im Gipsmodell nicht drehen kann. Leicht konisch ist er, damit man ihn aus dem erstarrten Modell wieder herausziehen kann.

An diesen drehbaren Zapfen wird zunächst eine etwa 2 bis 3 cm dicke Schicht aus sehr trocken angerührtem Gips angeformt, auf die nach dem Festwerden immer weitere Schichten aufgetragen werden.

Die eigentliche Form des Modells sägt man sich mit einer Laubsäge mit Metallsägeblatt aus einem Stück etwa 1 mm starkem Aluminiumblech aus. Diese Form, die die Hälfte des Modells im Querschnitt darstellt (vgl. dazu *Abbildung 8*), muß auf einem Brett befestigt so zum drehbaren Zapfen des Geräts angeordnet werden, daß es aus dem noch weichen Gipskloß das Modell gewissermaßem wie in einer Drehbank herausfräst. Für die letzte Schicht, die besonders glatt und frei von Löchern sein soll, nimmt man etwas dünner angerührten Gips.

Wer sich jedoch – für den Anfang zumindest – das Herstellen eines Modells nicht zutraut, sollte auf eine hübsche, vorhandene Vorlage zurückgreifen. Für den Anfang empfehlen wir zum Beispiel eine kleine Schale.

Wer sich hingegen ein Drehgerät selbst bauen möchte, für den gibt's hier eine Bauanleitung:

Wir bauen uns unser Drehgerät selbst

An Material brauchen wir:

Einen Besenstiel, ca. 50 cm lang
eine Holzscheibe, Durchmesser etwa 20 cm (kann man sich aus Brett sägen)
2 Bretter, je 50 cm lang, 2 cm dick, ca. 10 cm breit
2 Bretter, je 10 x 15 cm, 2 cm dick
2 m Vierkantholz, 3 x 5 cm
12 Schraubenbolzen mit Flügelmuttern und Unterlegscheiben, 8 cm lang
Aluminiumblech für die Schablonen
2 Schraubzwingen

Auf der Konstruktionszeichnung auf *Seite 16* können Sie sehen, daß dieses Gerät im wesentlichen aus Holmen besteht, an denen zwei Brettchen festgeschraubt sind, durch deren Löcher der Zapfen aus Besenstiel durchgesteckt ist. Außerdem ist auf diesen beiden Holmen verstellbar das Brett angebracht, an dem Sie die Aluminiumschablone festschrauben können. Vorgebohrte Löcher gestatten es, je nach Umfang des geplanten Modells mehr oder weniger dicht an den drehbaren Zapfen heranzugehen.
Damit der Zapfen sich nicht in Längsrichtung hin- und herbewegt und dadurch ein genaues Drehen des Modells unmöglich macht, wird er mit einem kleinen Rundbolzen festgehalten, der in eine entsprechende Bohrung des Besenstiels hineingesteckt wird. Die leicht konische Form kann man dem Besenstiel am besten durch Hobeln geben. Wer keinen Hobel hat oder sich nicht traut, damit umzugehen, der muß raspeln und schleifen, was ein wenig länger dauert, aber auch geht. Und nicht vergessen, daß der Zapfen an einer Stelle angeflacht werden muß.
Das fertig zusammengeschraubte Gerät, das auseinandergenommen kaum Platz wegnimmt, wird mit Schraubzwingen an einer kräftigen Tischplatte festgeschraubt.
Beim Arbeiten mit diesem Gerät sollten Sie auf den Boden, wenn Sie sitzen auch auf Ihrem Schoß, Plastikfolie ausbreiten. Dann müssen Sie hinterher den heruntergekleckerten Gips nicht mühsam wieder aus Ihrer Kleidung entfernen oder vom Boden kratzen.
Das festgewordene Gipsmodell bekommen Sie von dem Zapfen herunter, indem Sie ihn vom Gerät samt den beiden Haltebrettchen abschrauben und mit der spitzen Seite vorsichtig auf einen Tisch aufstoßen. Das Modell dabei mit der Hand von unten stützen, damit es nicht plötzlich auf die Tischplatte schlägt und zerbricht.
Sie erleichtern sich das Abziehen des Modells vom Zapfen, wenn Sie das Holz vorher mit sogenannter Gipsformenschmiere bestreichen. Die gibt es inzwischen überall dort, wo Sie Material für Gipsformen bzw. für das Töpfern bekommen. Wir brauchen sie auch noch beim Herstellen der eigentlichen Gipsform.

Abb. 8: Herstellen der Drehschablone aus Blech.

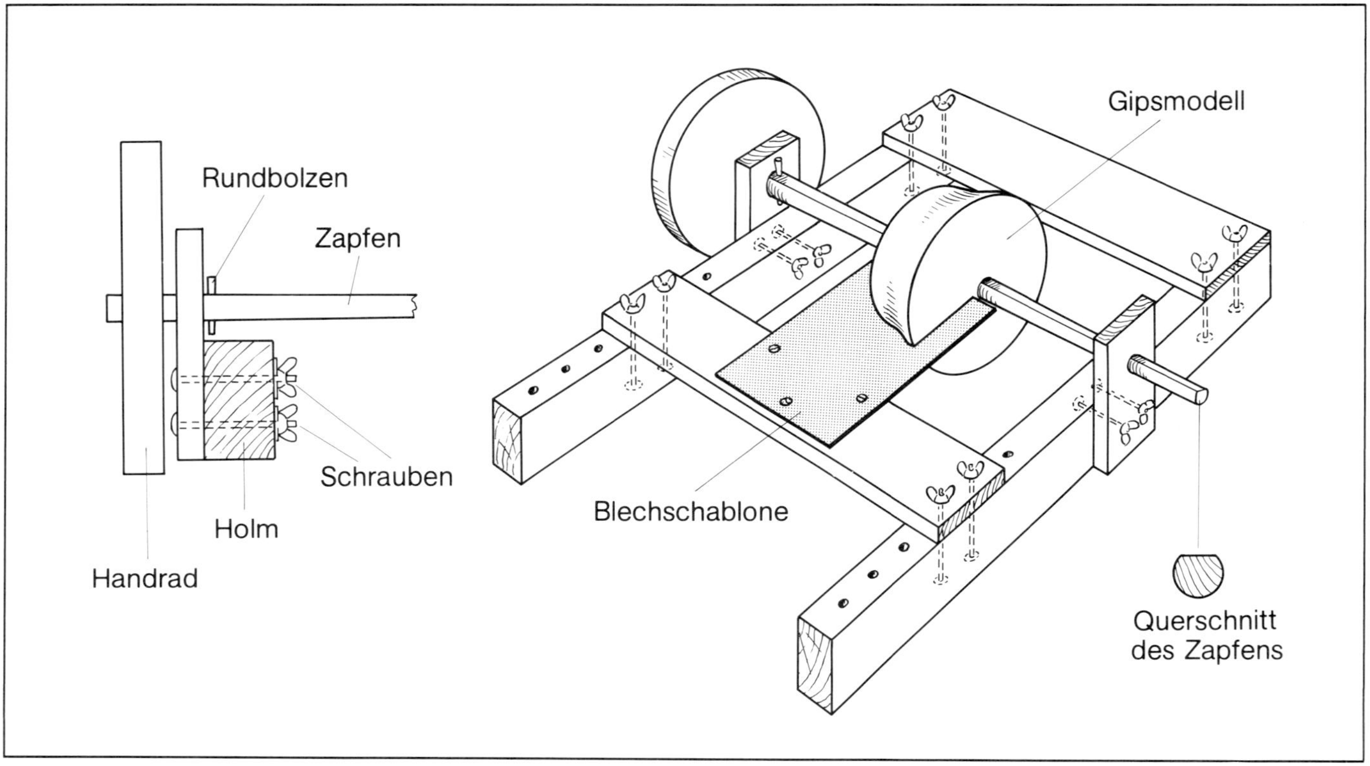

Abb. 9: Ein Drehgerät, das Sie sich leicht selbst bauen können.

Einteilige oder mehrteilige Formen?

Ob Sie sich Ihr Modell nun selber herstellen oder auf ein vorhandenes zurückgreifen: achten Sie für den Anfang darauf, daß es in einer *einteiligen* Form gegossen werden kann.
Woran erkennt man, ob sich ein Modell für eine einteilige Form eignet?
Schauen Sie sich die Schnittzeichnung einer Schale auf *Abbildung 10a* an. Wenn diese Schale an den Außenseiten mit Gips umhüllt wird, läßt sie sich nach dem Erstarren des Gipses und ohne daß die Form gesprengt werden muß, wieder herausziehen. Diese Schale hat nämlich – wie Fachleute das nennen – keine Hinterschneidungen. Eine Hinterschneidung wäre zum Beispiel, wenn die Schale einen Fuß hätte, der in einem Wulst noch einmal nach außen gebogen ist. Eine solche Schale würden Sie aus der Gipsform nicht wieder herausbekommen (vgl. *Abbildung 10b*).
Schon eine exakt zylindrische Form läßt sich aus einer einteiligen Form kaum herausziehen. Die Wände eines Modells für eine einteilige Form müssen deshalb immer konisch zulaufen.
Auf Hinterschneidungen müssen Sie auch achten, wenn Sie Ihr Gipsmodell mit Hilfe einer Aluminiumschablone selbst drehen wollen. Allerdings kann es hier durchaus den Fall geben, daß Sie ein Modell drehen, das sich ohne Schwierigkeiten aus einer einteiligen Form wieder herausziehen läßt, das

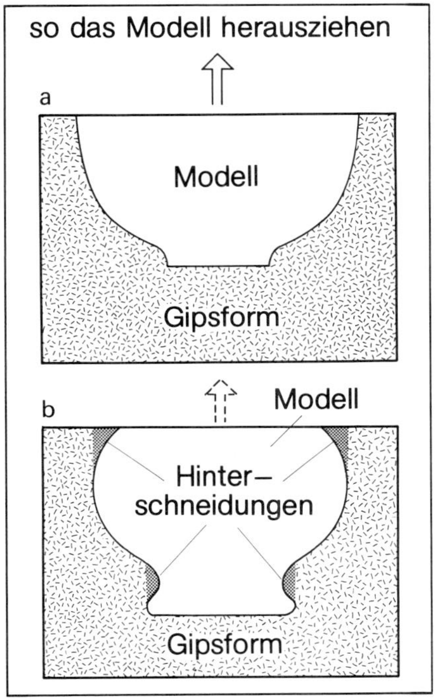

Abb. 10a: Ein Modell ohne Hinterschneidungen, das sich leicht aus der Form ziehen läßt; *b:* ein Modell mit Hinterschneidungen, für das Sie eine zweiteilige Form brauchen.

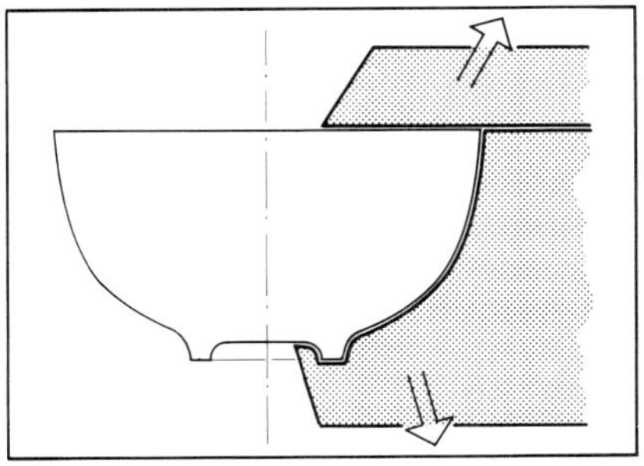

Abb. 11: Für Modelle mit Hinterschneidungen brauchen Sie eine zweiteilige Drehschablone.

aber nur mit einer zweiteiligen Schablone zu drehen ist. Statt wortreicher Erklärungen verweisen wir Sie auf *Abbildung 11*.

Das Herstellen einer einteiligen Gipsform

Für das Gießen einer Gipsform brauchen wir ein Gefäß. Das ist leicht einzusehen; denn würden wir den recht flüssigen Gips einfach über das Modell gießen, bekäme man nie eine dickwandige Form. Und dickwandig muß die Form sein, denn sie soll ja aus dem Gießton möglichst viel Wasser herausziehen.

Bei kleineren Gefäßen (wie Tassen, Untertassen, Bechern) sollte die Wandstärke der Form nie unter 2 cm liegen. Bei größeren Formen 4 cm und mehr nehmen, immer gemessen an der größten Ausdehnung des Modells.

Als Behälter für das Gießen der Gipsform eignen sich zum Beispiel *Plastikschüsseln*, die man vorher dünn mit Formenschmiere einstreicht (dazu

Abb. 12: Praktisches Rundgefäß für die Gipsform aus einem Plastikstreifen.

gleich mehr). Achten Sie darauf, daß sie sich nach oben konisch erweitern. Plastikschüsseln haben den Vorteil, daß sie elastisch sind; man also von unten gegen den Boden drücken kann, bis die hartgewordene Gipsform herausfällt.
Für runde Formen in unterschiedlicher Größe gibt es eine sehr einfache Methode, sich ein Gefäß herzustellen. Nehmen Sie einen Streifen aus biegsamen, in sich aber doch festem Plastik, wie zum Beispiel einen Fußbodenbelag. Formen Sie daraus einen Kreis in passender Größe, den Sie mit Schnur umwickeln, damit er sich nicht wieder öffnet. Legen Sie diesen Ring auf eine flache Unterlage, die Sie mit dünner Folie bedecken, sofern sie nicht aus Resopal oder ähnlichem besteht. Dichten Sie den unteren Rand des Ringes mit Ton, Fensterkitt oder ähnlichem ab, damit der Gipsbrei unten nicht herausläuft.
Schließlich haben wir noch einen immer wieder verwendbaren Holzkasten für das Gießen einer Gipsform entwickelt, der durch einen kleinen Trick das Herausnehmen des Gipsblocks wesentlich erleichtert. Dieser viereckige Kasten eignet sich besonders für das Herstellen größerer Formen. Vergessen Sie aber schon beim Aussuchen oder Modellieren des Modells nicht, daß Sie das Tongefäß später noch in einem Brennofen unterbringen müssen.

Und so wird unser Universal-Holzkasten gebaut:

Besorgen Sie sich für die vier Seitenteile und die Bodenplatte (vgl. *Abbildung 13*) am besten wasserfeste Preßspanplatten in 12 oder 16 mm Stärke. Diese Platten verziehen sich nicht und sie sind relativ unempfindlich gegen die Nässe des Gipses. Allerdings sind kunststoffbeschichtete Spanplatten noch besser geeignet; sie sind jedoch etwas teurer.
Schneiden Sie sich die Seitenwände Ihren Wünschen entsprechend zu. Die Bodenplatte muß jeweils um die Brettstärke der Seitenteile kleiner sein, damit man diese Seitenteile außen an der Bodenplatte befestigen kann.
Die Seitenteile werden jeweils nur mit *einer* Holzschraube in der Mitte an der Bodenplatte festgeschraubt. Das hat den großen Vorteil, daß man beim Entnehmen der Gipsform die Seitenteile nicht entfernen muß, sondern nur um etwa 180 °C dreht. Sie können dann mit einem Spachtel oder einem ähnlichen Werkzeug den Gipsblock leicht von der Bodenplatte lösen.
Vor dem Gießen der Form umspannen Sie die Seitenteile am oberen Rand noch mit einem kräftigen Gummi,

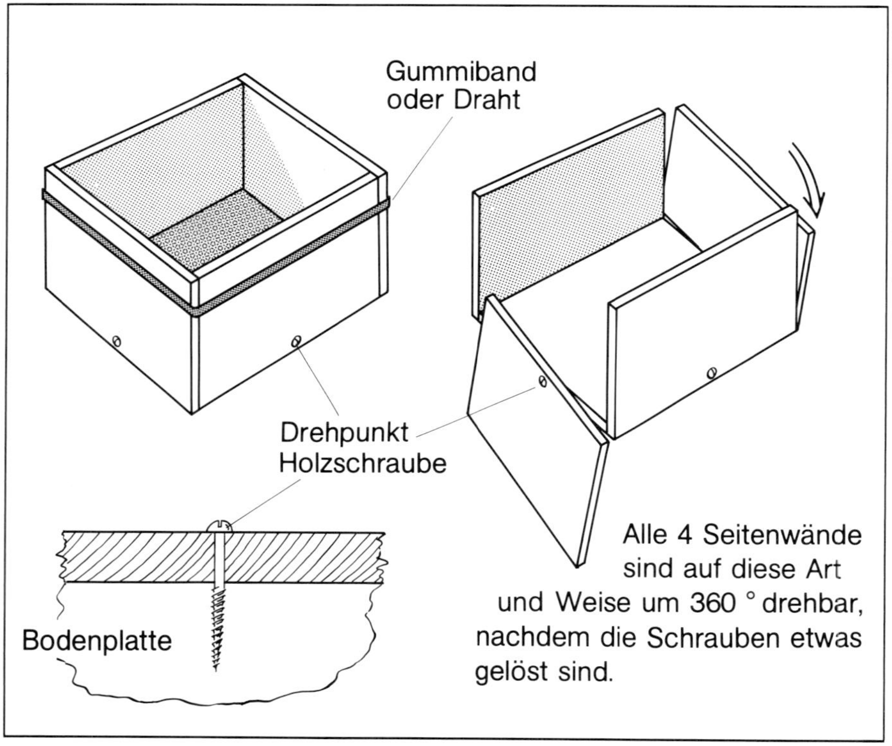

Abb. 13: Ein Kasten mit drehbaren Wänden, aus dem man die Gipsform besonders leicht herausbekommt.

einem Draht oder Bindfaden, damit sie vom Gips nicht nach außen gedrückt werden. Wenn die Fugen des Kastens nicht völlig dicht sind, drücken Sie in die Ecken noch Ton, Fensterkitt, Knetmasse oder etwas ähnliches, damit der Gips nicht herauslaufen kann. Anschließend die lackierten oder mit Plastik beschichteten Innenflächen des Kastens mit Formenschmiere bestreichen, und dann kann es mit dem Gießen losgehen.

Es gibt zwei Abgußmethoden

Sowohl beim Gießen der Gipsform wie später auch beim Gießtongießen gibt es das Problem, daß man das Gießstück aus der Form herausbekommen muß, ohne die Form zu zerstören. Dafür gibt es eine Formenschmiere, die das Ankleben verhindert. Diese Schmiere besteht aus speziellen Seifensorten, Wasser und einem geringen Anteil Öl.

Statt dieser Gipsformenschmiere kann man auch Schmierseife (auch Silberseife genannt) verwenden, die es in jeder Drogerie gibt. Allerdings ist Schmierseife nicht ganz unproblematisch, weil sie Gips angreift. Es kann also durchaus sein, daß das mit Schmierseife behandelte Modell später in der Form rauhe Stellen hinterläßt, die dann auch auf dem gegossenen Tongegenstand wieder erscheinen und Nacharbeiten nötig machen.

Damit sich das Modell aus der Gießform löst, sollten Sie es auf keinen Fall mit Öl bestreichen. Öl ist zwar ein ideales Mittel, das Zusammenpappen von zwei Gipsteilen zu verhindern, es würde in unserem Fall aber die Form in ihrer eigentlichen Funktion beeinträchtigen. Die Form soll aus dem Ton ja Wasser an sich ziehen. Das kann sie aber nicht mehr, wenn die Poren der Gipsform durch Öl verklebt sind.

Schließlich kann man noch ein Geschirrspülmittel verwenden, das keine Hautpflegemittel enthält. Probieren Sie aus, womit Sie den Gießling am besten aus der Form bekommen.

Sind die Form und das Modell mit Gipsformenschmiere sorgfältig eingerieben, dann müssen Sie sich entscheiden, wie Sie das Modell abgießen wollen. Es gibt grundsätzlich zwei Methoden: Bei der einen liegt das Modell umgedreht auf dem Boden des Gefäßes, in das der Gips gegossen werden soll. Bei der anderen Methode schwimmt das Modell bis zum Rand im flüssigen Gips. Beide Methoden haben ihre Vor- und Nachteile. Beginnen wir mit der zweiten:

Abb. 14: Füllen Sie das Modell soweit mit Wasser, daß es gerade noch in der Gipsmilch schwimmt.

Formherstellung bei schwimmendem Modell

Gießen Sie in die Holzkiste, Plastikschüssel usw. ausreichend Gipsbrei. Wenn Sie nicht ein ausgesprochen schweres Formmodell haben, wird es auf diesem Brei schwimmen. Es muß nun so weit eingetaucht werden, daß der Rand über den Gipsbrei möglichst wenig hinausschaut. Denn der über dem Brei stehende Rand geht für das Herstellen des Tonformlings verloren.

Nun kann man das Modell einfach mit dem Finger eintauchen. Allerdings müssen Sie dann 5 bis 10 Minuten stillhalten; denn so lange dauert das Abbinden des Gipses. Da ist es schon einfacher, das Modell mit Wasser zu füllen, bis es gerade noch in der Schwebe gehalten wird. Dabei darauf achten, daß das Modell etwa in der Mitte des Gefäßes stehenbleibt.

Übergießen des Modells mit Gips

Bei der anderen, professionelleren Methode liegt das Modell mit der Öffnung nach unten auf dem Boden des Gießgefäßes. Diese Gießmethode empfiehlt sich in jedem Fall dann, wenn das Modell zum Beispiel eine Bodenwölbung nach innen hat. Bei der eben beschriebenen Methode bildet sich nämlich in dieser Bodenwölbung leicht eine Luftblase, die sich im Gips mit abbildet. Diese Blase kann man zwar durch geschicktes schräges Eintauchen des Modells im Gips verhindern; aber das gelingt nicht immer.

Bei der Methode, bei der das Modell auf dem Boden der Gießform liegt, hat man allerdings mit zwei Problemen fertig zu werden: daß das Modell aufschwimmt bzw. daß unter das Modell Gips läuft.

Abb. 15: Übergießen des Modells mit Gips.

Das *Aufschwimmen* kann man dadurch verhindern, daß man das Modell mit einem schweren Tonkloß vollständig füllt oder es vorher mit Gips ausgießt (Einreiben mit Formenschmiere nicht vergessen).

Wichtiger ist, daß der Gips nicht *unter das Modell* läuft, weil man es dann nur schwer aus der Form wieder herausbekommt. Die Vorlage muß also möglichst dicht auf der Bodenplatte aufliegen.

Schließlich kann man das Formmodell noch mit Doppelklebeband am Boden des Gefäßes festkleben. Das setzt aber voraus, daß die festzuklebenden Stellen sowohl am Boden des Gefäßes wie auch am Rand des Modells nicht mit Formschmiere oder ähnlichem eingestrichen sind. Das Band würde dann nicht halten.

Einfacher ist es, wenn Sie ein selbstgedrehtes Formmodell aus Gips haben. Es ist dann schon relativ schwer, weil

es massiv ist, und außerdem hat es eine große Fläche, die man mit Klebeband recht gut am Boden befestigen kann.
Selbstgedrehte Modelle oder mit Gips gefüllte andere Modelle kann man in der Mitte auch mit einem Plastikdübel versehen, in die man später eine Schraube dreht. Mit dieser Schraube kann man dann das Modell leichter aus der Form herausziehen.

Auch Gipsanrühren will gelernt sein

Über das Herstellen von Gipsformen und das Anrühren von Gips haben wir im *Hobbythek-Buch 4* schon einmal alles Nötige gesagt. Dort ging es um das Abgießen von Formen mit Hilfe von Siliconkautschuk. Hier noch einmal alles wesentliche für den Umgang mit Gips.
Verwenden Sie normalen *Stuckgips* oder *Marmorgips*, wie ihn die Maler zum Ausbessern von Wänden und Decken benutzen. Er wird mit Wasser angerührt. Es kommt nun darauf an, für das Gießen der Form ein Mischungsverhältnis herauszufinden, bei dem der Gipsbrei gerade noch so flüssig ist, daß er sauber um das Modell herumfließt, zugleich aber so viel Gips enthält, daß die Form hinterher auch wirklich fest ist. Denn je dünnflüssiger der Gips angerührt ist, um so geringer ist später auch seine Festigkeit.
Wir haben ein Mischungsverhältnis ausprobiert, das diese Anforderungen erfüllt.

1 kg Gips + 0,75 kg Wasser (= ¾ Liter)

ergeben eine Mischung, die später ausreichend fest und porös genug ist, um möglichst viel Wasser aus dem Gießton aufzunehmen. Formen aus dieser Mischung haben wir später bis zu 200mal verwenden können.
Und so wird der Gips angemischt:
Nehmen Sie einen Plastikeimer oder ein anderes elastisches Gefäß, aus dem sich später Gipsreste einfach durch Verformen heraussplittern lassen.
Man mischt immer den *Gips in das Wasser* und nicht umgekehrt das Wasser in den Gips. Geben Sie also je nach gebrauchter Menge einen ¾ Liter Wasser oder eine mehrfache Menge davon in das Gefäß. Unter ständigem, *vorsichtigem* Rühren wird der Gips eingestreut. Bitte darauf achten, daß Sie möglichst keine Luft in die Mischung hineinrühren, weil Blasen später einen löchrigen Abguß ergeben.
Ist sämtlicher Gips gut eingerührt, dann muß der weiche Brei zügig verarbeitet werden. Diese Mischung erstarrt nämlich in etwa 10 Minuten. Das sollte Sie allerdings nicht zur Hektik verleiten; dann geht nämlich alles nur noch langsamer.
Zunächst muß der Gipsbrei *entlüftet* werden. Stoßen Sie das Gefäß mit der Gipsmasse mehrmals auf einem festen Untergrund auf, damit größere Luftblasen an die Gipsoberfläche aufsteigen.
Wir gehen einmal davon aus, daß Sie den Gips klumpenfrei eingerührt haben. Wenn Sie sich nicht sicher sind, dann gießen Sie ihn in die vorbereitete Form einfach durch ein Küchensieb.
Haben Sie den Gipsbrei über das Modell gegossen, dann klopfen Sie mit einem Hammer vorsichtig an die Seiten der Holzkiste, Plastikschüssel usw., damit auch noch die letzten Luftblasen entweichen. Bei der Gießmethode, bei der das Modell in dem Gipsbrei schwimmt, sollten Sie das allerdings nicht tun. Bitte auch nur solange gegen das Gießgefäß klopfen, wie der Gips noch flüssig ist. Der Erstarrungsprozeß und damit auch die Haltbarkeit des Gipsblocks leiden nämlich, wenn der Gips beim Abbinden erschüttert wird.

Nachbehandlung der Gipsform

Gips wird zwar sehr schnell fest, aber einigermaßen ausgehärtet ist der Block erst, wenn er wieder kühl geworden ist. Gips wird nämlich beim Abbinden warm; Sie können das leicht mit der Hand nachprüfen.
Hat also der Gipsblock wieder seine normale Temperatur angenommen, dann können Sie ihn aus der Holzkiste, der Plastikschüssel usw. herausnehmen.
Anschließend muß das Modell aus dem Gipsblock gehoben werden, ohne daß die Form – und natürlich auch das Modell – dadurch Schaden erleiden. Wenn das Modell wirklich keine Hinterschneidungen hat und auch sorgfältig mit Formenschmiere oder ähnlichem eingestrichen worden ist, dann ist das in der Regel kein Problem. Schon gar nicht, wenn am Modell eine Schraube zum Herausziehen befestigt ist. Bis jetzt haben wir noch jedes Modell aus der Form bekommen, ohne die Form selbst oder gar das Modell zerstören zu müssen. Wenn das nicht auf Anhieb

gelingt, dann warten Sie ruhig ein bißchen. Oft bildet sich nämlich durch das Abbinden des Gipses ein leichtes Vakuum an den Kontaktstellen zwischen Modell und Gips. Durch leichtes Klopfen auf den Gipsblock löst es sich in der Regel auf. Das Ablösen des Modells wird auch erleichtert, wenn man es im Gipsblock dreht.

Anschließend muß die Gipsform trokken werden. Je trockener sie ist, desto mehr Wasser kann sie später dem Gießton entziehen. Werden Sie hier also nicht ungeduldig.

Das Trocknen der Form kann Tage, bei großen Formen aber auch eine Woche und länger dauern. Sie können diesem Prozeß nachhelfen, wenn Sie die Form auf eine Heizung legen, die allerdings

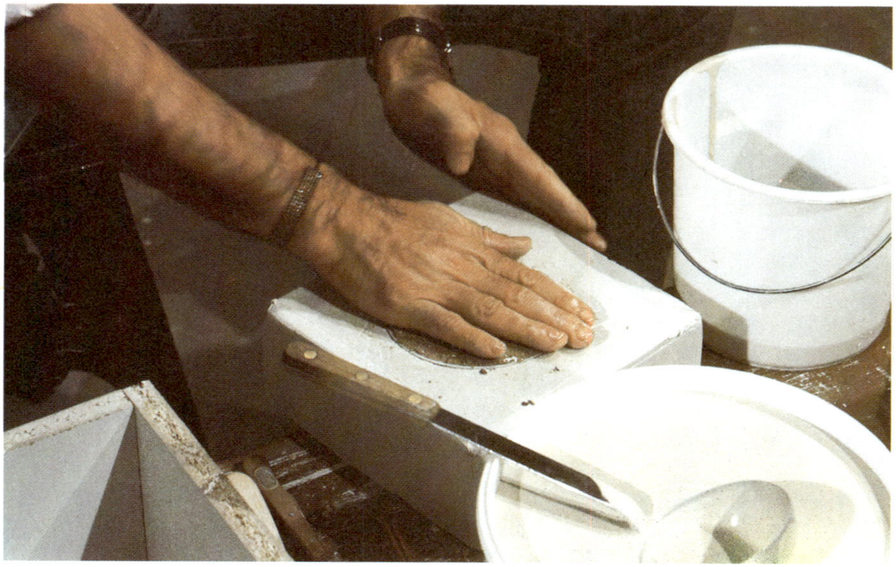

Abb. 16: oben: Das tongefüllte Modell sitzt im Gipsblock; *unten links:* es löst sich durch leichte Schläge mit der flachen Hand auf die Rückseite; *unten rechts:* Gipsform mit herausgenommenen, tongefüllten Modell.

nicht wärmer als 50 bis 60 °C sein soll. Auch der Backofen hilft bei entsprechend niedriger Temperatur weiter. Wirklich trocken ist die Form erst, wenn der im feuchten Zustand graue Gips schneeweiß geworden ist. Auch dann ist es erst möglich, etwa vorhandene kleine Fehler an den Abgußstellen nachzuarbeiten. Erhebungen lassen sich schnell mit feinem Schleifpapier oder vorsichtig mit einem Messer entfernen. Vertiefungen kann man mit Gips auffüllen. Hier ist allerdings viel Fingerspitzengefühl nötig. Einfacher ist es meist, Vertiefungen in der Form, die sich als Erhebungen auf dem Ton auswirken, später beim getrockneten Ton zu entfernen. Repariert werden müssen Vertiefungen im Gipsmodell nur, wenn dadurch eine Art Hinterschneidung entsteht.

Abb. 17: Eine Vase, die sich nur in einer zweiteiligen Form abgießen läßt.

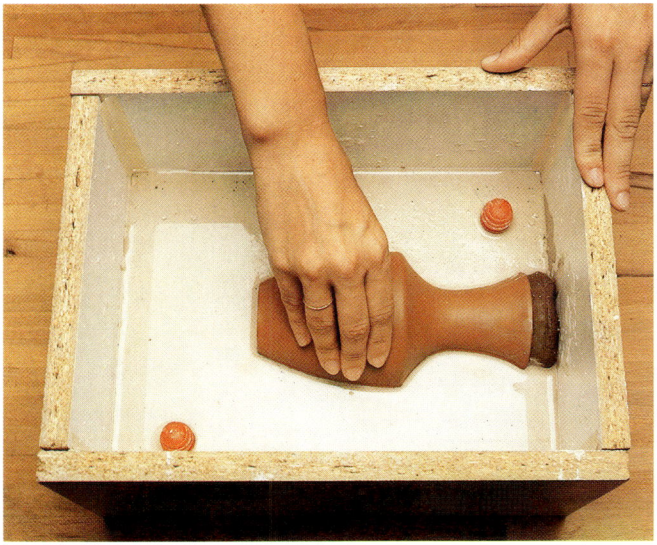

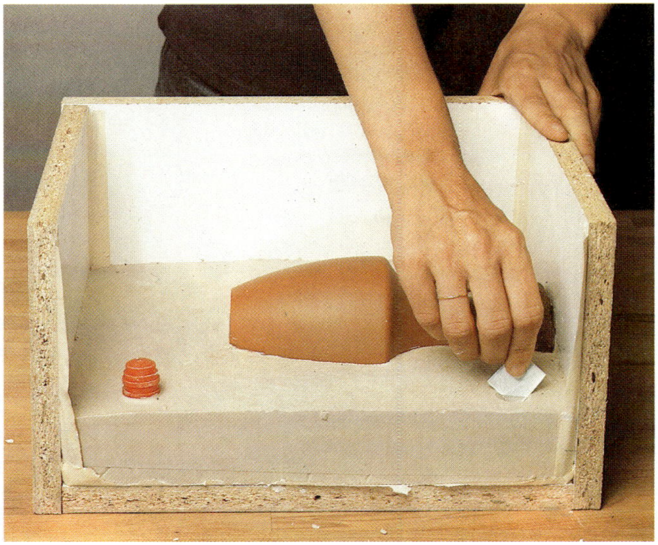

Abb. 18: links: Genau zur Hälfte eingetauchtes Modell im ersten Teil der zweiteiligen Gipsform; *rechts:* die Formschlösser sind genau zu sehen: links ein erhabenes Plastikschloß, rechts wird einfach eine Vertiefung eingeschabt.

Wie gießt man eine zweiteilige Form?

Wenn Sie mit der einteiligen Form zurechtgekommen sind, werden Sie sicher bald Lust bekommen, auch kompliziertere Formen herzustellen. Schon eine bauchige Vase läßt sich nämlich mit einer einteiligen Form nicht mehr herstellen. Das Modell läßt sich nur aus einer Form herausnehmen, deren beide Teile man nach links und rechts aufklappen kann.

Wenn Sie sich eine Flasche anschauen, werden Sie in den meisten Fällen noch deutlich eine Mittelnaht erkennen können, die die zweiteilige Form hinterlassen hat, in der auch Glasflaschen hergestellt werden. Wenn Sie als Modell zum Beispiel eine bauchige Vase wie in *Abbildung 17* nehmen, dann müssen Sie sich mit Filzstift oder einem anderen geeigneten Stift eine solche Mittellinie um das Modell zeichnen. Aber bitte darauf achten, daß diese Linie die Vase auch wirklich halbiert. Bis zu diesem Strich taucht das Modell beim Gießen der ersten Formhälfte ein.

Für das Gießen der Form verwenden Sie wieder die Formkiste aus Holz, die Sie vor dem eigentlichen Gießen wie oben beschrieben mit Formenschmiere präparieren. Auch das Einschmieren des Modells nicht vergessen.

Die Abgießtechnik ist diesmal eine Kombination der Abgußmethoden 1 und 2, die wir oben schon beschrieben haben.

Zunächst wird soviel Gipsbrei in den Kasten gegossen, daß er die eine Hälfte des Modells mit ausreichend dicker Schicht umgibt. Den Brei durch Klopfen wieder entlüften.

Dann nehmen Sie das Vasenmodell, dessen Öffnung Sie vorher mit Knetmasse oder auch mit Ton dicht verschlossen haben und drücken es bis zur angestrichenen Linie halb in den Gipsbrei hinein. Die mit einem Tonkegel verschlossene Öffnung der Vase soll dabei an eine Seitenwand des Kastens stoßen. Dadurch entsteht später die Einfüllöffnung für den Gießton. Wenn sich eine dünne Gipsschicht um diese Öffnung gebildet haben sollte, läßt sie sich nach dem Aushärten des Gipses leicht mit einem Messer beseitigen.

Und nun kommt eine kleine Geduldsprobe: Sie müssen das Modell jetzt ein paar Minuten festhalten, bis der Gips abbindet. Auf jeden Fall vermeiden, daß die Vase tiefer als bis zur markierten Linie eintaucht, weil Sie sonst die jetzt entstehende Hälfte der Gipsform schwer vom Modell abziehen können.

Bevor der Gips vollständig fest wird, setzen Sie in die Oberfläche des Gipses drei oder vier sogenannte Formenschlösser. Das sind kleine Plastikteile, die das genaue Passen der beiden Teile der späteren Gießform sichern. Sie sind im Keramikhandel erhältlich und kosten nur etwa 20 Pfennig pro Stück. Sie können aber die Formenschlösser auch dadurch ersetzen, daß Sie ein paar konische Löcher in die Gipsoberfläche bohren, die später durch die zweite Gipshälfte aufgefüllt werden und dadurch das Verschieben der beiden Formteile gegeneinander verhindern.

Für das Gießen der zweiten Formhälfte bleibt das Modell in der bereits fertigen unteren Form. Streichen Sie die Oberfläche dieser bereits fertigen Formhälfte und auch des Modells noch einmal sorgfältig mit Formenschmiere ein, damit sich später beide Teile der Form und das Modell voneinander lösen lassen.

Nun gießen Sie eine zweite Menge Gipsbrei auf den bereits abgebundenen ersten Teil der Form. Nach dem Erhärten lassen Sie alles etwa einen Tag lang stehen; es kann Ihnen sonst passieren, daß die eine oder andere Hälfte der Form beim Trennen in die Brüche geht. Beim Trennen werden Sie wahrscheinlich doch ein wenig Kraft anwenden müssen, indem Sie mit einem Spachtel und einem Holzmeißel oder breiten Schraubenzieher gleichmäßig die beiden Formteile rundherum auseinanderteilen. Wenn das Modell richtig eingelegt war und mit Trennmittel behandelt worden ist, läßt sich die Form ziemlich leicht öffnen. Nehmen Sie das Modell heraus und trocknen Sie die Gipsform wie oben angegeben völlig durch.

Wenn die Vase einen vertieften Boden hat, muß man eine dreiteilige Form herstellen, wie wir gleich noch beschreiben werden. Ein vertiefter Boden muß aber nicht sein. Sie erleichtern sich fürs erste die Arbeit, wenn Sie den Boden der Vase mit Ton oder Knetmasse auffüllen und völlig eben machen.

Die hohe Kunst der mehrteiligen Form

Bei Modellen mit einem vertieften Boden oder einem sonstwie komplizierten Wandungsverlauf brauchen Sie eine dreiteilige Form. Sie wird folgendermaßen hergestellt:

Bauen Sie sich einen Kasten, in dem das Modell stehend sowohl unter sich wie an den Wänden genügend Raum für eine ausreichend dicke Gipsform läßt.
Begonnen wird die dreiteilige Form mit dem Stück, das den *Fuß* des Modells abbildet. Gießen Sie dafür in den Kasten soviel Gipsbrei ein, daß er eine etwa 4 bis 5 cm dicke Schicht bildet. In diesen Brei wird nun das Modell so tief hineingesteckt, daß die Wölbung des Bodens auf jeden Fall unter der Oberfläche des Gipsbreis steht. In der Regel sind das 1 bis 3 cm. Neigen Sie das Modell beim Eintauchen, damit sich in der Höhlung unter dem Boden keine Luftblase bildet. Notfalls kann man mit einem Löffel etwas nachhelfen und die Luft vertreiben. Halten Sie das Modell so lange fest, bis der Gipsbrei formstabil wird.
Wer schon etwas geübter im Umgang mit Gips ist, kann die Luftblase in der Bodenhöhlung noch auf andere Weise vermeiden. Löffeln Sie in diese Höhlung des umgedrehten Modells möglichst viel Gipsbrei hinein. Wenn dieser Brei gerade abzubinden beginnt, drehen Sie das Modell um und drücken es in den Gipsbrei im Kasten. Die beiden Gipsschichten verbinden sich dann ausreichend fest.
Hat der Gips abgebunden, nehmen wir den Klotz mitsamt dem Modell aus dem Kasten und kippen beides auf die Seite. Wenn das Modell nicht allzu hoch ist, wird es seitlich gelegt in denselben Kasten hineinpassen. Schieben Sie die

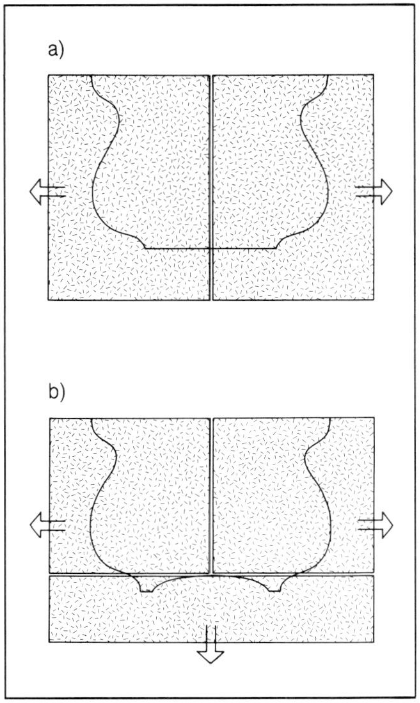

Abb. 19: a: Bei flachem Boden des Modells genügen zwei Teile einer Gipsform; *b:* bei eingezogenem Boden oder anderen Hinterschneidungen braucht man drei Teile.

Abb. 20: Der Boden des Modells steckt bereits im ersten Teil der dreiteiligen Gipsform. Für den Guß des zweiten Teils ist das Modell mit Form rechts gegen die Kastenwand geschoben.

untere Formhälfte mit dem Modell so an eine Kastenwand, daß der obere Rand des Modells ein Seitenteil berührt (vgl. dazu *Abbildung 20*). Vorher muß der Gipsklotz allerdings noch mehrere Formschlösser bekommen haben, die wir diesmal in Form von Kerben anbringen (vgl. *Abbildung 21*). Das erleichtert später das Öffnen der Form.
Zeichnen Sie nun am Modell wieder eine Mittellinie an; denn nun geht das Gießen der Formteile 2 und 3 genau so vor sich, wie wir es beim Herstellen der zweiteiligen Form beschrieben haben.
Legen Sie also das Formteil 1 mitsamt dem Modell seitlich in den Kasten, wobei der obere Rand des Modells ein Seitenbrett berühren soll. Gießen Sie nun links und rechts vom Modell so viel Gipsbrei in den Kasten, daß er bis zur Mittellinie des Modells reicht. Dann wieder Formschlösser einsetzen und warten, bis der Gips abgebunden hat, alles wieder mit Formschmiere einreiben und den dritten Teil der Form gießen.
Bei der hier beschriebenen Anbringung der Formschlösser wird nach dem vollständigen Abbinden zunächst das Bodenstück der Form gelöst und zum Schluß die beiden Seitenteile.
Die zweiteilige wie auch diese dreiteilige Form werden nach dem vollständigen Austrocknen für das Ausgießen mit Gießton mit Bindfaden oder starken Gummibändern zusammengepreßt.

Es gibt auch fertige Formen zu kaufen

Wem das Herstellen der Form zu kompliziert ist und wer trotzdem mit Gießton arbeiten will, der kann sich auch fertige Gipsformen kaufen. Es gibt inzwischen eine große Auswahl zu erschwinglichen Preisen – sogar Gartenzwerge sind zu haben. Aber es gibt auch Formen für Tassen, Teller, Becher, Teekannen, Bierkrüge (Beschaffungsnachweis im Anhang).

Abb. 21: Die geöffnete dreiteilige Form mit dem Modell.

Bei Gießton sollten Sie immer auf Nummer Sicher gehen

Der Gießton

Gießton ist nicht gleich Gießton. Seine Zubereitung setzt viel Geschicklichkeit und Erfahrung voraus. Um es gleich zu sagen: wir haben schließlich nur noch fertigen Gießton verwendet, den es inzwischen in allen einschlägigen Geschäften zu kaufen gibt.
Da wir von der Hobbythek aber immer neugierig sind und selbst bei gekauften Dingen wissen wollen, woraus sie im einzelnen bestehen, hier ein paar Worte zur Zusammensetzung von Gießton.
Dieser Gießton ist nämlich nicht einfach nur gemahlener Ton, der mit ein bißchen Wasser zusammengerührt wird. Um auch nur einen einigermaßen gießfähigen *Schlicker* – wie der Fachmann den Gießton nennt – zu erhalten, müßte man mindestens 1 kg trokkene Tonmasse mit einem Kilo (= 1 Liter) Wasser mischen. Dieser wasserreiche Gießton müßte dann sehr lange in der Gipsform stehen; er würde sie sehr stark durchfeuchten und außerdem würde sich diese Masse „entmischen“, auf dem Ton also eine Wasserschicht bilden.
Ein guter Gießton muß möglichst *wasserarm* sein. Erst dann bildet sich

schnell eine Schicht an der Formwand, und die Form selbst wird nicht zu naß. Ein guter Gießton hat etwa nur 30% Wassergehalt. Trotzdem ist er flüssig genug, damit man ihn bequem in die Form gießen kann. Wie erreicht man das?

Man mischt in die Masse sogenannte *Verflüssigungsmittel* ein. Sie machen zwar nur 2 bis 4% bezogen auf die Trockensubstanz aus, sie wirken aber trotzdem ganz erstaunlich. Solche Verflüssigungsmittel sind Soda, Natriumwasserglas, Pottasche usw. Wir wollen Sie hier nicht mit den komplizierten chemisch-physikalischen Prozessen aufhalten, die diese Verflüssigung bewirken; das können Sie in der angegebenen Literatur nachlesen.

Verwenden Sie also die fertigen Gießtone, die kaum teurer sind, als wenn Sie sich selbst über mühevolle Versuche eine brauchbare Mischung zusammenstellen würden. Es gibt diese Gießtone bereits flüssig in Eimern oder auch als Trockenmasse, die nur noch nach Gebrauchsanweisung mit Wasser angerührt werden muß. Aus einem 20-kg-Eimer, der etwa 20 Mark kostet, können Sie bei geschickter Ausnutzung ein etwa 30- bis 40teiliges Service gießen.

Die mit Wasser anzurührende Trockenmasse ist kaum billiger, und das Anrühren selbst nicht ganz leicht. Vor dem Gießen müssen Sie auch den flüssigen Gießton noch einmal gut durchrühren. Je sorgfältiger Sie das tun, um so flüssiger wird der Schlicker.
Die gängigen Gießtonarten ergeben nach dem Brennen einen weißen oder roten Scherben.

Wie man mit Gießton arbeitet
Wenn Sie sich nicht sicher sind, daß Ihr Gießton klumpenfrei ist, dann sollten Sie ihn einfach durch ein Küchensieb gießen.
Und noch ein Tip: aus einem 20-kg-Eimer läßt sich schlecht gießen. Nehmen Sie also einen Meßbecher oder etwas ähnliches. Allerdings sollte das Gefäß so viel Gießton enthalten, daß die Form in einem Schwung ohne Absetzen randvoll gegossen werden kann. Wenn Sie nämlich zwischendurch eine Pause machen, können sich am Gießling Ränder bilden.
Bei großen Formen, die meistens zwei- oder mehrteilig sind, wird man nach einer Weile doch etwas nachgießen müssen, da das vom Gips angezogene Wasser natürlich den Flüssigkeitspegel in der Form senkt.
Die sogenannte *Standzeit* – das ist die Dauer, in der die Form vollständig gefüllt bleiben muß – hängt einmal von der Trockenheit der Gipsform ab, zum anderen aber auch von der gewünsch-

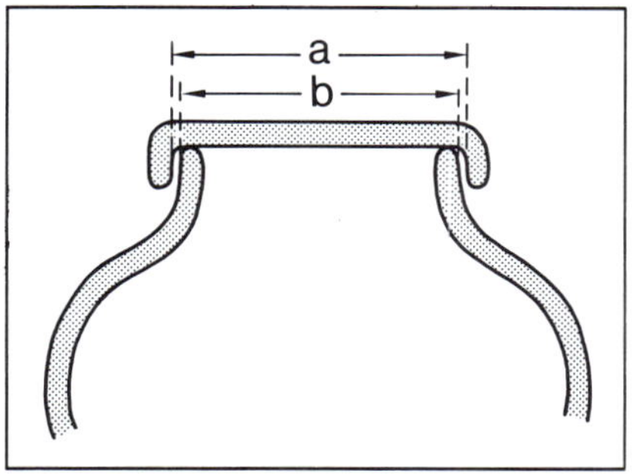

Abb. 22: oben: Wenn der Deckel die Öffnung überfängt, muß der Innendurchmesser des Deckels (a) größer als der Außendurchmesser der Kannenöffnung (b) sein; *unten:* bei einer Kanne mit einem solchen Deckel muß der Deckelrand *in* den Kannenhals passen.

ten Wanddicke des Gießlings. Je länger der Schlicker in der Form bleibt, desto mehr Wasser entzieht der Gips dem Gießton. Dabei setzen sich ständig Keramikteilchen an den Wandungen der Form ab. Nicht zuletzt durch die verschiedenen Verflüssigungsmittel geschieht das nicht nur am Boden der Form, sondern an allen Wänden; sogar an denen, bei denen sich der Gießton gewissermaßen von unten her ansetzen muß. Die Saugkraft des Gipses ist überall gleich.

Bei der trockenen Gießform ist die Standzeit zwischen 10 und 45 Minuten lang. Sie hängt auch von der Größe des Gießlings ab. In dieser Zeit bildet sich eine Wandstärke von 3 bis 5 mm.

Bei Gießlingen mit einer kleinen Öffnung müssen Sie berücksichtigen, daß sich durch die dicker werdende Wand natürlich auch die Öffnung weiter verkleinert. Bei zu langer Standzeit kann zum Beispiel die Tülle einer Teekanne schnell zu eng werden. Andererseits werden bei zu kurzer Standzeit die Wände eines großen Gefäßes zu dünn, so daß es sich nicht selbst tragen kann. Aber das werden Sie schnell im Gefühl haben.

Die dicker werdenden Wandstärken müssen Sie übrigens auch berücksichtigen, wenn Sie zum Beispiel für eine Teekanne einen Deckel gießen wollen, der die Öffnung der Kanne überfängt. Der Innendurchmesser des Deckels muß auf jeden Fall größer bleiben als der Außendurchmesser der Kannenöffnung.

Wenn Sie das Gefühl haben, daß sich ausreichend viel Wandstärke gebildet hat, lassen Sie den übrigbleibenden flüssigen Gießton in den Eimer zurücklaufen. Legen Sie dazu zwei Holzleisten über den Eimer und stellen Sie die Gipsform mit der Öffnung nach unten darauf. So kann sämtlicher, nicht gebrauchter Gießton gleichmäßig abtropfen.

Nach etwa 5 Minuten wird die Form in ihre ursprüngliche Lage zurückgestellt. Der Gips zieht nun aus der dünnen Gießtonschicht weiter das Wasser heraus; der Ton beginnt schnell zu trocknen. Währenddessen können Sie schon mit einem scharfen Messer den am Rand übergelaufenen Schlicker entfernen. Schon nach kurzer Zeit bekommt der Gießton ein stumpfes Aussehen und er beginnt „ledertrocken" zu werden. So nennt man den Zustand des Tones, bei dem er noch sehr leicht verformbar, in sich aber schon zäh ist.

Bei diesem Trockenvorgang beginnt der Ton, da ihm ja das Wasser entzogen wird, bereits zu schrumpfen. Dabei löst er sich von den Wänden der Form. Der Fachmann sagt: der Gießling „schwindet". Bei weißem Ton sind das etwa 4%, beim roten Ton etwa 2 bis 3%.

Nun können allerdings bei diesem Trocknungsprozeß *Schwindrisse* auftreten, wenn der Gießling zu lange in der Form gehalten wird. Vor allem kompliziertere Gebilde wie eine Teekanne mit Henkel und Tülle kann in der Form daran gehindert werden, sich gleichmäßig zusammenzuziehen. Es kann vorkommen, daß der Henkel zerreißt.

Es kommt also darauf an, den Gießling genau zur richtigen Zeit aus der Form zu nehmen. Als erster Anhaltspunkt:

Abb. 23: Der übergelaufene Gießtonrand wird bereits in der Form abgeschnitten.

Die Standzeit beträgt etwa 1 bis 2 Stunden. Einerseits darf der Schwund noch nicht zu groß sein, andererseits muß vor allem bei größeren Gefäßen der Ton schon so fest sein, daß es nicht durch sein eigenes Gewicht zusammengedrückt wird. Schließlich muß man beim Herausnehmen aus der Form auch noch darauf achten, daß man die weiche Tonwand nicht mit den Fingern verbeult. Aber Sie werden bald ein Gefühl für die richtigen Wartezeiten haben. Und wenn es nicht beim ersten Mal gleich klappt, dann ist das überhaupt nicht tragisch. Es ist nämlich ohnehin so, daß der erste Gießling, den Sie aus einer neuen, noch ungebrauchten Form nehmen, gar nicht einmal der beste ist. Da haben sich noch Gipsstaubpartikel in die Oberfläche gedrückt, die den Ton nicht nur unansehnlich machen, sondern auch beim Brennen ausgesprochen schädlich sind. Alte Hasen der Gießtonmethode meinen deshalb auch, daß der erste Gießling gar keine andere Aufgabe hätte als die, die Form zu reinigen.
Ist also das erste Stück nichts geworden, dann können Sie ohne Wartezeit gleich den nächsten Versuch machen. Außerdem kann man den feuchten Ton immer noch als Formton verwenden.

Die Nachbehandlung des Gießlings

Ist der Gießling so standfest geworden, daß man ihn in die Hand nehmen kann, ohne ihn zu verbiegen, dann können Sie mit dem Säubern beginnen. Vor allem bei Gegenständen, die in mehrteiligen Formen gegossen worden sind, haben die Nähte der Gußform häßliche Spuren hinterlassen. Die kann man mit einem scharfen Messer leicht wegschneiden. Die restlichen Unebenheiten lassen sich mit einem feuchten Schwämmchen glattstreichen.
Besonders wichtig ist bei Tellern, Schüsseln, Bechern und Tassen die Behandlung des oberen Randes. Der Ton ist jetzt noch so weich, daß man ihn vorsichtig nachmodellieren kann. Auch hier mit dem Schwämmchen vorsichtig nachwischen.
Natürlich können Sie den Gießling jetzt auch noch absichtlich verformen. So läßt sich zum Beispiel aus einer Tasse leicht ein Milchkännchen machen, indem man ihm an einer Seite ein Schnäuzchen eindrückt.
Schließlich können Sie in den Ton noch Muster ritzen, die Sie später in verschiedenen Farben glasieren. Aber dazu mehr ab *Seite 38*.

Das Garnieren

Unter Garnieren versteht der Töpfer alles, was zusätzlich an den Ton angeklebt wird. Also Henkel, Verzierungen usw.
Die Garnierungen bestehen ebenfalls aus Ton. Und da Ton beim Trocknen in seinem Volumen kleiner wird (schwindet), sollten die aufgarnierten Teile etwa den gleichen Trockenheitsgrad haben wie das Werkstück, das garniert wird. Wenn Sie also an Becher, die sich leicht in einer einteiligen Form gießen lassen, Tassenhenkel ankleben wollen, dann sollten die Henkel nicht viel feuchter oder trockener sein, als der Becher selbst.
Angeklebt werden diese Teile einfach mit noch flüssigem Schlicker. Verreiben Sie mit dem Finger oder besser noch mit einem kleinen Holzspachtel die Ränder des angeklebten Teils mit dem übrigen Ton. Das erhöht die Festigkeit der Verbindung; und außerdem sieht es schöner aus.
Aber es gibt auch die Möglichkeit, echte Verzierungen anzubringen. Während Sie vertiefte Reliefs leicht in den lederharten Ton eindrücken können – geeignet sind dafür ein Spachtel oder auch Stempel aus festem Material –, werden erhabene Reliefs regelrecht aufgeklebt. Auch solche Reliefs können Sie gießen. Stellen Sie sich dafür eine kleine Gipsplatte her, die Sie in einen Büchsendeckel oder etwas ähnliches gießen. In die Platte läßt sich nun mit einem Schraubenzieher, Griffel, spitzen Messer usw. ein Relief leicht hineinschneiden. Nach dem Austrocknen der Platte wird die Vertiefung mit Gießton gefüllt, den man bald aus der Form herausnehmen und mit flüssigem Schlicker an das Gefäß ankleben kann. Auf *Abbildung 25* können Sie sehen, wie wir eine Teekanne verziert haben.
In der Regel verbinden sich die beiden Teile beim ersten Brand untrennbar miteinander. Sollte das Relief allerdings beim Brennen abspringen, dann kann man es später beim Glasieren noch einmal auflegen. Die schmelzende Glasur verklebt nämlich die beiden Teile untrennbar miteinander.
Nach dem Säubern und Garnieren sollte der Gießling zwei bis drei Tage lang trocknen. Suchen Sie sich dafür einen Platz, der keine Zugluft bekommt. Wenn der Gießling ungleichmäßig trocknet, kann er Risse bekommen.
Allmählich wird der Ton hell und gewinnt an Festigkeit. Aber auch dann noch haben Sie die Möglichkeit, letzte

Abb. 24: Gießgrate werden einfach abgeschabt und hinterher mit einem feuchten Schwämmchen glattgewischt.

Abb. 25: Mit aufgesetzten Tonreliefs verzierte Teekanne.

Korrekturen anzubringen. Schneiden Sie aber niemals mit einem Messer hinein, sondern schaben Sie nur an den Stellen, die Ihnen noch nicht recht gelungen erscheinen. Außerdem kann man auch am getrockneten Gießling mit einem nassen Schwämmchen noch mancherlei bewirken. Getrockneter, aber noch ungebrannter Ton, läßt sich durch Wasser immer wieder aufweichen.

Das Brennen

Zu den Brennöfen haben wir am Anfang schon einiges gesagt. Wenn Sie Gelegenheit haben, in einer Schule, Volkshochschule oder bei Bekannten in einem dort vorhandenen Ofen Ihre ersten Versuche zu machen, dann sollten Sie mit der Anschaffung eines eigenen Ofens warten, bis Ihnen klar ist, wieviel Spaß Ihnen dieses Hobby macht. (Mehr zum Thema Brennofen finden Sie ab *Seite 59*).

Der Vor- oder Schrühbrand

Unabhängig davon, ob man einen Tongegenstand glasieren möchte oder nicht, wird bis auf wenige Ausnahmen ein Schrühbrand vorgenommen. Je nach Art des Materials beträgt die Schrühtemperatur zwischen 900° und 1050 °C. Erst durch dieses Schrühen bekommt der Gießling seine Steinnatur, die auch nicht wieder rückgängig zu machen ist. Der Fachmann bezeichnet den Tongegenstand dann als Scherben.

Wichtig ist, daß für den Schrühbrand die Gießlinge richtig in den Ofen gestapelt werden, und daß sie vor allem wirklich durchgetrocknet sind. Aber selbst der trockenste Gießling enthält immer noch etwa 5% Wasser, die erst beim Schrühen entweichen. Deshalb kommt es nicht nur auf das richtige Stapeln, sondern auch darauf an, daß in der Anheizphase genügend Zeit für das Verdampfen des restlichen Wassers bleibt.

In kleineren Brennöfen kann man alles einfach übereinander stapeln. In größere Brennöfen kann man mit Hilfe spezieller Schamotte-Platten Zwischenetagen hineinstellen. Für diese Platten gibt es besondere Einbaustützen, aus denen man am besten drei Türmchen schichtet; eins hinten und zwei je vorn links und rechts. Dadurch vermeiden Sie, daß die Etagen wackeln.

Auf diese Etagen werden nun die Gießlinge nach einer besonderen Methode gestapelt. Die größeren Stücke kommen nach unten; die leichteren und zarteren nach oben.
Beim Schrühen können die Tonteile nicht zusammenkleben. Man kann sie deshalb – wenngleich in begrenzter Menge – aufeinanderstapeln. Sie können ruhig drei Untertassen aufeinanderstellen, ohne Gefahr zu laufen, daß sie sich verbiegen. Gleichgroße Schalen und Tassen können jeweils mit den Öffnungen aufeinandergestellt werden. Wenn alles sicher steht, wird die Ofentür oder der Deckel geschlossen, die Dampfabzuglöcher (manchmal ist es nur eins) geöffnet und der Strom eingeschaltet.
Wir sagten schon, daß auch im getrockneten Gießling noch wenigstens 5% Wasser enthalten sind. Dieses Wasser beginnt spätestens ab 100 °C zu verdampfen; und das unter Umständen recht heftig. Damit der Gießling nicht zerbirst, sollte mit dem Anheizen sehr vorsichtig begonnen werden. Sämtliches Wasser ist nämlich erst bei etwa 600 °C entwichen. Eine Faustregel besagt, daß man bis 200 °C sehr langsam heizen sollte – vorsichtige Leute lassen sich damit etwa zwei Stunden Zeit.

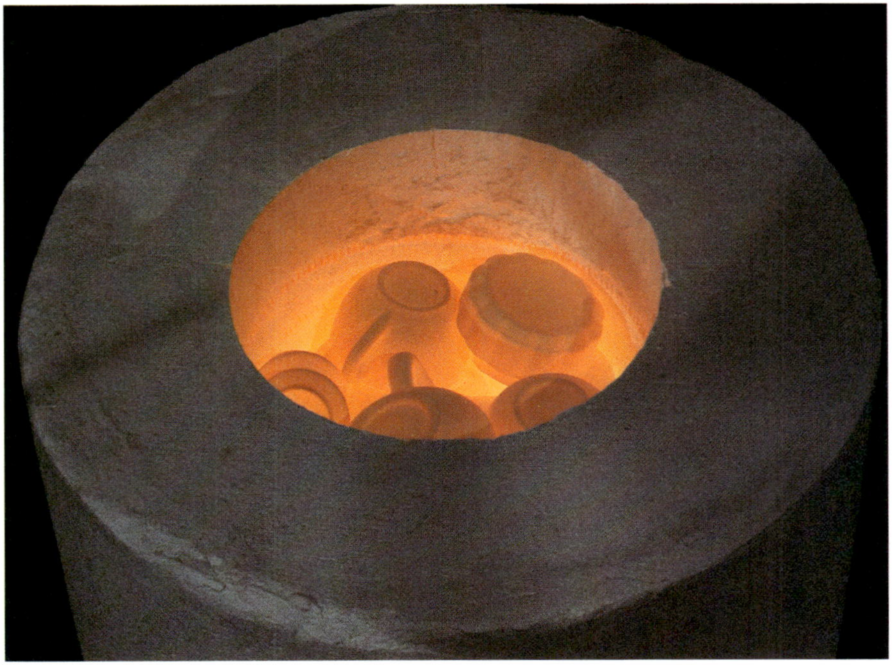

Abb. 26: Schrühbrand in einem sogenannten Topfofen (bitte bei glühendem Inhalt nie den Ofen öffnen).

Was geschieht nun eigentlich beim Vorbrennen?
Die chemische Umwandlung des Gießlings zum Scherben beginnt bei etwa 650 °C. Unterhalb dieser Temperatur bleibt der Ton porös und brüchig. Werden 650 °C überschritten, verdichtet sich das Material mehr und mehr. Bei weiter steigender Temperatur verbinden sich die Mineralien des Gießtons, indem sie zusammenschmelzen. Man spricht bei diesem Prozeß vom *Sintern.* Kalkhaltige Tone sintern ab 1050 °C, eisenhaltige Töpfertone zwischen 1100° und 1300 °C. Werden sie noch höheren Temperaturen ausgesetzt, dann schmelzen sie.
So hoch gehen wir aber beim Schrühbrand noch nicht. Da genügt eine Temperatur zwischen 920° und 960 °C. Der Scherben wird dabei so hart, daß er beim Glasieren durch den flüssigen Glasurbrei nicht mehr aufgeweicht werden kann.
Hier noch einmal die einzelnen Phasen des Schrühbrandes:

Bis 200 °C innerhalb von 2 Stunden langsam aufheizen. Dampfabzuglöcher öffnen.
Danach allmählich bis 450 °C weiterheizen, wobei die Löcher geschlossen werden können, damit nicht so viel Heizleistung verlorengeht. Bei 450 °C die Löcher wieder öffnen, weil bis etwa 600 °C noch das chemisch gebundene Kristallwasser entweicht.
Sind 600 °C erreicht, können die Löcher geschlossen werden und der Ofen auf volle Leistung gefahren werden.
Endtemperatur etwa 960 °C.

Langsames Abkühlen ist wichtig

Bei 960 °C glühen die Tonteile hellrot aus sich heraus. Würden Sie jetzt allerdings die Ofentür öffnen, dann wäre das nicht nur gefährlich, sondern alle Mühe umsonst gewesen. Zum Brennprozeß gehört nämlich auch noch ein *langsames Abkühlen*. Erst dann können sich die Kristalle allmählich in ihre endgültige Struktur einfügen, was für die Qualität des Tons und nicht zuletzt seinen guten Klang besonders wichtig ist.

Der Ofen wird etwa 10 Minuten, nachdem er die Schrühbrandtemperatur erreicht hat, abgeschaltet. Je nach Größe des Ofens kann es nun bis zu 24 Stunden dauern, bis die Temperatur unter 100 °C gesunken ist. Erst dann kann man den Ofen vorsichtig öffnen.

Wenn Sie im Ofen zerbrochene Teile finden, dann seien Sie nicht enttäuscht. Etwas Bruch gibt es immer. Aber bei unserer Gießtechnik lassen sich gesprungene Teile ja immer wieder leicht ersetzen.

Wenn Sie jetzt die Teile aus dem Ofen herausnehmen, sollten Sie sehr saubere und trockene Finger haben. Fett, Staub oder andere Verschmutzungen machen nämlich später den Glasurüberzug fleckig. Oft erkennt man diese Fehler erst, wenn der Glasurbrand abgeschlossen ist. Dann läßt sich aber nichts mehr ändern. Deshalb sollten Sie bis zum Glasieren die Stücke so lagern, daß sie nicht verschmutzen können.

Kleine Nacharbeiten an den geschrühten Stücken sind jetzt zwar noch möglich; allerdings helfen nur noch Feile oder Schleifpapier. Der geschrühte Scherben hat nämlich schon eine recht beachtliche Härte.

Wirklich hart, wasserdicht und glatt wird der Ton aber erst durch Glasieren und den damit verbundenen sogenannten Garbrand.

Glasieren – die Kunst der Veredelung von Keramik

Schon die alten Babylonier und Ägypter und später auch die Griechen und Römer beherrschten eine Glasurtechnik, mit der sie ihre Tongefäße schon recht dicht bekamen und auch verzieren konnten. Man nennt diese bis heute verwendete Glasurart fachmännisch *Engobe*. Dabei handelt es sich um nichts anderes als um *feinstgemahlenen Ton*, der mit Wasser aufgeschwemmt wird. Für die Verzierung nutzt man die Tatsache, daß es Tone in verschiedenen Farben gibt. Natürliche Farb-Engoben können rot, braun, ocker usw. sein. Aber schon in alter Zeit hatte man herausbekommen, daß man Engoben auch künstlich färben kann. Man benutzt dafür bis heute hitzebeständige Mineralfarben wie zum Beispiel Eisenoxid.

Beim Brennen verbindet sich dieser feine Engobenschlicker mit dem porösen Tonkörper und dichtet ihn ab.

Vor allem die alten Griechen haben die Verzierung mit Hilfe von Engoben zu höchster Kunst verfeinert (vgl. *Abbildung 2* auf *Seite 10*). Sie benutzten nicht nur Engoben in verschiedenen Farben, sondern ritzten in die Farbschicht feinste Ornamente und Zeichnungen. Man nennt dieses Verfahren Sgraffitotechnik. Sie ist sehr reizvoll, so daß wir sie Ihnen später noch beschreiben wollen. Aber die mit Engoben überzogenen Tongegenstände sind immer noch vergleichsweise empfindlich; außerdem sind die Möglichkeiten der Verzierung begrenzt.

Moderne Glasuren bestehen im Prinzip aus einer dünnen *Glashaut*, die sich mit der Tonoberfläche unlöslich verbindet. Obwohl die Glasurschicht nur ²⁄₁₀ bis ⁴⁄₁₀ mm dick ist, macht sie den Tongegenstand sehr hart und kratzfest und absolut dicht für Flüssigkeiten.

Die *glasbildenden Substanzen* sind zum Beispiel Bleisilikat, Feldspat, Quarz. Die Zusammensetzung wird nach der sogenannten Segerformel sehr genau berechnet – ein Laie kann das aber nur schwer nachvollziehen.

Man unterscheidet *transparente Glasuren*, durch die der Scherben hindurchscheint von deckenden. Gibt man zum Beispiel Zinnoxid hinzu, dann wird die Glasur *farbig-undurchsichtig*. Natürlich kann man auch transparente Glasuren färben; zum Beispiel in Blau mit Kobaltoxid. Allerdings kann ein solches transparentes Blau auf einem roten Scherben nicht zur Geltung kommen, weil der rote Scherben durch die Glasur durchscheint und sich mit dem Blau zu einem schmutzigen Grauton mischt. Aber das sind schon Feinheiten, auf die wir später noch eingehen.

Schließlich kann man die Glasur noch durch verschiedene *Flußmittel* glänzend machen oder auch mattieren, indem man Kaolin, Kalk, Titandioxid usw. untermischt.

Je nach Zusammensetzung haben die Glasuren ganz unterschiedliche *Brenntemperaturen*. Die im Hobbyhandel erhältlichen Glasurmehle haben meist Brenntemperaturen zwischen 1040° und 1080 °C.

Und noch etwas fällt an diesen Glasuren auf, die oft etwas von einem Zaubermittel an sich haben:

Im pulverförmigen Zustand sieht man ihnen die spätere Farbtönung nur selten an. Das Glasurmehl für eine bestimmte rote Glasur zum Beispiel ist ungebrannt noch blütenweiß. Kein Wunder also, daß in alten Zeiten die Alchemisten mit solchen Substanzen experimentierten. Ständig auf der Suche nach einem Rezept, mit dem sich künstlich Gold gewinnen läßt, hofften sie auf einen Stoff, der sich unter der Einwirkung von Hitze nicht nur von weiß in rot verwandelte, sondern in Gold. Deshalb ist es auch nicht verwunderlich, daß gerade die Alchemisten es waren, die ungewollt der Keramik und den Glasurtechniken die stärksten Impulse gaben.

Die Glasurherstellung ist eine besondere Kunst

Reiner Quarz als Grundsubstanz von Glasuren hat einen Schmelzpunkt von ungefähr 1800 °C. Das ist natürlich für die normale Keramik-Brennerei eine viel zu hohe Brenntemperatur. Man erniedrigt sie dadurch, daß die glasbildenden Rohstoffe wie Quarz und Feldspat und sogenannte Fließmittel zunächst bei einer Temperatur bis etwa 1500 °C zusammengeschmolzen werden. Diese Mischung erst hat die Eigenschaft, bei den üblichen Brenntemperaturen einer Glasur zwischen 900° bis 1200 °C zu schmelzen.

Das Aufschmelzen der Rohstoffe nimmt man in der Industrie in großen Drehöfen oder Wannenöfen vor, durch die die Schmelzmasse kontinuierlich hindurchläuft. Bei Glasuren, die Bleioxid, Cadmiumoxid usw. enthalten, kommen diese giftigen Bestandteile während dieses ersten Aufschmelzens hinzu. Wenn die Masse abkühlt, werden diese Stoffe unlöslich von den glasbildenden Bestandteilen eingeschlossen. Abgekühlt wird die Glasurmasse bei den Drehöfen dadurch, daß man sie glühendheiß in einen großen Wasserbottich gießt. Unter ohrenbetäubendem Zischen zerspringt die Masse in feinkörniges Granulat.

Bei den Wannenöfen leitet man die heiße Masse zwischen zwei gekühlten Metallzylindern hindurch, die daraus eine dünne, endlose Glasscheibe bilden. Sie wird anschließend in einem groben Mahlwerk in kleine Stücke zerhackt. Das Granulat und diese Glasstückchen nennt man fachmännisch *Fritte*. Diese Fritten nun sind das Ausgangsprodukt des Glasurmehls.

Die Fritte wird schließlich in Mühlen mit keramikbeschichteten Zylindern weiter zerkleinert. Das sind Kugelmühlen, in die Tausende von harten Kugeln aus Aluminiumoxid gefüllt sind, die durch Rotation der Zylinder die Fritte zu feinem Glasurmehl zermahlen.

Ungiftige Farbmineralien können auch noch bei den späteren Mahlprozessen untergemischt werden. Die durchsichtigen Glasuren hingegen bestehen aus reiner Glas-Fritte.

Abb. 1: Verschiedene Glasurmehle, bei denen gut zu sehen ist, daß sie nach dem Brennen (Kachelproben über dem Mehl) sehr oft ihre Farbe ändern.

Abb. 2: Drehöfen zum Aufschmelzen der Glasur-Rohstoffe.

Natürlich gibt es nicht nur glasklare, farbig-transparente und deckend-farbige Glasuren, sondern auch noch sogenannte Effektglasuren. In sie werden Kristallbildner, Schaumbildner und Bleichmittel gemischt, auf die wir aber in entsprechendem Zusammenhang noch eingehen werden. Hier sollte nur so viel gezeigt werden, daß das Mischen von Glasuren eine Kunst ist, die die einzelnen Firmen als Geheimrezepte eifersüchtig hüten.

Sind Glasuren giftig?
Wir sagten schon, daß die Trägermasse einer Glasur aus Glas besteht. Sogenannte Silikate wie Siliziumoxid (Quarz) und der aluminiumhaltige Feldspat bilden diese Glasmasse. Weil sie aber einen sehr hohen Schmelzpunkt haben, werden sie mit *Fließmitteln* vermischt, wie zum Beispiel Boroxid. Nun hat sich herausgestellt, daß ein besonders gut geeignetes Fließmittel *Blei* ist. Es bringt auch die Farben sehr stark zur Geltung, und in bestimmten Verbindungen kann es sogar selbst Farben bilden. Inzwischen weiß jeder, daß Blei giftig ist. Und wenn wir Ihnen jetzt sagen, daß außer Blei das noch wesentlich giftigere Schwermetall Cadmium und andere Schwermetalle in den Glasuren auftauchen können, dann wird Sie das vielleicht beunruhigen. Nun können Sie aber davon ausgehen, daß Blei, Cadmium und andere Schwermetalle zumindest in der Bundesrepublik nur in einer Form in die Glasuren gelangen, in der sie wasserunlöslich sind. Sie werden – wie wir vorhin schon sagten – in die Glasurmasse regelrecht eingeschmolzen. In dieser Form können sie auch durch saure Substanzen wie Essig oder Zitronensäure nicht herausgelöst werden.
Bei Tongefäßen aus südlichen Ländern – vor allem bei solchen mit orangenen bis roten Tönen – sollten Sie aber vorsichtig sein. Bei Vasen sind die Gefahren natürlich geringer als zum Beispiel bei einem Trinkbecher, aus dem Sie sauren Saft trinken.
Aber wie gesagt: die Glasuren, die Sie hier kaufen können, enthalten Schwermetalle nur in unlöslicher Form. Und wenn Sie ganz sicher gehen wollen, dann können Sie sich ja solche Glasuren besorgen, die auf jeden Fall frei von Schwermetallen sind.
Daß die Schwermetallbelastung nicht ausschließlich ein modernes Problem ist, läßt sich gerade aus der Geschichte der Keramik sehr gut belegen. Durch Analyse von Skeletten konnte man nämlich feststellen, daß bereits die alten Römer ziemlich bleiverseucht waren. Sie gingen mit diesem Metall nicht nur unwissend-unbefangen um, sie haben es sich sogar bewußt in größeren

Mengen einverleibt. Besonders in Mode war damals ein Wein, der einen leichten Geschmack nach Blei hatte. Um ihn zu erreichen, fügten sie der Glasur der Weinbehälter besonders viel Blei bei.
Heute bekommen wir unsere Bleidosis nicht mehr aus der Keramikglasur, sondern zum Beispiel aus den Autoabgasen. Das besonders Heimtückische ist, daß Blei und andere Schwermetalle sich im Körper ablagern und allmählich ansammeln.
Aber zurück zur Glasur.
Das Selbstmixen von Glasuren sollten Sie auf jeden Fall vermeiden. Und zwar schon deshalb, weil das Herstellen der richtigen Mischung und vor allen Dingen der richtigen Ausdehnung der Glasur im Verhältnis zum Tonkörper ausgesprochen schwierig ist. Bei unterschiedlicher Ausdehnung können bei unseren dünnwandigen Gefäßen Spannungen auftreten, bei denen entweder das Gefäß selbst zerspringt oder die Glasur Risse bekommt. Solche Glasurrisse, die man in der Fachsprache *Craquelee* nennt, können zwar beabsichtigt und auch sehr schön sein; zur Regel dürfen sie aber nicht werden.

Die Glasur wird angemischt

Achten Sie darauf, daß Sie Glasurpulver bekommen, das bereits gebrauchsfertig vermahlen ist. Denn Sie haben ja keine Spezialmühle. Schauen Sie außerdem danach, welchen Brennbereich die Glasur hat. *Steingutglasuren* haben einen Brennbereich zwischen 1000° und 1080 °C; *Steinzeugglasuren* zwischen 1150° und 1250 °C. Wir sind am besten mit den Steingutglasuren zurechtgekommen.
Wichtig ist, daß die Glasur wirklich gut mit Wasser vermischt wird. Das läßt sich durch eifriges Rühren oder gar durch die Verwendung einer Bohrmaschine mit Quirl innerhalb von 3 bis 4 Minuten erledigen. Sie können sich die Arbeit aber auch sparen, wenn Sie die Glasur mit Wasser angemischt über Nacht stehenlassen und vor Gebrauch noch einmal durchrühren.
Nicht so ohne weiteres zu beantworten ist die Frage, wieviel Wasser in das Glasurpulver kommt. Als Faustregel gilt: 1 Kilogramm Trockensubstanz wird mit einem Liter Wasser gemischt. Es können aber ebenso gut ein halber Liter oder eineinviertel Liter sein. Das hängt ganz von der Glasur ab. Generell gilt, daß man bei *Fritteglasuren weniger Wasser* braucht. Um sicher zu gehen, mischen Sie das Pulver zunächst einmal in einen halben Liter Wasser. Verdünnen kann man immer noch. Schütten Sie auch nicht das gesamte Pulver auf einmal ins Wasser, sondern rühren Sie mit kleineren Mengen immer erst einmal durch.
Damit Sie auch nach dem Stehenlassen eine garantiert klumpenfreie Mischung haben, sollten Sie den Glasurbrei vor dem Verwenden mehrmals durch ein feinmaschiges Sieb geben. Schaffen Sie sich ein 3- oder 5-Liter-Eimerchen aus Plastik mit Deckel an; damit läßt sich am besten arbeiten (solche Eimerchen bleiben oft beim Wändestreichen übrig).

Abb. 3: Anmischen des Glasurmehls

Vor dem Verwenden den Glasurbrei aber immer erst noch einmal gut durchrühren; die einzelnen festen Bestandteile der Glasur sinken nämlich relativ schnell wieder nach unten.
Wir haben zwar allerlei Tips bekommen, wie man die Glasurpartikel im Wasser besser in der Schwebe halten könnte. Da gab es zum Beispiel den Rat, auf 1 Kilo Glasur 2 bis 3 Teelöffel Essig zu geben. Die Säure sollte die Moleküle des Tons bzw. die Kaolinteilchen etwas vergrößern. Eine spürbare Wirkung haben wir aber nicht gemerkt. Natürlich hat sich auch die Industrie längst etwas ausgedacht, um eine beständige Durchmischung von Glasurpulver und Wasser zu erhalten. Da gibt es zum Beispiel den Zusatz von Dextrin, das man im Keramikzubehörhandel bekommen kann. Mit diesem Mittel sollten Sie allerdings vorsichtig umgehen, wenn Sie später durch Tauchen glasieren wollen. Da ist immer noch die sicherste Methode: öfters einmal durchrühren.
Natürlich gibt es auch bereits fertig gemischte und gewässerte Glasursubstanzen. Sie sind aber relativ teuer. Für den Anfang sollten Sie aber vielleicht doch damit einmal arbeiten (vgl. Bezugsquellennachweis im Anhang).

Wie wird die Glasur aufgebracht?

Da gibt es verschiedene Methoden:

1. Das Tauchen
2. Das Aufstreichen
3. Das Aufspritzen

Ganz gleich, welche Methode Sie wählen; sie erfordert doch einige Übung. Seien Sie nicht traurig, wenn es nicht beim ersten Mal gleich fehlerlos klappt. Auch wir haben unsere Erfahrungen allmählich sammeln müssen.
Außerdem hat das Glasieren und die Tatsache, daß man das fertige Ergebnis nur begrenzt vorausplanen kann, auch seinen Reiz. Das fängt schon damit an, daß sich die endgültige Farbe der Glasur ja erst nach dem Brennen zeigt. Außerdem ist nur in Grenzen steuerbar, wie eine Glasur läuft usw. Es kann also durchaus sein, daß eine kleine Ungeschicklichkeit am Anfang zu einem sehr reizvollen Ergebnis führt. Lassen Sie sich also ruhig überraschen.
Die Glasur wird grundsätzlich auf den *geschrühten* – das heißt vorgebrannten – Scherben aufgebracht. Man kann freilich auch ungeschrühte Tongegenstände glasieren. Dann spart man zwar einen Brenngang, der Ton muß allerdings sehr gut ausgetrocknet sein. Außerdem müssen Sie sehr flink vorgehen, weil die wasserhaltige Glasur den Tonkörper schnell wieder aufweicht. Das gilt vor allem für die Innenglasur, bei der man den Glasurbrei etwa bis zur Hälfte in das Gefäß hineingießt, das Gefäß schnell in schwenkende Bewegung versetzt, damit alle Stellen der Innenwand bedeckt sind. Dann schnell wieder leicht drehend ausgießen. Auch beim Tauchen muß man sehr fix sein. Nur kurz eintauchen und sofort wieder herausziehen. Beim Pinseln kann man etwas gemächlicher vorgehen, weil man sich Zeit zum Zwischentrocknen nehmen kann.

Der Sonderfall Engobe-Glasur

Auf die Engoben-Technik sind wir bereits eingegangen (vgl. *Seite 33*). Sie besteht praktisch darin, daß man feinsten Ton in verschiedenen Farben mit Wasser vermischt auf das Werkstück aufbringt. Für eine Engoben-Glasur gilt, daß sie nur auf *nicht* geschrühten Ton aufgebracht werden kann. Die tragende Basis für diese Glasur ist nämlich nicht ein Glaskörper, sondern – wie gesagt – lediglich feinstvermahlener Ton. Diese Tonschicht würde sich von geschrühtem Material wieder lösen. Sie müssen also mit dem ungeschrühten und deshalb noch sehr empfindlichen Tongefäßen vorsichtig umgehen.
Außerdem kann man bei der Engoben-Technik kaum etwas korrigieren. Während Sie andere Glasurschichten vor dem Brennen immer noch einmal abwaschen können, ist dies hier nicht möglich.
Trotzdem ist eine Engoben-Glasur so schön und in ihren pastelligen Tönen dem Werkstoff so angemessen, daß wir Ihnen doch raten wollen, sie zumindest einmal auszuprobieren.
Beim Auftragen des Engoben-Breis werden Sie bemerken, daß seine Feuchtigkeit sofort vom trockenen Scherben aufgesogen wird. Ist die Engobe ganz abgetrocknet, dann kann man deutlich erkennen, daß es sich um eine leicht verwischbare Puderschicht handelt. Gehen Sie deshalb mit Ihrem Kunstwerk vorsichtig um. Ist das Puder nämlich auch nur an einer Stelle abgefallen, dann entstehen beim Brand häßliche glasurfreie Stellen, die nur durch einen erneuten Brennvorgang einigermaßen zu reparieren sind. Sollte es aber doch einmal zu einem Fleck kom-

Abb. 4: Engobenmalerei auf einem Teller.

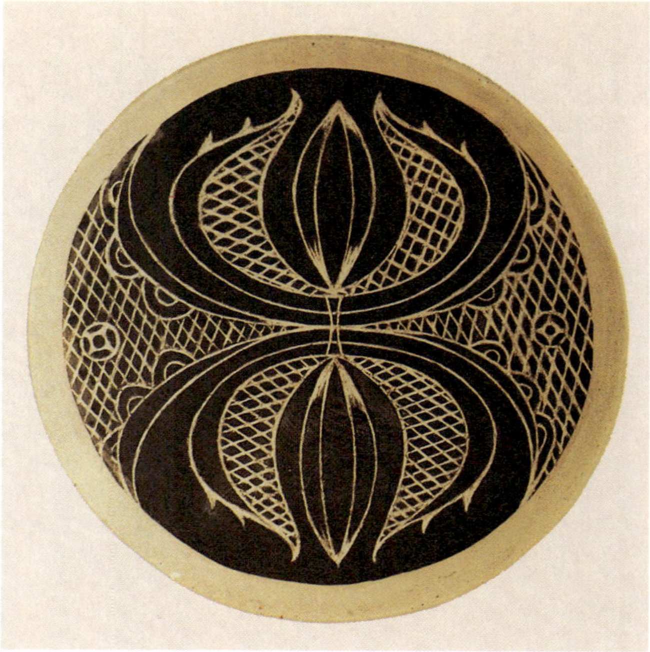

Abb. 5: Beispiel für Schabetechnik auf einem engobierten Teller.

men, dann die Stelle dick mit Engoben-Glasur überstreichen und nochmals brennen.

Sgraffito-Technik

Da diese sehr wirkungsvolle Technik vor allem für Engoben geeignet ist, wollen wir sie hier gleich beschreiben. Sgraffito ist eine Schabe- und Kratztechnik. Mit einer stumpfen Nadel, einer Messerspitze oder einem speziellen Gravierwerkzeug werden in die Engobenschicht Linien und Ornamente gekratzt. Besonders schön sieht das bei einem hellen Tongegenstand aus, auf den möglichst dunkle (nahezu schwarze) Engobe aufgetragen ist. Die Technik der griechischen Vasenverzierung basiert auf diesem Verfahren.

Man kann diese Technik sowohl auf geschrühtem wie auf ungeschrühtem Scherben anwenden. Allerdings geht man in der klassischen Sgraffito-Technik von ungeschrühtem Ton aus. Dann müssen Sie hier mit viel Fingerspitzengefühl und zarter Hand vorgehen. Wenn die Engoben auf den noch nicht geschrühten, sehr weichen Ton aufgetragen werden, dürfen Sie beim Ritzen nicht mit Kraft ans Werk gehen, sonst bohren Sie Löcher in den Ton. Außerdem splittert Engobe sehr leicht, wodurch die Zeichnung einen ausgefranzten Rand bekommen kann. Das kann man vermeiden, indem man die Engobe mit einem ganz wenig feuchten Schwämmchen betupft. Aber Vorsicht: der Ton darf nicht aufweichen. Am schönsten werden Zeichnungen, wenn die Engobe erst lederhart ist. Allerdings ist sie das nicht lange, da der trockene ungeschrühte Ton die Feuchtigkeit schnell an sich zieht.

Kunstvolle Dekors erzielt man mit der *Schabetechnik*, bei der ganze Flächen aus der Engobeschicht herausgeschabt werden. Das geht mit dem Messer, besser aber mit einem Schaber, den Sie im Handel bekommen. Lassen Sie sich durch das Beispiel in der *Abbildung oben* anregen.

Abb. 6: Inlet-Technik. *Oben links:* Das Muster wird in den lederharten Ton gedrückt; *oben rechts:* die Vertiefungen sind mit Engobe gefüllt; *unten:* ein altes Beispiel für diese Technik.

Inlet-Technik

Eine andere Art des Dekors mit Engobe ist die sogenannte Inlet-Technik, die im 13. Jahrhundert in Korea entstand.

Hier müssen Sie zunächst in den noch lederharten Ton ein Dekor einprägen. Das macht man mit Stempeln (die man sich aus Linoleum selber schneiden kann) oder mit einem Griffel, Holzspachtel o. a. Es gibt auch Formen aus Plastik zu kaufen. Die Vertiefungen werden nun mit farbiger Engobe aufgefüllt, Sie können mehrere Farben verwenden. Tragen Sie die Engobe mit dem Pinsel so oft auf, bis sie die Vertiefungen völlig auffüllt. Was über den Rand geht, können Sie nach dem Trocknen einfach abkratzen. Dadurch entsteht eine Art Einlegearbeit. Natürlich kann man Prägungen auch mit anderen Glasuren auffüllen. Aber sie laufen leicht beim Brennen heraus. Wenn es gelingt, bilden die pastellige Engobe und die glänzende Glasur einen hübschen Kontrast (vgl. *Abbildung 6*).

Umgang mit normalen Glasuren

Gleichgültig, ob Sie die Glasur nun durch Tauchen, Aufstreichen oder Aufspritzen auftragen, hängt die Aufnahme des Glasurbreis durch den Scherben wesentlich von der Temperatur ab, bei der er geschrüht wurde. Ist er bei nur 900° bis 950 °C gebrannt, dann ist er noch porös, das heißt, er nimmt viel Wasser auf. Ein bei höherer Temperatur geschrühter Scherben kann bereits so dicht geworden sein, daß er der Glasurmasse kaum noch Feuchtigkeit entzieht. In diesem Fall muß der Brei mit weniger Wasser angerührt werden. Zu dick darf der Brei allerdings nicht werden, weil sonst der Scherben möglicherweise zu schnell sämtliche Flüssigkeit an sich zieht und dadurch der Auftrag unregelmäßig wird. In diesem Fall kann man sich aber auch dadurch behelfen, daß man den Scherben überall gleichmäßig anfeuchtet.

Wie dick soll man die Glasur auftragen? Generell gilt: 0,2 bis 0,5 mm. Aber messen Sie das einmal nach! Auch da müssen Sie einfach selbst Erfahrungen sammeln. Ein paar Grundregeln gibt es aber doch:

Ist die Glasurschicht zu dünn, dann bilden sich häufig glasurfreie Löcher oder es schimmert – bei deckenden Glasuren – die Farbe des Scherbens durch. Bei weißem Ton ist das weniger tragisch als bei rotem.

Eine zu dick aufgetragene Glasurschicht neigt aber dazu, in „Nasen" nach unten zu laufen. Das kann zwar ein beabsichtigter Effekt sein, es ist aber beim Brennen nicht ganz unproblematisch. Herunterlaufende Glasur kann Ihr Gefäß im Brennofen so festkleben, daß Sie es kaum wieder herausbekommen. Deshalb wischt man auch den Boden der glasierten Tongegenstände vor dem Brennen sorgfältig ab (aber dazu an entsprechender Stelle mehr). Besonders rote, deckende Glasuren neigen zum Laufen. Ausgerechnet sie müssen dick aufgetragen werden, damit sie wirklich leuchten.

Haben sich tatsächlich einmal Nasen gebildet, dann können Sie sie mit Korundsteinen (normale Schleifsteine) entfernen.

1. Glasieren durch Tauchen

Die einfachste Methode, eine Glasur aufzubringen, ist das Tauchen. Allerdings braucht man dazu relativ viel Glasursubstanz, denn der zu glasierende Gegenstand muß in *einem* Arbeitsgang völlig eingetaucht werden können. Nur so ist gewährleistet, daß sich ein gleichmäßiger Überzug bildet. Theoretisch wäre es zwar möglich, einen Gegenstand abschnittsweise in ein kleines Gefäß mit Glasur einzutauchen. Dadurch bilden sich aber Überlappungsstellen, die man nach dem Brennen noch sieht.

Prüfen Sie also zunächst, ob der größte zu glasierende Gegenstand auch in das Tauchgefäß hineinpaßt. Und vergessen Sie dabei nicht, daß der Gegenstand den Glasurbrei ja noch verdrängt; das Tauchgefäß also nicht bis oben gefüllt sein darf. Glasiert wird beim Tauchen nur die *Außenseite*. Die Innenseite darf also nicht mit Glasur vollaufen.

Eine „Tauchglasur" gibt es auch für die Innenseite, obwohl hier der Begriff nicht ganz stimmt. Bei geschrühten Ton füllen Sie das Gefäß bis zum oberen Rand mit Hilfe einer Kelle oder eines Trichters mit Glasurbrei. Es genügt, wenn Sie 2 bis 4 Sekunden im Gefäß bleibt und dann unter drehender Bewegung sofort wieder ausgegossen wird. (Bei ungeschrühten Gefäßen nur halbvoll füllen, kurz schwenken und sofort wieder ausgießen; s. o.).

Abb. 7: links: Eintauchen in die Außenglasur; *rechts:* so hält man das Gefäß.

Vielleicht üben Sie das vorher einmal mit einem Plastikbecher oder einer Vase und Wasser. Die Trockenzeit für eine getauchte Glasur beträgt je nach Größe des Gefäßes und Wandstärke etwa einen Tag.
Die kurze Tauchzeit von 2 bis 4 Sekunden gilt auch für die Außenglasur. Da das Gefäß nun von innen bereits mit einer angetrockneten Glasur bedeckt ist, die sehr empfindlich ist, stellt sich natürlich die Frage, wie man das Gefäß am besten anfaßt. Achten Sie zunächst auf fett- und staubfreie Finger. Nehmen Sie dann das Gefäß wie auf *Abbildung 7* gezeigt mit gespreizten Fingern, die möglichst kurzgeschnittene Fingernägel haben sollen. Die Fingerflächen sind nämlich weniger gefährlich als scharfe Kanten von Nägeln, die schnell eine Schramme hinterlassen. Fachleute benutzen zum Tauchen auch Spezialzangen, die es im Keramikhandel zu kaufen gibt. Wir haben festgestellt, daß man sehr gut ohne sie auskommen kann.

Abb. 8: Das ungeschrühte Gefäß wird mit Innenglasur halb gefüllt, die mit drehender Bewegung wieder ausgeschüttet wird.

Genauso wie Sie darauf achten müssen, daß die Innenglasur bis zum Rand des Gefäßes reicht, müssen Sie bei der Außenglasur wirklich bis zum oberen Rand eintauchen. Und zwar in einem Schwung. Trotzdem soll die Glasur natürlich nicht in das Gefäß hineinschwappen. Auch hier vielleicht zunächst einmal mit Wasser und einem fertig glasierten Gefäß üben.
Stellen Sie den Gegenstand nach dem Tauchen auf eine saugfähige Unterlage (Styropor, Gipskartonplatte, Rückseite einer Kachel usw.). Lassen Sie den Gegenstand vor dem Brennen gut austrocknen. Sollten Sie nach einer Trokkenzeit von etwa einem Tag noch Ungleichmäßigkeiten entdecken, die Sie nicht als Effekt erhalten wollen, dann können Sie mit dem Finger, Handballen oder auch einem Pinsel den Glasurpuder noch vorsichtig glätten oder auch „Tropfnasen" abtragen.
Zum Schluß muß die Standfläche sorgfältig von Glasur befreit werden. Das geht mit der harten Seite eines Kunststoffspülschwamms relativ einfach. Sie vermeiden dadurch, daß der Gegenstand im Ofen festbrennt.

2. Aufstreichen der Glasur

Dieses Verfahren hat den Vorteil, daß man mit wesentlich weniger Glasurmasse auskommt. Allerdings wird der Überzug auch nicht so gleichmäßig, was aber sehr schön aussehen kann. Im Keramikhandel gibt es spezielle *Stell-* bzw. *Haftmittel*. Das ist eine Art Tapetenkleister, der die Streichfähigkeit verbessern soll. Ganz zufrieden waren wir mit solchen Mitteln allerdings nicht.
Das Sortiment von streichfähigen Glasuren, die man im Handel bekommt, besteht weitgehend aus Glasuren mit Spezialeffekten. Sie können sehr dekorativ, aber auch schnell kitschig wirken. Außerdem sind solche Streichglasuren relativ teuer. Wenn man freilich bedenkt, daß man weniger braucht als beim Tauchen, dann gleicht sich das wieder aus. (Im Bezugsquellennachweis nennen wir Fabrikate, mit denen wir gute Erfahrungen gemacht haben.)

3. Aufspritzen der Glasur

Auch bei der Spritzmethode brauchen Sie ein bißchen Übung. Und Sie brauchen Werkzeuge. Es gibt zwar schon relativ preiswerte Spritzpistolen, die mit Treibgas arbeiten (20 bis 30 Mark); sie verstopfen aber schnell. Eine normale Farbspritzpistole ist auch nicht geeignet, weil das Tonmehl wie ein Schleifmittel wirkt und den Pumpenzylinder zerstört. Außerdem braucht man bei solchen Pistolen eben doch vergleichsweise viel Glasur, weil der Sprühstrahl nicht nur den Tongegenstand trifft.
Mit die besten Erfahrungen haben wir bei der allerbilligsten Spritzmethode erzielt, bei der Sie eine sogenannte *Fixativspritze* brauchen (vgl. *Abbildung 10*). Sie hat nur den einzigen Nachteil, daß sie ausschließlich mit der Luft Ihrer Lungen betrieben wird. Wenn Sie genug Puste haben, würden wir Ihnen zu dieser Methode raten.

Abb. 9: Auftrag der Glasur mit dickem Pinsel.

Abb. 10: Aufspritzen der Glasur mit einfacher Fixativspritze.

Auf jeden Fall sollten Sie sich bei Verwendung der Spritzmethode eine Minispritzkammer aus einer kleinen Kiste oder einem Karton basteln, wie wir ihn auf *Abbildung 10* zeigen.
Stellen Sie beim Spritzen den zu glasierenden Gegenstand auf einen umgestülpten Teller, damit Sie ihn leicht drehen können. Profis haben dafür zwar spezielle Drehteller, die sind aber nicht ganz billig.

Mischglasuren

Ganz gleich, welche Methode Sie zum Auftragen der Glasur verwenden; man kann die Glasurfarben auch mischen. Das setzt allerdings voraus, daß Sie Glasuren *eines* Brennbereichs haben. Allerdings müssen Sie beim Mischen Farbgefühl haben, weil nicht alles zusammenpaßt. So ergibt zum Beispiel ein Teil Grün mit zwei Teilen Blau ein leuchtendes Türkis.
Wenn Sie schon etwas Praxis mit dem Glasieren gesammelt haben, wird es Sie auf jeden Fall reizen, sich von den vorgegebenen Glasurfarben und Strukturen freizumachen. Um Material zu sparen, gibt es ja immer noch die Möglichkeit, die auch die Profis benutzen: man bemalt kleine Scherben mit unterschiedlichen Glasuren, die man zur Probe brennt. Vergessen Sie bei dieser Methode aber nicht, sich die Mischungsverhältnisse für die einzelnen Scherben aufzuschreiben und die Scherben selbst zu numerieren. Nach dem Brennen sehen ja – wie gesagt – die Farben in aller Regel anders aus als vorher.

Sehr schöne Effekte erzielt man mit Mehrschichtglasur

Man kann mehrere Glasurschichten vor dem Brennen übereinander aufbringen. Das setzt allerdings voraus, daß die einzelnen Schichten nicht zu dick sind, also nur ganz kurz getaucht wird. Beim Brennen mischen sich die Glasurschichten dann meist unregelmäßig, was sehr reizvoll aussehen kann.

Interessante *Laufglasureffekte* lassen sich auf folgende Weise erreichen:

Man bringt zunächst eine ganz normale Grundglasur auf. Nach dem Trocknen legt man eine zweite Glasurschicht darüber, die eine *niedrigere* Brenntemperatur hat. Beim Brennen in der Temperatur der Grundglasur beginnt diese zweite Glasur zu laufen und sich teilweise mit der Grundglasur zu mischen. Hierbei ist die Gefahr, daß Laufnasen bis nach unten laufen und der Gegenstand dadurch im Ofen festbackt, besonders groß. Versuchen Sie also, die zweite Glasurschicht zur Standfläche hin entweder ganz abzuwischen oder zumindest dünner zu halten.

Noch einige Bemerkungen zum Glasurbrand

Bis auf die Fayence- oder Majolikatechnik (vgl. *Seite 50*) haben wir es grundsätzlich mit zwei Brennvorgängen zu tun: 1. dem *Vor- oder Schrühbrand*, 2. dem *Glasurbrand*.

Fachleute sprechen noch von einem *Garbrand*. Er geschieht bei der Temperatur, bei der die verschiedenen keramischen Rohstoffe erst vollständig verfestigt werden.

Abb. 11: Die Kanne hat eine Mehrschichtglasur, die Zuckerdose eine Laufglasur.

Abb. 12: Einige Gag-Gefäße der Hobbythek: rechts eine Schnäuzerschutztasse, die beim Trinken den Schnauzbart trockenhält. Liegend ein Krug ohne Boden für Antialkoholiker. Hinten stehend ein Krug mit Löchern im Rand als Trinkerbremse (um sich nicht zu bekleckern, muß man nämlich die Löcher beim Trinken gleichzeitig zuhalten).

In der Regel ist es so, daß beim Schrühbrand der Scherben nur eine erste Verfestigung erfährt. Er ist dann ja auch noch wasserdurchlässig (wie z. B. ein Blumentopf) und auch noch nicht voll belastbar. Die vollständige Verfestigung findet erst beim Garbrand statt, der bis zu 500 °C über dem Schrühbrand liegen kann, und der in der Regel mit dem Glasurbrand identisch ist.
Nun gibt es aber Glasuren, die derart hohe Temperaturen nicht vertragen – wir sind darauf bereits eingegangen. Wenn Sie also Glasuren verwenden, die nur relativ niedrige Temperaturen vertragen, dann müssen Sie beim Schrühbrand in der Temperatur entsprechend *höher* gehen.
Wie hoch die Temperaturen für das keramische Material einerseits und für die Glasuren andererseits sein müssen, steht jeweils auf der Gebrauchsanweisung der Materialien bzw. Sie können es sich beim Händler sagen lassen.
Bei einer zu dick aufgetragenen Glasur kann es sein, daß sie beim Glasurbrand *nicht richtig ausbrennt*. Die Glasur hat dann nicht die beabsichtigte Farbe erreicht; außerdem wirkt sie meist stumpf und überhaupt unansehnlich. In der Regel kann man ein solches Stück noch retten. Wiederholen Sie einfach den Brennvorgang noch einmal. Allerdings bleibt das Brennen immer Glückssache – und beim Wiederholen allemal.
Nun gibt es freilich Gegenstände, die man gern rundherum glasiert. Auch sie lassen sich brennen, ohne anzukleben, wenn man dafür besondere *Stützen* nimmt. Im einschlägigen Handel gibt es dreikantförmige Tonprismen oder Dreifüße aus Keramik, die nach oben in kleine Spitzen auslaufen. Auf diese Spitzen legt man den glasierten Tongegenstand. Er schmilzt beim Brennen zwar an diesen Spitzen fest; aber die Berührungspunkte sind so winzig, daß man die Dreifüße oder Tonprismen nach dem Brennen mit einem Messer leicht abkeilen kann. Übrig bleiben dann in der Glasur allerdings kleine Fehlerstellen.
Eine Sicherung gegen das Ablaufen von Glasur und das damit verbundene Festbrennen im Ofen bietet noch ein ganz einfaches anderes Mittel. Bedekken Sie die Schamottplatten bzw. den Boden des Ofens mit feinem hochschmelzendem Quarzsand (man bekommt ihn in Baufachgeschäften oder auch in Keramikläden). Er nimmt die abtropfende Glasur auf. Allerdings müssen Sie darauf achten, daß der Sand nicht im Ofen herumfliegt und unschöne rauhe Stellen in der Glasur hinterläßt.
Während es beim Schrühbrand nichts ausmacht, wenn sich die Gegenstände im Ofen berühren, würde dies hier eine kleine Katastrophe bedeuten. Die Gegenstände würden nämlich fest miteinander verschmelzen. Also mindestens ein paar Millimeter Abstand lassen.
Außerdem bis etwa 200 °C dafür sorgen, daß das auch in der Glasur immer noch vorhandene Wasser als Dampf abziehen kann.
Es genügt, in einem durch bis zur Endtemperatur aufzuheizen. Ist sie erreicht, kann man bis unter 100 °C wieder abkühlen und den Ofen öffnen.
Und das ist dann der spannendste Moment der ganzen Tätigkeit. Wir wünschen Ihnen viel, viel Glück. Und wenn es beim ersten Mal nicht klappt, nicht den Mut verlieren.
Bevor wir Ihnen zeigen wollen, wie man Tongegenstände in verschiedener Technik bemalen und verzieren kann, möchten wir uns mit Kacheln beschäftigen. Denn auch Kacheln sind keramische Gegenstände.

Kacheln, Fliesen und Keramikbilder

Genaugenommen ist hier von *Fliesen* die Rede. Denn Kacheln waren ursprünglich – eine Erfindung der Römer – topfartige Gebilde, die man zum Bau von Kuppeln und von Öfen verwendete. Wenn wir hier von Kacheln sprechen, meinen wir Platten aus Keramik, die man zur Verkleidung von Wänden und Fußböden benutzt.
Fliesen als Wandverkleidung waren bereits in der Antike bekannt. Über Spanien und Italien haben sie sich schließlich über ganz Europa verbreitet. Vom 17. Jahrhundert an spielen sie im niederländischen und im norddeutschen Raum als bemalte Kacheln eine ganz wichtige Rolle. Erinnert sei hier nur an die wunderschönen Delfter Kacheln.
Bodenfliesen kennt man erst seit dem 12. Jahrhundert. Man hat sie zuerst anstelle von Steinplatten in Kirchen und Klöstern verlegt. Im Laufe der Jahrhunderte hat sich eine regelrechte Fliesen-Kunst entwickelt. Dies vor allem nach der Erfindung der *Fayence-Technik* im islamischen Kulturkreis, auf die wir später noch eingehen werden. Ganze Bilder, die aus vielen Kacheln zusammengesetzt wurden, verzierten die reicheren Häuser.

Wir werden Ihnen gleich zeigen, wie Sie in den verschiedensten alten Techniken Kacheln selber bemalen und verzieren können.

Die rohen und bereits geschrühten Kacheln kann man billig kaufen. Aber es gibt auch Maltechniken, die auf glasierten und gebrannten Kacheln ausgeführt werden können.

Wer sich seine Kacheln jedoch selbst herstellen will, muß folgendes berücksichtigen: Selbstgemachte Kacheln werden nie so exakt wie gekaufte. Allerdings können Unregelmäßigkeiten auch einen Reiz haben.

Vor allem das *Trocknen* ist nicht ganz einfach. Weil die Kacheln am Rand schneller trocknen als in der Mitte, neigen sie dazu, die Ränder aufzubiegen. Das kann man nur dadurch verhindern, daß man sie auf Gipsplatten trocknet und häufig umdreht. Der Gips zieht – wie wir ja schon beim Gießton gesehen haben – die Feuchtigkeit aus dem Ton geradezu gierig an sich.

In der Industrie werden Fliesen in besonderen Formen gepreßt. Dieses Verfahren ist für unsere Zwecke nicht geeignet. Wir empfehlen die „Bäckermethode“, bei der zwischen zwei Holzleisten mit dem Nudelholz ein Tonkloß einfach flachgerollt wird. Die Leisten links und rechts dienen als Führung für eine gleichmäßige Dicke des Tonfladens. Die Höhe der Leisten müssen Sie danach wählen, wie dick die Kacheln schließlich werden sollen. Bei Bodenplatten ist das etwas mehr, bei Wandfliesen etwas weniger.
Damit das Wellen der Fliesen beim Trocknen zumindest in Grenzen gehalten wird, empfehlen wir folgenden Trick: Beim Ausschneiden der Kacheln, bei dem Sie als Muster eine gekaufte Kachel verwenden können, schneiden Sie mit einem umgekehrten Messer (mit dem Messerrücken) nicht ganz bis unten durch. Die einzelnen Kacheln sind also noch miteinander verbunden. Nach dem Trocknen lassen sie sich leicht auseinanderbrechen. Der stehenbleibende Grat verschwindet später in den Fugen.

Abb. 1: Bruchstücke von Wandfliesen aus dem 9. Jh., die man im Irak gefunden hat.

Als *Rohmaterial* für die Kacheln und Platten sollten Sie sich einen fertig gemischten Ton besorgen, der möglichst mager, das heißt mit Kaolin und vor allem mit Schamotte versetzt ist. Dieser Ton schrumpft nicht so stark und wellt sich deshalb auch weniger. Sagen Sie dem Händler, daß Sie Kacheln machen wollen.
Wenn Sie übrigens eine gekaufte Kachel als Maß für das Zurechtschneiden benutzen, dürfen Sie nicht vergessen, daß die selbstgemachte Kachel durch Schrumpfen beim Trocknen etwas kleiner wird. Sie ist also mit fertigen Kacheln nicht mehr zu kombinieren.
Der Reiz der selbstgemachten Kachel besteht vor allem darin, daß man sie in jeder beliebigen Form schneiden kann. Vor allem bei Bodenplatten gibt es da interessante Muster. Da können Sie Sechsecke nehmen, oder das berühmte Rosenspitz-Muster (vgl. *Abbildung 3*), oder auch Fantasieformen, und schließlich Konturen, die man mit Kuchenförmchen aussticht. Vielleicht finden Sie darunter welche, die sich für Türschilder eignen.
Noch ein weiterer Vorteil der selbstgemachten Kachel: Sie können in die lederhart getrocknete Platte Verzierungen eindrücken oder auch erhaben aufkleben (vergleichen Sie dazu noch einmal, was wir zum Thema Garnieren auf *Seite 30* gesagt haben).
Im Jugendstil hat man eine Technik sehr hoch entwickelt, bei der mit ganz dünnen Tonwürstchen auf den Kacheln Muster gebildet wurden, die mit verschiedenfarbigen Glasuren zu einer Art Zellkeramik verarbeitet wurden (ein Muster sehen Sie auf *Abbildung 4*).

Abb. 2: Auswalzen des Tons für Kacheln.

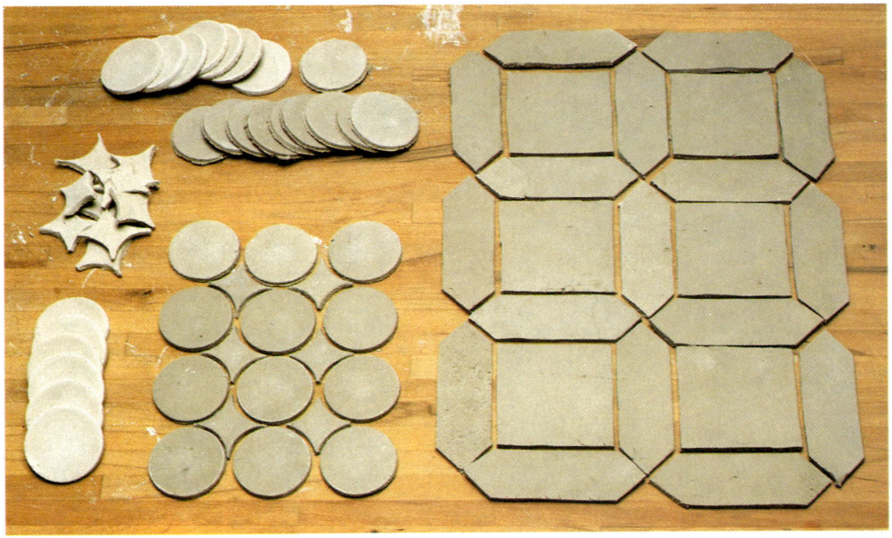

Abb. 3: Selbstgemachte Rohlinge für Fliesen. Links runde Fliesen mit Zwischenstücken; rechts ein Rosenspitzmuster.

Abb. 4: Jugendstilkachel mit Zellglasur

Besonderheiten beim Glasieren von Kacheln

Damit Sie eine möglichst gleichmäßige Glasur erzielen, gibt es ein paar Regeln zu beachten.

Die Tauchmethode:
Gießen Sie etwa 2 bis 3 cm hoch in eine ausreichend große Plastikschüssel den Glasurschlicker. Nehmen Sie die Kachel zwischen die Fingerspitzen (nur am Rand anfassen) und tauchen Sie die Oberfläche der Kachel schräg in die gut aufgerührte Glasur. Mit dem schrägen Eintauchen vermeiden Sie, daß sich zwischen Kacheloberfläche und Glasur Blasen bilden.

Die Gießmethode:
Einfacher ist die Methode, bei der man die Kacheln mit Glasur übergießt. Hier gibt es zwei Techniken: Bei der ersten nehmen Sie eine Plastikschüssel, in die Sie eine kleine Schüssel stellen, auf der die Kachel aufliegt (vgl. *Abb. 5 rechts*). Mit einer Schöpfkelle gießen Sie die Glasur möglichst zügig auf die Kachel, damit ein gleichmäßiger Überzug entsteht. Heben Sie die Kachel mit einem Finger vorsichtig an, damit überflüssige Glasur in die Schüssel abläuft. Bei der anderen Methode, die etwas Übung erfordert, brauchen Sie als Gießkelle eine Plastikdose mit geradem Rand in der Länge einer Kachelseite (Gefrierdose oder ähnlich). Füllen Sie sie mit Glasur. Nehmen Sie dann die Kachel so in die eine Hand, daß die untere Kante auf den Fingerspitzen liegt, während die Rückseite sich an den Handballen lehnt. Gießen Sie nun gegen diese schräg gehaltene Kachel

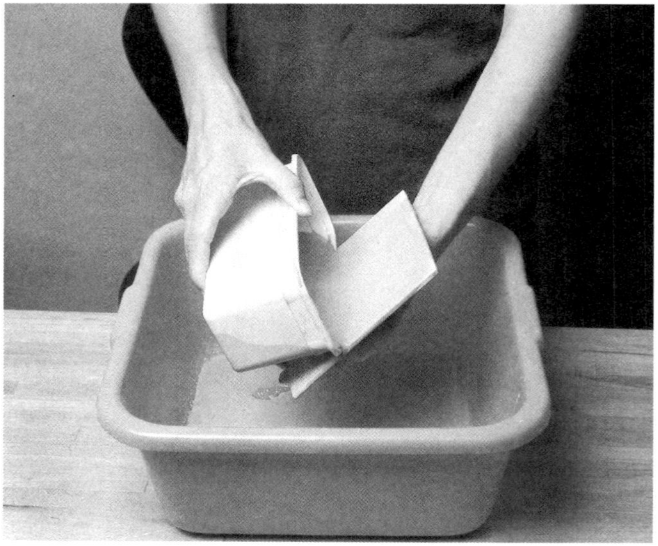

Abb. 5: links: Übergießen der Kachel mit Glasur mit Hilfe einer Kelle; *rechts:* Aufgießen der Glasur mit Hilfe einer Gefrierdose.

Abb. 6: Eine Kachelbox für den Brennofen.

mit der Plastikdose am oberen Rand der Kachel möglichst in einem Zug die Glasur auf. Sie muß beim Herunterlaufen die ganze Kacheloberfläche bedekken. Die überschüssige Glasur läuft in eine darunterstehende Schüssel ab.
Zum Brennen der Kacheln gibt es spezielle Gestelle; sogenannte Kachelboxen (siehe *Abbildung 6*). Auch an diesen Gestellen kann die Kachel durch ihre Glasur festbrennen. Säubern Sie also nach dem Aufbringen die Kachelrückseite und auch den unteren Teil der Ränder sorgfältig von allen Glasurteilen.

Bemalen von Keramik – eine Kunst auch für Laien

Man unterscheidet grundsätzlich drei Techniken des Bemalens und Dekorierens:

1. Unterglasurmalerei
2. Aufglasurmalerei
3. Inglasurmalerei

1. Unterglasurmalerei

Sie ist am weitesten verbreitet, weil sie keine allzu großen technischen Probleme bereitet und weil es für dieses Verfahren die größte Farbauswahl gibt. Allerdings halten die im Preis einigermaßen erschwinglichen Farben hohe Temperaturen nicht unbegrenzt aus. Bei der Unterglasurmalerei braucht man jedoch diese hohen Temperaturen nicht; die Farbpigmente werden also nicht übermäßig strapaziert.
Unterglasurmalerei, bei der das Dekor mit transparenter Glasur überzogen wird, sieht am schönsten auf *hellem* Ton aus. Weißer Ton ist also ganz hervorragend dafür geeignet. Und wer fertiggekaufte Kacheln bemalen will, findet dafür auch im Handel helle Sorten.
Unterglasurmalerei wird auf den *geschrühten* Ton aufgebracht. Der Ton ist dann noch porös, was den Vorteil hat, daß die Farbe auf ihm nicht abperlt. Der Nachteil besteht darin, daß der poröse Tonkörper der Farbe die Feuchtigkeit sehr schnell entzieht. Am Anfang muß man sich darauf erst einrichten. Wer die Saugfähigkeit des Tones mindern möchte, kann sich hier mit einem kleinen Trick behelfen:
Bestreichen Sie die zu bemalenden Flächen mit einer *Holzleimlösung*, die zum Beispiel aus einem Teil Ponal und 10 Teilen Wasser besteht. Nach dem Trocknen dieser Schicht läßt sich der Ton wesentlich leichter bemalen. Vor allem läßt sich dann auch noch die eine oder andere Korrektur anbringen, indem man mit einem feuchten Schwämmchen die fehlerhaften Malstellen abwäscht.
Über die verschiedenen Farbangebote können Sie sich im Fachhandel oder über unseren Bezugsquellennachweis im Anhang informieren. Am einfachsten läßt sich mit Farben malen, die in Näpfchen wie in einem Tuschkasten angeboten werden. Die Farben werden auch genau so mit Wasser angerührt und aufgetragen.
Außerdem gibt es Farben in Puderform, die mit Wasser oder einem Malmittel angerührt werden müssen. In vielen Fällen handelt es sich dabei um Oxidfarben; aber es gibt auch Engobenfarben, die im Charakter weniger grell, sondern sehr pastellig sind.
Wenn Sie den geschrühten Tongegenstand so bemalt haben, daß er Ihnen gefällt, muß er noch mit der eigentlichen Glasur überzogen werden. Dadurch erhält Ihr Kunstwerk nahezu ewige Haltbarkeit. Natürlich muß diese Glasur *transparent* sein.
Als Glasiertechnik kommt das Aufstreichen nicht infrage, weil damit die Malerei verwischt würde. Glasieren Sie also nach der unproblematischen *Tauchmethode* (vgl. dazu noch einmal *Seite 40*). Natürlich läßt sich die Glasur auch aufsprühen; allerdings haben wir damit – vor allem bei den Kacheln – keine so guten Erfahrungen gemacht. Da bewährte sich am besten doch das Übergießen der schräg gestellten Kachel mit Hilfe einer Gefrierdose, in der sich die Glasur befindet.

Abb. 1: Bemalen von Tongegenständen mit „Näpfchen"-Farben.

Hier noch ein paar Tips für den Fall, daß Sie auf Kacheln ein mehrteiliges Bild malen wollen. Auf *Abbildung 2* können Sie sehen, daß man auf diese Weise eine herrliche Wandverkleidung bekommen kann. Diese Hinweise beziehen sich natürlich nicht nur auf Unterglasurmalerei, sondern auch auf alle anderen Verfahren.
Legen Sie sich Kacheln von der gewünschten Flächengröße auf einen Tisch zusammen und vergessen Sie dabei nicht, daß beim späteren Verlegen ein bis zwei Millimeter Fugenabstand bleiben.
Malen Sie nun Ihr Bild auf die Kacheln. Damit sie durch die aufgestützte Hand nicht fettig werden, legen Sie zur Vorsicht ein Blatt Papier unter.
Nach dem Bemalen und dem Aufbringen der Glasur sollten Sie sämtliche Teile des Bildes gleichzeitig brennen. Die speziell für Kacheln konstruierten Kachelboxen nehmen in der Regel bis zu 10 Kacheln auf. In die meisten Öfen lassen sich aber zwei Kachelboxen unterbringen, so daß ein 20teiliges Bild, das immerhin 60 x 75 cm groß werden würde, in den Ofen paßt. Dieses gleichzeitige Brennen bietet Ihnen einigermaßen Gewähr dafür, daß die Kacheln einheitlich in den Farbtönen werden.

2. Inglasurmalerei (Fayence-Technik)

Hier kommen wir zu einer Technik, die eine besonders berühmte Tradition hat. Gemeint ist die *Fayence-* bzw. die *Majolika*-Technik. Majolika ist die italienische Bezeichnung für eine Art von Fayence, die aus Spanien über die Insel *Mallorca* nach Italien kam. Das Wort Fayence wiederum kommt von der italienischen Stadt *Faenza*, wo die Fayence-Technik im 15. und 16. Jahrhundert Weltruf erlangte.
Die Fayence wurde im islamischen Orient wohl in der Absicht entwickelt, das chinesische Porzellan nachzuahmen. Bei Fayence oder Majolika handelt es sich nämlich um eine verfeinerte Irdenware aus hellem oder auch farbigem Ton, der zunächst mit weißer Glasur überzogen wurde. Diese weiße Farbe erzielt man bis heute durch die Beimischung von *Zinndioxid*. Das Dekor wird auf die noch ungebrannte weißdeckende Glasur gemalt. Während des zweiten Brandes – der erste ist ja der Schrühbrand – sinken die aufgemalten Farben in die Glasur ein, wobei die Konturen zu weichen Übergängen verschmelzen.
Und damit ist eigentlich auch schon die Technik der Inglasurmalerei beschrie-

Abb. 2: Mehrteiliges Kachelbild in Aufglasurtechnik (Entwurf und Ausführung: Erica Schwarze).

Abb. 3: Französisches Fayence-Geschirr aus Frankreich aus dem 18. Jh. Man kann diese Technik natürlich auch auf Kacheln anwenden.

ben. Es ist eine Technik, die es im Nahen Osten schon seit dem 9. Jahrhundert gibt und die im 16. Jahrhundert schließlich auch in den Niederlanden und in Deutschland verbreitet wurde.

Inglasurmalerei bzw. Fayence- und Majolikatechnik unterscheidet sich von Unterglasurmalerei im Prinzip also nur dadurch, daß nicht unmittelbar auf dem geschrühten Tonkörper gemalt wird, sondern daß zunächst eine mehr oder weniger deckende Glasurauflage aufgetragen wird.

Das Dekor können Sie nun mit einem Pinsel auftragen oder auch mit einem spritzenähnlichen Gummibällchen (vgl. *Abbildung 4*), mit der man dickflüssige Farbe in Form von erhabenen Linien oder reliefartigen Ornamenten auftragen kann.

Nun löst die feuchte Dekorfarbe die helle Glasurschicht darunter leicht auf. Das kann man dadurch einschränken, indem man die Grundglasur mit etwas *Tapetenkleister* oder einem speziellen *Stell-* bzw. *Haftmittel* vermischt. Lösen Sie diese Mittel aber vorher in Wasser gut auf (bei Tapetenkleister etwa ein Fünftel der Menge, die für leichte Tapeten angegeben ist; beim Stellmittel etwa die Hälfte bis zu einem Drittel der für Glasuren vorgesehenen Menge). Das so ein wenig angedickte Wasser dient jetzt zum Aufschwemmen der Grundglasur.

Als Malfarben kommen alle Farben in Betracht, die wir bereits für die Unterglasurtechnik genannt haben. Solche Farben werden im Handel auch als Majolikafarben angeboten. Und auch hier noch ein kleiner Tip: Das Dekor wird glänzender und brillanter, wenn der Farbpudermenge noch ein wenig

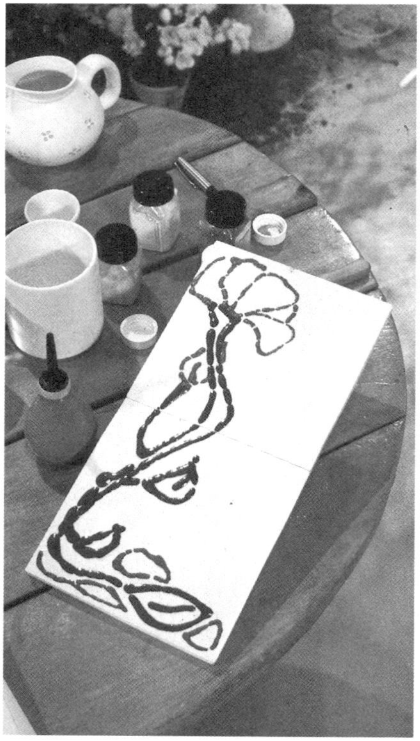

Abb. 4: Mit einer Gummispritze bemalte Kacheln in Inglasur-Technik.

Transparentglasurpulver beigemischt wird (Mischungsverhältnis etwa 2:1 oder 3:1).

Zum Schluß wird alles bei 1000° bis 1100 °C gebrannt (richten Sie sich gegebenenfalls nach den Angaben auf den Farbpackungen).

3. Die Aufglasurmalerei

Dies ist eine Technik, die der Inglasurmalerei sehr ähnlich ist, und die auch bei Fayence und Majolika angewendet wird. Bei dieser Technik ist die Grundglasurschicht bereits *aufgebrannt*. Insgesamt sind also drei Brennvorgänge nötig, sofern Sie nicht fertig glasierte Kacheln verwenden: der Schrühbrand, der Brand für die Grundglasur und der Brand für das Einschmelzen des Dekors.

Diese Technik bietet die Möglichkeit, auch mit weniger temperaturbeständigen Farben zu malen. Man nennt sie fachmännisch *Muffelfarben*. Sie sinken nämlich beim letzten Brand – dem Dekorbrand – bereits bei etwa 800 °C in die Unterglasur ein.

Die Aufglasurmalerei ist geradezu ideal für das Bemalen von bereits glasierten Kacheln, die man für wenig Geld in jedem Fliesenfachgeschäft kaufen kann. Auf weißen Kacheln kommen die Farben am besten zur Geltung; aber auch bei farbigen Kacheln lassen sich interessante Effekte erzielen.

Nach derselben Technik kann man aber auch bereits fertige Keramikgefäße und ganze Geschirre dekorieren.

Und so wird es gemacht:

Wenn Sie sich nicht getrauen, ohne Vorzeichnung auf die Glasur zu malen, dann können Sie die Konturen auch vormarkieren. Besonders bei Kacheln, auf denen sich ein bestimmtes Motiv immer wiederholen soll, gibt es eine auch von Profis verwendete Technik:

Zeichnen Sie das Dekor seitenrichtig auf ein Blatt *Transparentpapier*. Stechen Sie dann mit einer umgedrehten Stopfnadel Löcher durch die Linien des Entwurfs. Legen Sie das Transparentpapier auf die Kachel und tupfen Sie mit einem kleinen Baumwollsäckchen, in das Sie Graphitmehl gefüllt haben, von dem schwarzen Pulver auf. Graphitmehl gibt es im Hobbyhandel. Diese durchgepuderte Kontur ist natürlich alles andere als wischfest. Aber sie hat den Vorteil, keinerlei Spuren zu hinterlassen, weil das Graphit vor dem eigentlichen Einbrennen der Farbe längst verbrannt ist.

Auf Terrakottakacheln, die eine rauhe Glasur haben, ist die Aufglasurmalerei kein Problem. Schwieriger ist es schon bei glatten Kacheln oder Tongegenständen, so daß wir uns auch hier mit einem Trick weiterhelfen müssen:

Natürlich muß zunächst die Kacheloberfläche absolut fettfrei sein, sonst perlt die Farbe leicht ab. Damit die mit Wasser angerührte Farbe die Glasur auch wirklich völlig gleichmäßig benetzt, rühren Sie in die Farbpudermischung nicht nur Wasser, sondern auch ein wenig Glyzerin und Terpentin. Die Farben werden dann streichfähig wie Ölfarben. Sowohl das Glyzerin als auch das Terpentin brennen später rückstandslos weg.

Auch hier empfiehlt sich ein wenig Transparentglasurpuder hinzuzugeben, wenn die Farben leuchtender werden sollen.

Beim Brennen ziehen vor allem die Oxidfarben derart in die Glasur ein, daß wieder eine ziemlich glatte Oberfläche entsteht, die sich kaum von der Inglasur- oder Unterglasurtechnik unterscheidet. Beim Dekor-Brand schmilzt nämlich die Grundglasur noch einmal mehr oder weniger auf. Das hängt ganz von der Brenntemperatur ab, die Sie

Abb. 5: links: Durchstochene Schablone aus Transparentpapier; *rechts:* man kann häufig wiederkehrende Muster auch mit gekauften oder selbstgemachten Stempeln vordrucken.

wiederum nach der Gebrauchsanweisung für die Farben wählen müssen. Niedrigere Brenntemperaturen sind vor allem für die Porzellanfarben nötig, mit denen wir uns jetzt beschäftigen wollen.

Malen mit Porzellanfarben

Hier ist die Farbpalette besonders groß. Allerdings sind diese Farben auch nicht ganz billig. Sie haben einen Brennbereich zwischen 800° und 900 °C und sie werden durchweg in der Technik der *Aufglasurmalerei* verarbeitet. Man kann damit nicht nur Porzellan, sondern auch Keramik dekorieren.
Nehmen Sie auch hier wieder beim Anrühren anstelle eines teuren Stellmittels das billige Glyzerin und Terpentin.
Wesentlich billiger als die echten Porzellanfarben sind die sogenannten *Sunshinefarben* der Firma Degussa. Ihr Brennbereich liegt noch etwas niedriger, nämlich zwischen 720° und 800 °C. Trotzdem sind die damit bemalten Gegenstände nach fachgerechtem Brennen spülmaschinenfest. Man erhält diese Farben in Puderform, die man wieder mit Glyzerin, Terpentin und wenig Wasser anrührt. Inzwischen gibt es diese Farben auch schon streichfähig in Tuben. Freilich sind diese Tubenfarben bei aller Bequemlichkeit auch wesentlich teurer als die Puderfarben.

Abb. 6: Bemalte Kacheln in Aufglasur-Technik (von Erica Schwarze).

Glasmalfarben – nicht nur zum Bemalen von Glas

Abb. 1: Besonders schöne Beispiele von bemaltem Böhmischen Glas aus den 20er Jahren: auf gelbgefärbtem Glas wurde mit sogenanntem Schwarzlot gemalt (bleihaltige Glasmalfarbe).

Beim Experimentieren mit farbigen Glasuren sind wir auf die Suche nach Farben gegangen, die man normalerweise nicht für Keramik verwendet. Es gibt ja auch noch andere Einbrennfarben. So zum Beispiel die Emailfarben, die man auf eine Matellunterlage aufschmilzt (für Schalen, Schmuck usw.). Aber mit diesen Farben klappte es überhaupt nicht.
Verwendbar hingegen sind sogenannte *Glaseinbrennfarben*. Normalerweise werden damit Gläser verziert und bemalt. Diese Farben, die eingebrannt werden, sind kratzfest und ihre Verwendung hat eine alte Tradition. Auf Flohmärkten und in Antiquitätengeschäften kann man noch viele der kunstvoll bemalten Gläser finden. Das Glasbemalen ist eine Kunst, die Sie auch selbst ausführen können. Außerdem eignen sich diese Farben hervorragend als Aufglasurfarben bei Keramik und Kacheln.

Bemalen von Glas

Der Weg vom Bemalen von Keramik und Porzellan zum Bemalen von Glas ist gar nicht einmal so weit, auch wenn die Herstellung eines Tongefäßes und eines Glasgefäßes nicht nur vom Rohstoff her gesehen grundsätzlich verschieden ist. Aber auch beim Glas wird auf den fertigen Gegenstand gemalt und dieser anschließend noch einmal im Brennofen gebrannt.

Nun ist freilich Glas ein wesentlich *temperaturempfindlicherer* Stoff als Keramik. Normales Glas, das Kalium als Flußmittel enthält, hat seinen Schmelzpunkt zwischen 700° und 900 °C. Kurz unterhalb dieser Temperaturgrenzen ist es wachsweich und formbar. Die Einbrenntemperatur für Glasmalfarben liegen entsprechend niedrig. Noch geringer ist die Schmelztemperatur des kostbaren Bleikristallglases, die bei 500° bis 530 °C liegt. Bleikristallglas ist allerdings in der Regel entsprechend bezeichnet und auch an seinem hohen Gewicht erkennbar. Außerdem ist es im Vergleich zu Normalglas sehr teuer. Ohnehin sollten Sie Ihre ersten Versuche mit nicht zu teuren Gläsern machen.

Die Farben, mit denen wir experimentiert haben (vgl. dazu Bezugsquellennachweis im Anhang) haben einen Brennbereich zwischen 560° und 600 °C. Da auch diese Farben auf einem Glasgemisch basieren, erreicht man diese niedrige Schmelztemperatur nur durch Beimengen des klassischen Flußmittels Blei, das – wie bei verschiedenen älteren Glasuren für Keramik – hier wasserlöslich ist. Deshalb dürfen Sie diese Farben nur dort verwenden, wo sie mit Nahrungsmitteln nicht unmittelbar in Berührung kommen. Benutzen Sie diese Technik also für Vasen, Glaskugeln und Bilder, die Sie ins Fenster hängen wollen; bei Trinkgläsern und Saftkrügen allenfalls außen. Auch wenn Sie mit diesen Farben Keramik bemalen wollen – dazu später mehr –, dann ist das auf Kacheln kein Problem, wohl aber auf Tontellern und Tassen.

Abgesehen von diesem Bleigehalt sind die Glasmalfarben geradezu ideal und unproblematisch zu verarbeiten. Der Brand geht überdies schneller und ist energiesparender als bei der Keramik, weil nicht so hohe Temperaturen gebraucht werden.

Glasmalfarben werden in der Regel in Puderform angeboten. Sie müssen also noch mit einem flüssigen Malmittel angerührt werden. Diese Malmittel liefern dieselben Firmen, die auch das Farbpuder anbieten.

Es gibt bei diesen Farben sogenannte *wasser*freundliche und *öl*freundliche Malmittel. Das wasserfreundliche Mittel, das einfach mit Wasser angerührt werden kann, ähnelt unserem Glyzerin-Terpentin-Gemisch, das man hier ebenfalls verwenden kann. Dieses wasserfreundliche Malmittel ist besonders für die Verwendung von Glasmalfarben auf Keramik oder Porzellanglasur geeignet. Alle Farben sind untereinander mischbar.

Wenn Sie Glas bemalen wollen, empfehlen wir Ihnen ein *öl*freundliches Malmittel, weil dann die Farben einfach besser haften. Das Malmittel selbst ist eine Art Siebdrucköl, das mit Terpentin verdünnt wird. Die Pinsel lassen sich später mit Terpentin reinigen. Auch hier können Sie alle Farben miteinander mischen.

Das Anrühren ist nicht ganz so einfach wie bei den Keramikfarben. Die Farbpigmente müssen nämlich zunächst kräftig verrieben werden. Die Fachleute machen dies auf einer sogenannten stumpfen Glasscheibe, die man allerdings nicht überall bekommt. Wir haben uns deshalb in einem Haushaltswarengeschäft einen kleinen Porzellanmörser gekauft, der auch für Sie erschwinglich ist und in dem es genauso gut geht. Darin müssen Sie die Farbe mitsamt dem Malmittel solange kräftig rühren und mit dem Stösel zerreiben, bis eine völlig glatte Masse entsteht. Auf ein Gewichtsteil Farbpuder kommt etwa ein Teil flüssiges Malmittel.

Die angerührten Farben kann man in verschraubbaren kleinen Gläsern (Portionsgläser für Marmelade oder ähnliches) aufheben. Sollten sie mit der Zeit darin trotzdem fest werden, kann man sie mit demselben Malmittel wieder verflüssigen.

Auf *Abbildung 2* zeigen wir Ihnen ein paar Beispiele für bemalte Gläser. Da Glas durchsichtig ist, erfordert es eine etwas andere Maltechnik als Keramik. Leuchtender erscheinen die Farben, wenn Sie zunächst eine weiße Schicht unterlegen und nach dem Trocknen vorsichtig buntes Dekor darüberlegen. Die Zeichnung sollte leicht und filigranartig bleiben, damit das transparente Glas und die Farben ein gutes Zusammenspiel ergeben. Natürlich kann man auch auf farbige Gläser malen. Hier vor allem empfehlen sich deckende Farben, die allerdings nach dem Brennen nicht glänzend, sondern seidenmatt werden. Auch das sieht schön aus.

Das Einbrennen von Glasmalfarben auf Glas

Wegen der Temperaturempfindlichkeit des Glases müssen Sie hier besonders sorgfältig vorgehen. Ein Brennofen, der ein möglichst genaues Einstellen der Brenntemperatur erlaubt, ist hier die Voraussetzung.
Achten Sie darauf, daß die Temperatur auf keinen Fall über 600 °C steigt, denn Sie laufen sonst Gefahr, daß die Gläser völlig zerbogen aus dem Ofen wieder herauskommen. Bleikristall ist wegen seines niedrigen Schmelzpunktes nicht geeignet.
Verstauen Sie die Gläser, Vasen usw. möglichst umgedreht in den Ofen, weil sie sich dann nicht so leicht verziehen. Heizen Sie außerdem langsam auf, damit das Glas nicht springt. Lassen Sie sich mit dem Aufheizen auf niedriger Stufe ruhig zwei Stunden Zeit.
Auch beim Abkühlen müssen Sie geduldig sein. Den Deckel des Ofens oder die Tür erst öffnen, wenn der Ofen wirklich abgekühlt ist. Glas ist nämlich sehr hitzeschockempfindlich. Und es wäre doch schade, wenn all Ihre Mühe zum Schluß noch beim Einbrennen zerstört würde.

Vergolden

Zum Schluß haben wir uns noch etwas ausgedacht, was schon vom Material her im wahrsten Sinne des Wortes eine Kostbarkeit ist. Unter den Glasmalfarben gibt es nämlich etwas, was dem Alchimistentraum nahekommt, im Feuer eines Ofens Gold entstehen zu lassen. Es gibt einen speziellen Lack für Glasmalerei, der ungebrannt schwarz oder rot aussieht, der aber reines Gold enthält. Entsprechend vermalt ergibt er eine feine Goldschicht, die ebenso abrieb- und kratzfest ist wie die Glasmalfarben.
Wir haben mit den verschiedenen Goldlacken Versuche angestellt und dabei mit dem zunächst roten Lack der Firma *Duncan* keine so guten Erfahrungen gemacht. Die Goldschicht war nicht abriebfest genug; außerdem braucht sie eine Brenntemperatur von 650 °C, was für Glas schon gefährlich hoch ist. Für Keramik kann man diese Goldauflage allerdings verwenden.
Der Goldlack der Firma *Degussa* hat einen Brennbereich von 560° bis 600 °C, und mit diesem Material haben wir die besten Ergebnisse erzielt.
Dieser kostbare Lack wird in kleinen Fläschchen zu 2 g angeboten. Gold ist auch in diesem Lack immer noch Gold, und deshalb ist er leider nicht ganz billig. Die 2 g kosten rund 45 Mark. Allerdings ist der Lack derart ergiebig, daß Sie damit etwa 20 cm^2 bedecken können. Außerdem ist Gold immer etwas für kleine Flächen, Linien, zarte Ornamente usw. Sie brauchen also nicht viel davon.
Die Maltechnik ist ebenso einfach wie bei den anderen Glasmalfarben, nur daß hier das Anrühren bereits geschehen ist. Achten Sie nur darauf, daß das Glas vor dem Bemalen absolut sauber und fettfrei ist (das gilt selbstverständlich auch für die anderen Farben).
Sollten Sie sich aber einmal vermalt haben, dann ist das zwar nicht tragisch, aber mit dem abgewischten Lack ist natürlich auch das Gold verloren. Sie können den Lack mit Terpentin und anschließend mit Spiritus abwischen. Dabei müssen Sie allerdings außerordentlich sorgfältig vorgehen. Kleinste Rückstände, die man vor dem Brennen kaum sieht, hinterlassen später häßliche Flecken.
Beim Bemalen mit Gold werden Sie sich gewiß sicherer fühlen, wenn Sie mit einem *Entwurf* arbeiten können. Und der läßt sich nun bei Glas sehr leicht zugrunde legen, ohne daß Sie komplizierte Durchpausverfahren oder ähnliches anwenden müssen.
Wenn Sie zum Beispiel ein Glas bemalen wollen, dann schneiden Sie sich aus Papier einen Streifen aus, der möglichst genau *in* das Glas hineinpaßt. Auf diesen Streifen zeichnen Sie Ihren Entwurf. Stecken Sie das Papier in das Glas und kleben Sie es ein wenig mit Klebeband fest. Von außen können Sie nun den Entwurf sehen und sich danach beim Malen richten.
Nicht möglich ist dieses Verfahren natürlich bei geschlossenen Gefäßen, wie etwa einer Glaskugel. Aber schon bei einer gewölbten Vase kann man so verfahren, indem man den Papierentwurf in genügend Einzelteile zerlegt und die Schnipsel wieder von innen festklebt.
Zum Vergolden eignen sich auch geschliffene Gläser bzw. nach solchen Mustern hergestellte Preßgläser. Hier ist es eine alte Technik, die eingeschliffenen Flächen zu vergolden. Da brauchen die eingeschliffenen Ornamente nur mit dem Pinsel nachgezogen zu werden.
Zum Schluß sei noch angemerkt, daß die Goldfarbe völlig ungiftig ist; Sie also auch bei vergoldeten Rändern von

Trinkgläsern keine Sorgen zu haben brauchen.
Goldene Dekors sehen auf Keramik nicht in jedem Falle gut aus. Verwenden würden wir Gold auch nur auf hellem Keramikmaterial. Auf Porzellan hingegen hat Gold eine lange Tradition. Benutzen Sie es auch hier sparsam in Form feiner Linien, als Ränder oder zum Unterstützen eines farbig angelegten Dekors.

Abb. 2: Einige selbstbemalte Gläser, hier arrangiert mit einem Spiegel, mit selbstgemachtem Kachelrand.

Abb. 3: Den Entwurf für Glasmalerei steckt man einfach in das Glas.

Abb. 4: Zwei besonders festlich aussehende Beispiele für geschliffene Gläser, die wir mit Gold ausgemalt haben.

Einige Bemerkungen zum Thema Brennofen

Keramik ist auf das Brennen angewiesen. Erst in der Glut des Feuers entsteht aus dem verformbaren Ton der feste, praktisch ewig haltbare Stein.
Nun gibt es zwar in Volkshochschulen und vielen privaten Töpferwerkstätten und anderswo preiswerte Brenndienste, bei denen oft zu Selbstkosten gearbeitet wird. Aber schon der Transport von ungebrannten Tonwaren dorthin ist nicht risikolos, besonders dann, wenn sie mit noch ungebrannter Glasur bedeckt sind. Wer also sein Hobby etwas intensiver betreiben möchte, ist auf den eigenen Brennofen angewiesen. Er hat dann auch die Möglichkeit, Temperaturen individuell einzustellen und damit zu experimentieren.
Allerdings sind Brennöfen nicht billig. Sie kosteten bisher bei rund 40 Liter Inhalt – und das ist noch nicht einmal ein besonders großer Ofen – über DM 2000,–. Nun hat auch hier wieder die Hobbythek bewirken können, daß es günstige Angebote gibt (mehr darüber im Anhang).

Auf Anregung der Hobbythek ist auch ein Ofen entwickelt worden, der aus einem neuartigen Material besteht. Es besitzt im Vergleich zu den bisher verwendeten Schamotten wesentlich höhere Wärmeisolationseigenschaften, und es ist erheblich leichter. Es handelt sich um eine Aluminiumsilikatfaser, die eine Temperatur bis zu 1300 °C aushält, und die Ofenkörper aus einem Guß ermöglicht. Außerdem ist dieses Material so leicht, daß ein 40-Liter-Ofen nicht mehr als 30 Kilogramm wiegt. Schließlich sind Öfen aus diesem Material außerordentlich energiesparend, so daß sie mit einer Anschlußleistung von 1600 Watt auskommen. Für einen Schrühbrand braucht ein solcher Ofen 3 bis 4 Kilowattstunden, was Kosten zwischen 50 und 90 Pfennigen entspricht.
Ein weiterer Vorteil: Die Außentemperatur beträgt bei diesen Öfen nur 70° bis 80 °C, während bei Schamottöfen 120° bis 150 °C erreicht werden; man sich die Finger leicht verbrennen kann.

Ein Nachteil dieses Materials: Es hat eine relativ geringe mechanische Festigkeit. Der Ofen muß deshalb vorsichtig getragen und auch beladen werden.
Sein Preis liegt unter dem herkömmlicher Öfen (vgl. Bezugsnachweis im Anhang).

Eine kleine Ofenkunde

Grundsätzlich gibt es zwei Ofentypen:

- *Kammeröfen* mit einer Tür, die von vorn beladen werden;
- sogenannte *Topföfen*, die oben einen Deckel haben, und die auch von oben wie ein Topf beladen werden.

Kammeröfen gibt es erst ab 50 bis 70 Liter, was für das Hobby schon recht groß ist. Außerdem sind sie bei gleicher Größe im Verhältnis zu Topföfen teurer.

Abb. 1: Die beiden gängigen Brennofentypen: *links:* ein Topfofen aus dem neuen Material Aluminiumsilikat; *rechts:* ein für den Glasurbrand vorbereiteter Kammerofen (mit zwei hineingestellten Schamottböden).

Wir haben deshalb nur mit Topföfen gearbeitet. Sie lassen sich zwar nicht ganz so einfach beladen, haben aber den Vorteil, daß beim Glasurbrand eventuell entstehende Schwermetalldämpfe nicht aus dem Ofen entweichen können. Sie sammeln sich unten im Ofen an.

Öfen mit bis zu 2 Kilowatt Anschlußleistung können an jeder beliebigen Steckdose angeschlossen werden, die mit 10 Ampère abgesichert ist. Bei höheren Anschlußleistungen brauchen Sie 16-Ampère-Sicherungen und entsprechende Leitungsquerschnitte (2,5 mm^2).

Beim *Schrühbrand* können Sie den Ofen praktisch mit den gut vorgetrockneten Tonkörpern einfach vollpacken. Achten müssen Sie nur darauf, daß die unten liegenden Gefäße nicht zu stark belastet werden, vor allem nicht durch punktförmige Auflage. Stapeln Sie also zum Beispiel unten flache Teller oder Schüsseln, darüber die Tassen und ganz oben leichte Vasen.

Schwieriger ist das Beladen beim *Glasurbrand*. Hier dürfen sich die Tonteile auf keinen Fall berühren, weil sie sonst zusammenbrennen. Es gibt aber auch für Topföfen Zwischenböden aus Schamott mit Abstandsstücken, mit denen man im Ofen verschieden hohe Etagen bauen kannn.

Schließlich noch ein paar Bemerkungen zur *Temperaturregelung* von Brennöfen.

Beim Kauf sollten Sie darauf achten, daß Sie eine programmierbare Temperturregelung bekommen. Denn beim Schrühbrand muß langsam angeheizt werden; zum Beispiel mit 30 bis 60% Aufheizleistung. Erst ab 600 °C kann dann die volle Leistung zugeschaltet werden. Dies geht aber nur mit einer sogenannten Zweipunkt-Regelung. Die Aufheizphase wird meistes mit einer Intervallschaltung gesteuert. Soll zum Beispiel nur 40% der vollen Leistung erreicht werden, dann wird die volle Heizleistung des Ofens in Intervallen nur während 40% der Zeit zugeschaltet. Bei einem Schaltintervall von zum Beispiel 10 Sekunden ist dann das Gerät 4 Sekunden lang eingeschaltet und 6 Sekunden lang ausgeschaltet. Bei 80% wären 8 Sekunden eingeschaltet, 2 Sekunden ausgeschaltet usw.

Ein Problem sind bei den Brennöfen die *Meßfühler*, die die Temperatur feststellen und an die Schaltelektronik weitergeben. Physikalisch handelt es sich dabei um *Thermoelemente*. Sie bestehen aus zwei unterschiedlichen Metallen, die verschweißt oder hartverlötet sind, und die sich bei wechselnden Temperaturen verbiegen. Für die hohen Temperaturen von Brennöfen kommen folgende Metallkombinationen infrage: Chrom-Nickel und Platin-Iridium. Letztere ist natürlich wegen des Edelmetalls Platin relativ teuer, sie hat aber eine erheblich längere Lebensdauer als das Element aus Chrom-Nickel, das nach etwa 200 bis 400 Bränden je nach Brenntemperatur seinen Geist aufgibt.

Für Ihre Zwecke wird aber Chrom-Nikkel ausreichen. 200 bis 400 Brände bedeuten immerhin eine Lebensdauer von zwei bis vier Jahren; denn wer brennt schon täglich.

Abb. 2: Für den Glasurbrand gefüllter Topfofen.

Die Thermoelemente sind im übrigen leicht austauschbar.

Es gibt noch eine andere Temperaturregelung, die nach ihrem Erfinder Dr. Seger benannt ist: den sogenannten *Seger-Kegel*. Es gibt ihn in unterschiedlichen Ausführungen, die jeweils eine definierte Schmelztemperatur besitzen. Seger-Kegel gibt es für Temperaturen zwischen 520° und 1300 °C in vielen sehr feinen Abstufungen. Diese Seger-Kegel kosten nur ein paar Pfennige.

Beim Brennen klemmt man den Kegel unter eine Kontaktzunge. Wenn die gewünschte Temperatur erreicht ist, verformt sich der Seger-Kegel, wodurch ein Schalter ausgeschaltet wird. Wir haben diese Form der Temperaturregelung ausprobiert und auch damit gute Erfahrungen gemacht.

Sonne und Haut

Abb. 1: Körperlandschaft am Meer: Der Wunsch der Nordländer, braun zu sein, ist zugleich Ausdruck ihrer Sehnsucht nach Sonne.

Die Sucht der Nordeuropäer, braun zu sein, mit der Bräune Gesundheit, Sportlichkeit und Erfolg zu demonstrieren, ist für unsere südlichen Nachbarn längst ein unverzichtbarer Wirtschaftsfaktor geworden. Da die Sonne in unseren Breiten sich oft rar macht, kommt es jährlich zur Massenflucht in die Sonne. Millionen reisen per Pkw, Bus, Eisenbahn, Flugzeug in südliche Gefilde, und den meisten geht es vor allem darum, die winterblasse Haut umzufärben – sich möglichst rasch einen satten Bronzeton zuzulegen. Viele Schlaumeier nutzen dabei schon Wochen vorher eine leicht zweifelhafte Errungenschaft moderner Zivilisation: Sie bräunen sich in der künstlichen Sonne, auf der Sonnenliege, um sich bereits am ersten Urlaubstag mit möglichst nahtloser Bräune bewundern zu lassen.

Damit wir uns recht verstehen: Wir möchten Ihnen keineswegs den Spaß an der Bräune verderben. Aber es gibt doch einiges anzumerken, was Sonnenfreunde zu etwas mehr Vorsicht veranlassen sollte.

Zunächst zum Nutzen: Die Sonne kann heilen

Sonne ist nicht in jedem Fall schädlich, im Gegenteil: richtig dosiert vermag sie sogar zu heilen. Sie kann körpereigene Abwehrkräfte stärken, zur Vitaminbildung beitragen, Schlafstörungen vorbeugen, entspannen und sogar durch ihre Wärme rheumatische Beschwerden lindern. Ihre Strahlen regen den Stoffwechsel an und auch die Hormonbildung.

Die Haut produziert unter der Einwirkung des Sonnenlichts das Vitamin D, das für das Knochenwachstum wichtig ist. Vitamin-D-Mangel führt zur sogenannten *Rachitis*, auch Englische Krankheit genannt, weil sie im vorigen Jahrhundert zuerst in Glasgow unter in schlimmen Verhältnissen lebenden Arbeiterkindern aufgefallen war. Die Knochen bleiben dabei durch schlechte Kalkeinlagerungen weich.

Die Sonne kann auch Hautleiden bessern, wie beispielsweise die Schuppenflechte. Hier sind es vor allem die UV-A-Strahlen (siehe *Seite 66*), die therapeutisch wirken. Aber auch Akne kann mit Hilfe einer Sonnenkur behandelt werden.

Aber: Vorsicht bei zuviel Sonne

Ärzte warnen vor unkontrollierter, massiver Sonnenbestrahlung der Haut. Sonnenbrand und schnelleres Altern der Haut, Runzeln und Faltenbildung sind da noch die harmlosesten Folgen. Zuviel Sonne kann auch Hautkrebs auslösen; dies gilt inzwischen als erwiesen. In den letzten Jahrzehnten, seit die jährliche Urlaubsflut in den Süden strömt, wird eine höhere Erkrankungsrate festgestellt. Man vermutet, daß hier die Sonne mitverantwortlich ist, aber auch die vielen künstlichen Sonnen in den Solarstudios.

Was bei diesen künstlichen Strahlen so gefährlich sein könnte – so jedenfalls die Vermutung vieler Ärzte –, ist die permanente Bestrahlung über das ganze Jahr hinweg. Früher hatte die Haut wenigstens einen Winter lang Zeit zur Regeneration.

Heute aber ist Ganzjahresbräune gefragt. Die Ärzte warnen vor dieser Permanenz. Allerdings sind die modernen Sonnenbänke ungefährlicher als die alten „Höhensonnen".

Die Risiken starker Sonnenbestrahlung sind am größten bei extrem hellhäutigen Menschen. Das sind in der Regel die Blonden und Rothaarigen. Daß diese aber auch Chancen zum Braunsein

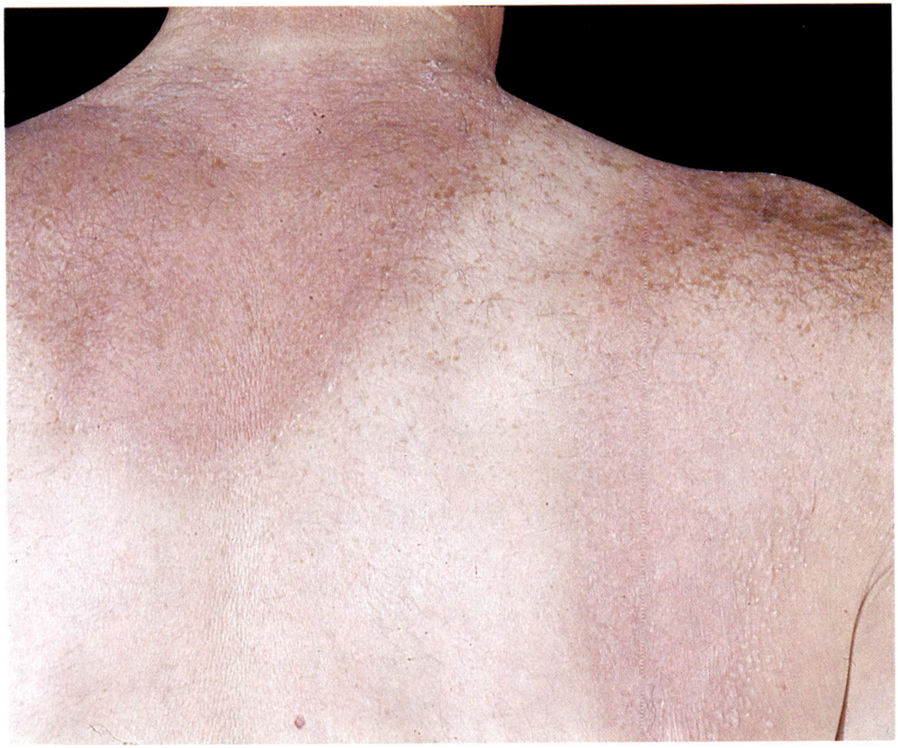

Abb. 2: Wer es beim Sonnenbaden übertreibt, kann seiner Gesundheit ernsthaften Schaden zufügen.

und -werden haben, werden wir Ihnen gleich zeigen.

Was passiert eigentlich beim Sonnenbad?

Der Selbstschutz der Haut

Rassen mit unterschiedlichen Hautfarben haben sich in Jahrmillionen entwikkelt und auch ihre mehr oder weniger große Empfindlichkeit für die Sonne erworben. Der Mensch der nördlichen Breiten braucht auch deshalb die weiße Haut (mit größerer Durchlässigkeit für die Sonnenstrahlung), um mit weniger Sonne genügend Vitamin D aufbauen zu können; denn im „Erbplan" ist die Möglichkeit der großen Reisen in andere Klimazonen nicht vorgesehen.

Die Haut ist jedoch in gewissen Grenzen erstaunlich anpassungsfähig. Sie besteht im Prinzip aus 3 Schichten: die oberste ist die Oberhaut, auch Epidermis genannt, die den höchsten Beanspruchungen ausgesetzt ist. Darunter liegt die sogenannte Lederhaut, die ohne scharfe Grenzen in die dritte Schicht, das Unterhautzellgewebe, übergeht, das mit Fettgewebe durchsetzt ist. Schweiß- und Talgdrüsen sowie Haarwurzeln reichen bis tief in die Lederhaut, teilweise sogar bis in die Unterhaut hinein.

Betroffen von den Reaktionen auf die Sonne ist vor allem die Oberhaut und die Grenzschicht zwischen Oberhaut und Lederhaut. Darin befinden sich die von der Natur vorgegebenen Hilfsmittel, mit denen die Haut auf zuviel Sonnenlicht reagiert.

Den wichtigsten Schutz bieten die Pigmente, Farbkörner, die den Farbstoff *Melanin* enthalten. Dieses Melanin wird in kleinen spezialisierten Zellen gebildet, in den *Melanozyten*. Die Produktion des Melanin wird durch das Sonnenlicht ausgelöst; allerdings erst im Laufe von Tagen und Wochen. Es bewirkt die eigentliche Bräunung. Durch sie wird die Haut weniger durchlässig für die Sonnenstrahlen, die gewissermaßen wie mit einer Art Jalousie von den tieferen Hautschichten ferngehalten werden.

Schwarze und andere dunkelhäutige Rassen haben wesentlich mehr Melanozyten als weiße; sie können also mehr Melaninfarbstoff bilden, der ihnen größeren Sonnenschutz bietet.

Bei uns Hellhäutigen setzt dieser Schutz allerdings erst relativ spät ein; denn es dauert einige Zeit, bis der Farbstoff sich bildet. Deshalb behilft sich die Haut zunächst anders.

Sie baut einerseits relativ schnell eine *„Lichtschwiele"* auf, indem sie die Oberhaut verdickt. Das ist die Hornschicht, die Sie ein paar Tage später im Badewasser abrubbeln können. Auch die Lichtschwiele bräunt in gewisser

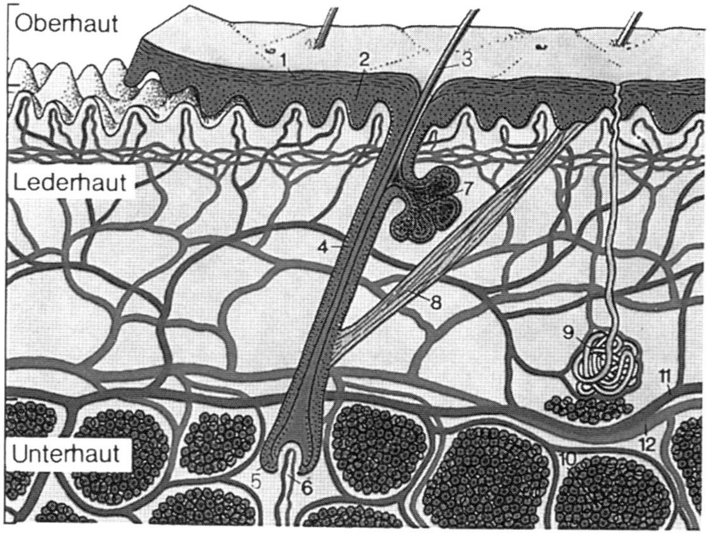

1 Hornschicht	5 Haarzwiebel	8 Haarbalgmuskel
2 Keimschicht	6 Versorgende Kapillare (Blutgefäße)	9 Schweißdrüse
3 Haar	7 Talgdrüse	10 Unterhautfettgewebe
4 Haarbalg		11, 12 Blutgefäße

Abb. 3: Die menschliche Haut ist ein kompliziertes Gebilde. Die feste *Oberhaut* ist den höchsten Belastungen ausgesetzt. Die *Lederhaut* besteht aus Bindegewebe und ist mit Nerven durchsetzt. Die *Unterhaut* enthält Fettgewebe. Sie isoliert den Körper vor Wärmeverlust, ist ein Druckpolster und speichert überdies Reservestoffe.

Weise. Wenn sie sich allerdings zu schnell bildet, dann ist die Bräune nicht sehr dauerhaft, weil die Lichtschwiele einen derart hohen natürlichen Lichtschutzfaktor aufbaut, daß die Haut das nachhaltiger bräunende Melanin gar nicht mehr zu bilden braucht. Dieser natürliche Lichtschutzfaktor über die Schwiele kann Werte von 6 bis 10 annehmen – mehr als eine starke Sonnenschutzcreme.
Ein Schutz ist in gewisser Weise auch der Sonnenbrand, der aber verhängnisvollerweise mit zeitlicher Verzögerung auftritt. Erst nach 2 bis 4 Stunden kommen die ersten Schmerzen – zu spät, um sich jetzt noch zu schützen. Deshalb sollten Sie sich strikt an die nachfolgenden Tips halten.

Bräunungszeiten richtig dosiert

Hier ein paar Anhaltspunkte zum sinnvollen und risikolosen Sonnenbaden.
Wenn Sie längere Zeit nicht in der Sonne waren – zum Beispiel nach Winter und Frühjahr – und Ihr erstes Sonnenbad nehmen wollen, dann sollten Sie die in der *Abbildung 4* angegebenen Zeiten nicht wesentlich überschreiten. Setzen Sie also am ersten Tag die Haut nicht länger als 10 Minuten der prallen Mittagssonne aus: 10 Minuten von vorne und 10 Minuten von hinten. Diese Zeiten scheinen relativ kurz zu sein: aber sie stimmen. Die Bräune wird später um so nachhaltiger.
Allerdings handelt es sich dabei um Zeiten bei praller Mittagssonne und glasklarem Himmel, wenn die Sonne im Zenit steht, also steil vom Himmel scheint. In der Nachmittagssonne kann man diese Zeit verdoppeln, gegen Abend sogar verdreifachen.
Aber dies abzuschätzen, ist schwierig. Noch schwieriger ist es, wenn der Himmel diesig oder leicht bewölkt ist. Deshalb hat sich die Hobbythek einen Bausatz für ein ganz besonders nützliches Meßgerät ausgedacht, das diese schwer einschätzbaren Bedingungen automatisch berücksichtigt. Den Hobbysuntimer werden wir Ihnen ab *Seite 70* vorstellen.
Wenn das Gerät 10 Minuten anzeigt, dann haben Sie die Dosis für den ersten Tag. Das können dann in „Echtzeit" durchaus 20, 30 oder gar 60 Minuten sein, weil zwischendurch Wolken die Sonne verdeckt haben oder die Sonne nicht mehr so steil steht.
Auf unserer Tabelle der empfohlenen Sonnenbadezeiten sehen Sie, daß die Sonnenzeiten von 10 Minuten am ersten Tag bis 75 Minuten am siebten oder 4 Stunden nach der 2. und 10 Stunden nach der 3. Woche steigen. Die Haut bildet von Tag zu Tag einen steigenden natürlichen Sonnenschutz – wir nennen ihn hier einmal, wie die Kosmetikindustrie, „Sonnenschutzfaktor" (SF). Schon nach dem ersten Sonnentag steigt er von 1 auf 1,4. Das liegt daran, daß die Haut sich leicht rötet und die Lichtschwiele sich aufzubauen beginnt. Am 2. Tag steigt der SF bereits auf 2, und am 7. Tag erreicht er schon den Faktor 10. Nach 7 Tagen können Sie also theoretisch 10mal länger ohne Schaden in der Sonne liegen als am 1. Tag. Dann haben Sie bereits durch starke Pigmentbildung haltbare Bräune bekommen – vorausgesetzt, Sie haben es nicht übertrieben. Nach 3 Wochen kann der SF der Haut Werte von 70 bis 100 erreichen. Dabei entfällt allein auf die Pigmentbildung das 10- bis 15fache, auf Schwiele und chemische Reaktionen der Rest, also das 7- bis 10fache.
Natürlich können Sie den natürlichen Schutz durch Sonnenschutzcremes noch verstärken. Dann können Sie die in der Tabelle ausgewiesenen Zeiten mit dem auf der Packung der Creme angegebenen Sonnenschutzfaktor multiplizieren.
Hier ein Beispiel:
Sonnenbadezeit (am zweiten Tag): 15 Minuten, Sonnenschutzfaktor der Creme: 6. Sie können dann 6 x 15, also 90 Minuten in der Sonne bleiben. Vergessen Sie aber nicht, sich *überall* einzucremen, besonders auch auf der Stirn, der Nase und dem Fußspann, der häufig vergessen wird.

Sonnenschein ist nicht gleich Sonnenschein

Der eigentliche schädliche Teil der Sonnenstrahlung ist die ultraviolette oder auch kurz UV-Strahlung. UV-Strahlen sind „kalte" Strahlen; sie kommen also nicht nur bei heißer Sommersonne vor. Hinzu kommt, daß die auf unseren Körper gelangende UV-Strahlung erheblich intensiver werden kann, wenn man sich z.B. am Wasser oder im Schnee aufhält. Wußten Sie, daß heller Meeresstrand die UV-Strahlung bis zu 80% und Schnee bis zu über 90% reflektieren kann? Selbst eine Wolkendecke im Gebirge läßt im

Tag	Min.	SF
1.	10	ca. 1,4
2.	15	ca. 2
3.	20	ca. 3
4.	30	ca. 4
5.	40	ca. 5,5
6.	55	ca. 7,5
7.	75	ca. 10
Woche	**Std.**	**SF**
1.	1¼	ca. 10
2.	4	ca. 30
3.	10	ca. 70–100

SF = natürlicher Sonnenschutzfaktor

Abb. 4: An diese Bräunungstabelle sollten Sie sich halten.

Sommer immer noch 40% der UV-Strahlung durch.
Die UV-Strahlen teilt man nach ihrer Wellenlänge (in µm = Mikrometer = Millionstel Meter angegeben) in 3 Arten:

UV-C-Strahlen: 0,20–0,28 µm
UV-B-Strahlen: 0,28–0,32 µm
UV-A-Strahlen: 0,32–0,40 µm

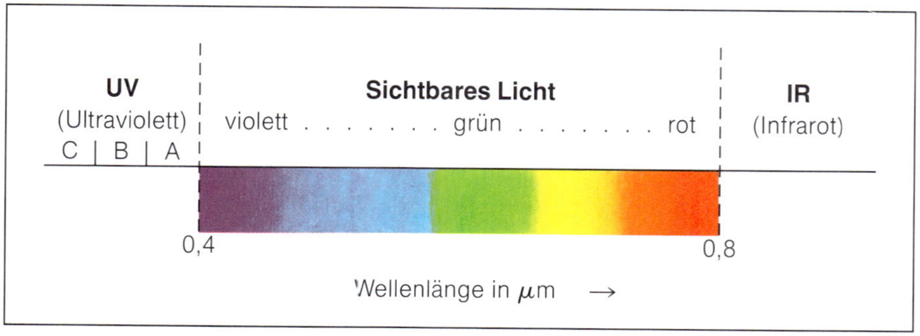

Abb. 5: Wenn man das Sonnenlicht durch ein Prisma schickt, dann wird es in dieses Spektrum zerlegt.

Die UV-C-Strahlen sind am gefährlichsten, da sie sehr energiereich sind und mit ihrer Wellenlänge in der Nähe der Röntgenstrahlen liegen. Sie werden zum größten Teil von der Erdatmosphäre absorbiert, können dem Menschen dann also nicht direkt schaden. Nur im Hochgebirge kann es etwas gefährlich werden.
Die UV-B-Strahlen sind im engeren Sinne für den Sonnenbrand verantwortlich, während die UV-A-Strahlen die eigentliche Bräunung bewirken. Ein gutes Sonnenschutzmittel muß also einen wirksamen UV-B-Filter haben.
Fürs Bräunen bräuchten wir also nur die UV-A-Strahlen. Nun gibt es auf der Erde tatsächlich eine Stelle, wo diese Ideal-Strahlung natürlich vorkommt: Am Toten Meer, das rund 400 Meter unter Meeresniveau liegt, ist die Gefahr, einen Sonnenbrand zu bekommen, gleich null, weil so tief fast nur noch die UV-A-Strahlen durchkommen. Deshalb liegen hier auch zahlreiche Sanatorien zur Behandlung der Schuppenflechte (Psoriasis).
Trotz allem sind auch die UV-A-Strahlen nicht ganz frei von Risiken. Die Haut trocknet aus, sie wird in ihrer Regenationsfähigkeit geschwächt, d.h. sie altert schneller. Das macht sich in steigender Grobporigkeit und Faltenbildung bemerkbar. Deshalb sollten Sie nach jedem Sonnenbad Ihre Haut mit einer guten Feuchtigkeitscreme ausgiebig pflegen, um wenigstens den Feuchtigkeitsverlust auszugleichen.

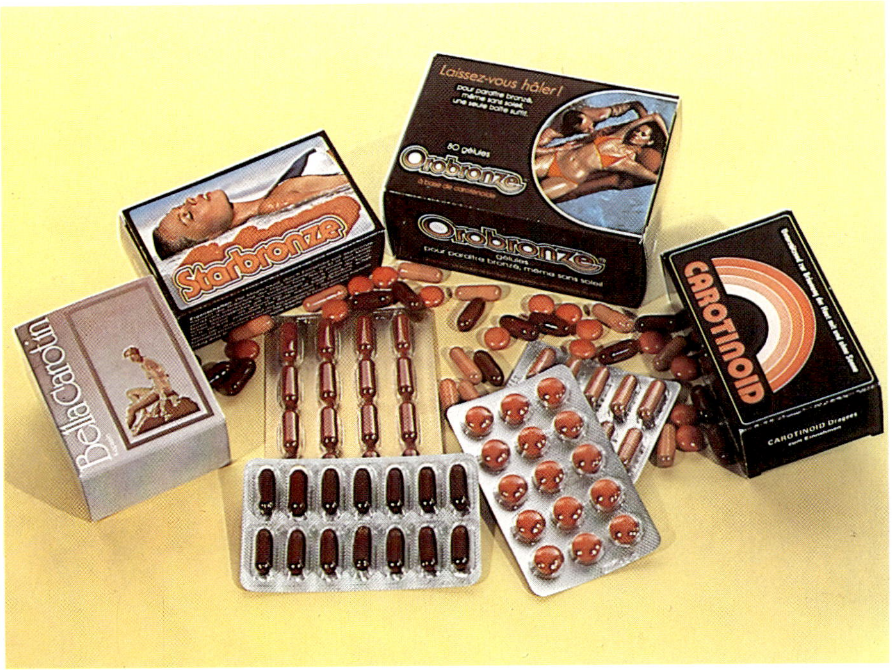

Abb. 6: Einige handelsübliche Carotinoide zur Bräunung von innen her.

Carotinoide: Bräunung aus der Pillendose

Dem Wunsch der Menschen, möglichst ständig braun zu sein, ist mit noch so viel gesundheitsschädlicher Aufklärung kaum beizukommen. Es ist hier fast wie beim Thema Rauchen. Braunsein hat einen derart hohen modischen und gesellschaftlichen Stellenwert, daß eine außergewöhnliche Risiko-Bereitschaft besteht. Man trägt seine Haut regelrecht „zu Markte", obwohl man z.B. weiß, daß zu viel Sonne die Haut früh altern läßt.
Nun gibt es seit einiger Zeit ein Mittel, mit dem man auch ohne Sonne braun werden kann. Man ist in der Natur auf eßbare Farbstoffe gestoßen, die es möglich machen, die Bräune in gewissen Grenzen einzunehmen: Bräunung sozusagen aus der Pillendose. Wirksubstanzen sind sogenannte *Carotinoide*, die in der Natur z.B. in Karotten vorkommen, woher sie auch ihren Namen haben.
Hautärzte meinen heute – im Gegensatz zu früher –, daß es empfehlenswerter wäre, das geliebte Braun zum Teil „einzunehmen", weil man auf diese Weise mit weniger als einem Viertel der Sonnenbestrahlung braun werden kann wie früher ohne Pille. Die Carotinoid-Präparate sind nachgewiesenermaßen viel harmloser und weniger risikobehaftet als die UV-Strahlen. Wir haben über 20 wissenschaftliche Experti-

sen aus Deutschland, Frankreich und der Schweiz vorliegen, die teilweise auf Langzeitbeobachtungen aufbauen. Sie beweisen eindeutig die Harmlosigkeit der Wirksubstanz.
Im wesentlichen sind es zwei Carotinoide, die genutzt werden. Einmal das sogenannte *Canthaxantin,* ein Carotinfarbstoff, der in seiner Struktur chemisch sehr stabil ist und auch zum Teil in hoher Dosierung als Lebensmittelfarbstoff von der WHO (World Health Organisation = Weltgesundheitsorganisation) zugelassen ist. Er findet sich in der Natur in fast allen rötlich-braunen Pflanzen, wie Tomaten und Pfifferlingen.
Das zweite Carotinoid ist das *Carotin,* das man auch als *Provitamin A* bezeichnet, weil diese Substanz bei Mensch und Tier für die Vitamin-A-Bildung sorgt.
Die Farbstoffe werden durch den Magen dem Organismus zugeführt und lagern sich u. a. im Fettgewebe der Haut ab. Dies braucht allerdings seine Zeit, und deshalb wurden beim ersten Auftauchen des Mittels auf dem Markt die meisten Fehler gemacht – nicht zuletzt von der Pharmaindustrie selbst, die viel zu hohe Anfangsdosierungen angab. Dadurch wird die Haut nicht nur zu stark rötlich-braun gefärbt, sondern – und das ist besonders störend – die Innenhandflächen und die Fußsohlen färben sich leicht rot. Dies kann man weitgehend verhindern, wenn man am Anfang nicht mehr als 2 Tabletten (mit 30 mg reinem *Canthaxantin* und ca. 2–5 mg reinem Carotin pro Tablette) pro Tag einnimmt. Dann dauert es zwar etwa 2 bis 4 Wochen, bis sich erste Bräunungsspuren zeigen; aber die Geduld lohnt sich.
Wer im Urlaub gern von Anfang an braun sein möchte, sollte ruhig mit dem Einnehmen 4 Wochen vorher beginnen.
Sie werden sich wundern, wie schnell Sie dann bei den ersten Sonnenstrahlen bräunen, ohne die in unserer Tabelle angegebenen Zeiten überschreiten zu müssen.
Canthaxantin und Carotin haben außerdem noch den positiven Effekt, Sonnenüberempfindlichkeit zu reduzieren. Deshalb wird das Mittel von Ärzten bei der sogenanten Weißfleckenkrankheit, der Vitiligio, verordnet. Es beseitigt zwar nicht die Ursache (also den stellenweisen Pigmentmangel), aber es lindert die Auswirkungen.
Nach dem Urlaub nehmen Sie als Erhaltungsdosis 1 Tablette pro Tag; das reicht völlig. Sie retten so die Bräune über Monate.

Sonnenbaden, Joggen, Energie sparen mit Elektronik

Elektronik hat in der Hobbythek immer schon eine Rolle gespielt.
Im *Hobbythek-Buch 1* haben wir ganz leichtverständlich mit einer Miniorgel angefangen, und wir sind dort immerhin bis zu dem Lichttelefon „Hobbyphon“ und einem Gerät gekommen, das zum Anlegen des Sicherheitsgurtes im Auto ermahnt.
Im *Hobbythek-Buch 2* gibt es dann ein raffiniert ausgedachtes Lichtgewehr, das auf eine lustige Schießbude gerichtet ist, aus der ein geübter Schütze kleine Gewinne herausschießen kann. Auch fürs Auto gibt es wieder etwas: nämlich eine elektronische Diebstahlsicherung.
Im *Hobbythek-Buch 3* wird bereits mit einem kleinen Mikrocomputer gearbeitet, mit dem sich die musikalische Türglocke „Hobby-Song“ bauen läßt. Dazu kommt ein vielseitiges Spannungsversorgungsgerät, die Gegensprechanlage „Hobby-Talky“ und ein optischer Auslöser für zusätzliche Blitzlichtgeräte.
Ein ausgesprochener Hit im Elektronikangebot der Hobbythek ist bis heute das Rauschunterdrückungssystem „Hobby-Com“ für Kassettenrekorder. Es findet sich im *Hobbythek-Buch 4*.
Im *Hobbythek-Buch 5* geht es noch einmal ums Auto. Da gibt es einen winzigen Bausatz, mit dessen Hilfe sich die Innenbeleuchtung des Autos erst dann ausschaltet, wenn man es sich bequem gemacht, das Loch für den Zündschlüssel gefunden hat usw. Das gibt es serienmäßig nur in sehr teuren Autos. Außerdem findet man im *Hobbythek-Buch 5* einen Beitrag zur Sicherheit: ein Glatteiswarngerät.
Zu allen diesen Geräten hat die *Hobbythek* Bausätze entwickelt, die Sie im Fachhandel oder über die im Anhang angegebene Adresse beziehen können. Sie enthalten alle nötigen Teile, und sie können von jedem technisch einigermaßen geschickten Menschen zusammengesetzt werden.
Wer allerdings mit Elektronik handwerkliche Schwierigkeiten hat, kann die Bausätze auch fertig verlötet kaufen. Und wer sich hier als Anfänger doch einiges zutraut, aber Anleitung braucht, der findet alles Nötige in den im Anhang genannten Büchern – nicht zuletzt in den Einführungen der *Hobbythek-Bücher 1* und *3*. Dort wird auch ausführlich die „hohe Kunst“ des Lötens beschrieben.

Elektronik im Licht

Mit Licht wird bei den Bausätzen in diesem Kapitel im dreifachen Sinne gearbeitet:

1. Licht wird mit Hilfe elektronischer Geräte gemessen. Sie kennen das vom Belichtungsmesser; wir werden hier aber noch einige andere Anwendungsmöglichkeiten zeigen.
2. Licht wird zur Übertragung von Informationen benutzt. Bei dieser Anwendungsweise spricht man fachmännisch von *Optoelektronik*, nach dem griechischen Wort Opto (es taucht auch in dem Wort Optiker auf), das mit Sehen und mit dem Licht zu tun hat. Sie kennen die Anwendung der Optoelektronik wahrscheinlich aus der Fernbedie-

nung des Fernsehers, bei der zur Informationsübermittlung Infrarotlicht benutzt wird. Optoelektronik spielt aber auch in der Glasfasertechnik eine Rolle, bei der Telefongespräche, Fernsehprogramme und Daten tausendfach über ein einziges Glasfaserkabel übertragen werden.

3. Und schließlich werden wir Ihnen die Umsetzung von Licht in elektrische Energie mit Hilfe von Solarzellen in einem praktischen Gerät vorführen, mit dem man sogar unterschiedliche Strom- und Spannungswerte erreichen kann.

Abb. 1: Diesmal geht es um elektronische Geräte, mit denen man fernsteuern kann oder bei denen wir einen Taschenrechner als Anzeigegerät benutzen usw.

Abb. 2: Hier öffnet Dieter Kamm mit Hilfe einer Infrarot-Fernsteuerung ein Garagentor.

Ein Sonnenstundenzähler fürs Sonnenbad: der Hobbysuntimer (HS 1)

Wie wir schon im Kapitel „Sonne und Haut" (ab *Seite 62*) beschrieben haben, ist für alle Leute, die um jeden Preis braun werden wollen, die Einschätzung der Strahlungsstärke der Sonne ein Problem. Denn: *Sonnenschein ist nicht gleich Sonnenschein.* Sonnenbrand oder kein Sonnenbrand – das ist eine Sache des Timings und der Strahlungsintensität. Sie schwankt sehr stark zwischen morgens, mittags und abends, denn es kommt auf den Einfallswinkel der Sonne an. Sie schwankt außerdem zwischen Großstadt und Land – wegen der Luftverschmutzung. Sie unterscheidet sich an der See von der im Gebirge, usw. Entscheidend für die Wirkung der Sonne auf die Haut ist die Strahlungsintensität der Sonne – vor allem im UV-Bereich – multipliziert mit der Zeit, in der die Haut der Sonne ausgesetzt ist. Da wir Menschen leider von der Natur keine Sinne für die UV-Strahlung mitbekommen haben, ist die Gefahr, einen Sonnenbrand zu erwischen, immer gegeben.

Maßangaben, bei denen der bloße Augenschein oder das Gefühl versagen, sind natürlich eine Herausforderung für das Hobbythekteam. Wir haben sie aufgegriffen und ein Gerät entwickelt – den Hobbysuntimer –, der exakt die einfallende Menge der UV-Strahlung über die Zeit mißt, unabhängig von der Tageszeit, der Jahreszeit, von Wolken oder Dunst, Meereshöhe usw.

Geeicht ist das Gerät in „Zenit-Minuten", also der Sonneneinstrahlung bei höchstem Sonnenstand bei glasklarem Himmel. Wenn Sie den Hobbysuntimer um die Mittagszeit in die Sonne legen, wenn die Sonne am höchsten Punkt am Himmel steht, dann entspricht eine Zeitminute (der Uhr) genau der Zeit, die der Hobbysuntimer anzeigt. Morgens oder abends bzw. bei bewölktem Himmel oder im Frühjahr oder Herbst dauert die vom Timer angezeigte Minute natürlich länger. Er zählt dann langsamer, als die Uhr läuft.

Nehmen wir an, Sie wollen zum ersten Mal in die Sonne. 10 Minuten sind pro Körperseite einzuhalten (vgl. Tabelle *Seite 66*). Gleichgültig, zu welcher Tageszeit Sie sonnenbaden: Wenn Sie den Hobbysuntimer neben sich liegen haben, brauchen Sie nur der Anzeige zu vertrauen. Wenn er 10 Minuten anzeigt, dann sind Sie sicher, daß Sie ohne Risiko die exakte Sonnendosis erhalten haben, auch wenn z.B. wegen teilweiser Bewölkung auf Ihrer Armbanduhr Stunden vergangen sein sollten.

Natürlich kann man den Hobbysuntimer nicht nur als Kontrollgerät für das Sonnenbad verwenden. Überall dort, wo eine bestimmte Dosis der Bestrahlung durch ultraviolettes Licht vermieden werden soll, kann unser Hobbysuntimer von Nutzen sein. Denn dieses Gerät ist durch einen speziellen Filter so ausgestattet, daß es vor allem das „kalte" ultraviolette Licht mißt, das wir im Gegensatz zum infraroten Licht, das eine Wärmeempfindung auslöst, nicht spüren.

Selbstverständlich funktioniert unser Gerät auch auf der Sonnenbank oder vor der „Höhensonne".

Wie funktioniert der Hobbysuntimer?

Wir messen die exakte Stärke der Sonneneinstrahlung mit einer Fotodiode. Da uns vor allem die Intensität der UV-Strahlung interessiert, ist diese Fotodiode mit einem speziellen Infrarotfilter belegt, der diese Wärmestrahlung herausfiltert.

Diese Fotodiode steuert mit dem von ihr durchgelassenen Strom über einige andere Bauteile, die wir gleich noch erklären wollen, einen Frequenzzähler, der bei 100% Sonneneinstrahlung beispielsweise 100 Impulse pro Minute abgibt, dagegen bei 10%iger Einstrahlung nur 10 Impulse pro Minute, usw.

Bei der Entwicklung der Schaltung des Hobbysuntimers haben wir uns, der Not gehorchend, etwas Besonderes ausgedacht.

Elektronische Anzeigeeinheiten (Displays) sind in der Regel relativ teuer, besonders die mit wenig Batteriestrom auskommenden LCD-(Liquid Cristal Display)-Flüssigkristall-Anzeigen. Moderne Taschenrechner haben in der Regel diese Displays. Sie sind oft mit allen Recheneinrichtungen zusammen viel billiger als spezielle Displays und für nicht mehr als 8–20 DM zu haben. Wir haben deshalb einen einfachen Taschenrechner zum „intelligenten Display" umfunktioniert, ihn nämlich als

Abb. 3: Unser Hobbysuntimer als fertiges Gerät mit dem Taschenrechner als Anzeigegerät. Er funktioniert auch auf der Sonnenbank.

„Zähler“ verwendet, mit dem man jede beliebige Konstante fortlaufend addieren kann.

Allerdings muß der Rechner zwei Voraussetzungen erfüllen:

1. Es muß nach Drücken der Tasten *1* und der Taste + bei jedem Drücken der Gleichheitstaste eine Aufaddierung der *1* auf den zuletzt angezeigten Wert erfolgen. Wenn also z. B. auf dem Taschenrechner nach Drücken der Taste *1* und der Taste + eine *1* steht, dann wird bei jedem Drücken der Gleichheitstaste jeweils um einen Schritt weitergezählt: *2, 3, 4,* usw.
2. Es muß möglich sein, bei dem geöffneten Rechner an den Leiterbahnen der Gleichheitstaste einen einwandfreien Lötanschluß anzubringen. Das Tastenfeld des Rechners muß also auf einer *Print-Platte* (gedruckte Schaltung) integriert sein. Eine sogenannte *Folientastatur* ist nicht geeignet (fertig kontaktierter Rechner, vgl. Beschaffungsnachweis).

Abb. 4: Der geöffnete Taschenrechner mit den Anschlüssen an der Gleichheitstaste.

Zur Funktion des Hobbysuntimers im einzelnen

Hier geht es jetzt etwas fachmännischer zu, was aber die Laien unter den Elektronikern nicht abhalten sollte, das Gerät mit Hilfe des Bausatzes trotzdem zu bauen. Auch wenn Sie in den nächsten Absätzen nicht alles verstehen, können Sie das Gerät zusammenlöten. Die Fotodiode wird im Kurzschlußbetrieb eingesetzt, wobei der Zusammenhang zwischen der Stärke der Sonneneinstrahlung und dem Kurzschlußstrom ausgenutzt wird. Mit dem nachgeschalteten Operationsverstärker LF 351 wird

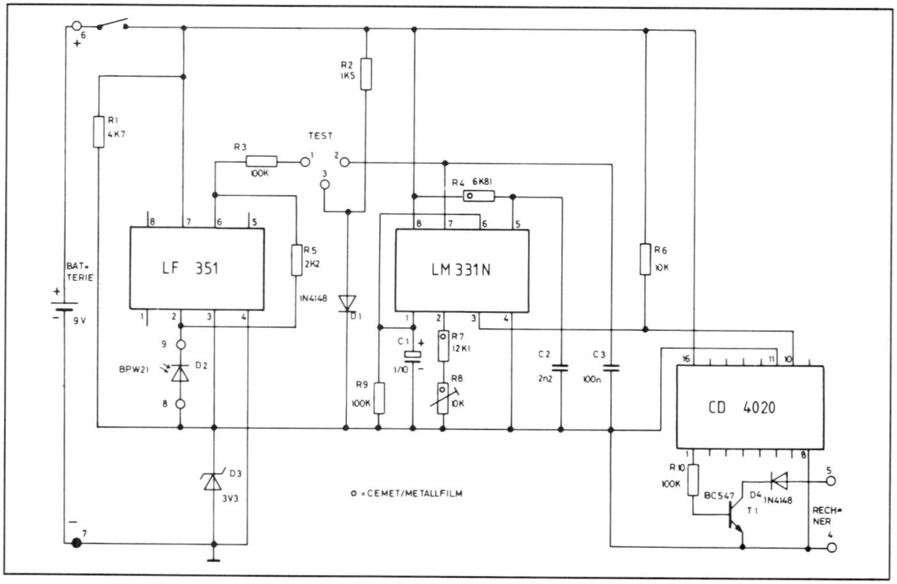

Abb. 5: Die Schaltung des Hobbysuntimers.

dieser Kurzschlußstrom in eine entsprechende Spannung umgesetzt. Sie wird einem Spannungs/Frequenz-Wandler von hoher Präzision zugeführt, der an seinem Ausgang eine Frequenz liefert, die von der Stärke der Sonneneinstrahlung abhängig ist. Diese Frequenz beträgt bei maximaler Einstrahlungsstärke ca. 12.000 Impulse pro Sekunde, also 12.000 Hz (Hertz) bzw. 12 kHz. Dies ist nun freilich eine Impulsfrequenz, die die Fähigkeiten des Taschenrechners, der ja als Anzeigegerät beim Zählen „mitkommen" muß, bei weitem übersteigt.
Im Prinzip könnte man den Taschenrechner mit hoher Frequenz ansteuern, denn er rechnet ja sehr schnell. Dem steht aber entgegen, daß die Tasten entprellt sind, damit pro Tastendruck wirklich nur ein Impuls in die Recheneinheit abgeht. Die Entprellung bewirkt, daß man den Rechner nur mit maximal 3 bis 4 Impulsen pro Sekunde, d.h. 3 bis 4 Hertz, ansteuern kann. Dies ist im Falle des Suntimers aber nicht störend. Unsere Schaltung, die wir gleich vorstellen werden, ersetzt im Prinzip den Druck auf die Gleichheitstaste durch einen elektronischen Impuls. Da er Zenitminuten anzeigen soll (vgl. *Seite 71*) würde es ausreichen, daß er maximal pro Minute einen Impuls abgibt. Dies ist aber unbefriedigend, wie bei einer Uhr, die keine Sekundenanzeige hat: Ob sie funktioniert oder nicht, weiß man immer erst nach jeweils einer Minute. Deshalb haben wir mit einem Trick eine Art Sekundenanzeige (in Wirklichkeit eine Anzeige von Hundertstel Minuten) vorgesehen. Der Suntimer gibt also pro Minute ca. 100 Impulse ab. Die je nach Sonneneinstrahlung zwischen 100 und 12.000 Impulse pro Sekunde müssen also, um vom Taschenrechner gezählt werden zu könnnen, in ihrer Frequenz heruntergesetzt werden. Dazu benutzt man einen sogenannten *Frequenzteiler*, der in unserem Falle einen Teilungsfaktor von 2^{12} = 4.096 besitzt. (Diese Funktion übernimmt in unserem Gerät der C-MOS-Baustein 4020).
Betrieben wird der Hobbysuntimer mit einer handelsüblichen 9V-Batterie.

Bau des Hobbysuntimers

Auf *Abbildung 6* sehen Sie die Platine unseres Gerätes mit den fertig aufgelöteten elektronischen Bauteilen. Dies alles können Sie sich als Bausatz kaufen (Bezugsquellennachweis im Anhang). Wenn Sie unser Einleitungskapitel gelesen und auch schon ein wenig geübt haben, wird es Ihnen keine Schwierigkeiten bereiten, die Teile zusammenzulöten. Bis auf das Lötzinn und natürlich den Lötkolben enthält der Bausatz alles, was Sie brauchen.
Für die „Verpackung" der Platine gibt es ein passendes Gehäuse, aus dem Sie die Anschlußleitungen für den Taschenrechner, der als Anzeigegerät dient, herauslegen können.
Wie der *Taschenrechner* zu präparieren ist, dazu einige Worte:
Öffnen Sie den Taschenrechner vorsichtig und suchen Sie die Leiterbahnen der Gleichheitstaste. Da daran zwei Drähte gelötet werden müssen, brauchen Sie ein ausreichend großes Stück Leiterbahnfläche. Wenn es mit Schutzlack überzogen ist, diesen vorsichtig mit einem scharfen Messer abschaben. Auf *Abbildung 4* können Sie sehen, wie wir die Verbindungsdrähte

Abb. 6: Die fertig bestückte Platine des Hobbysuntimers.

an die Leiterbahnen gelötet haben. Achten Sie darauf, daß die normale Tasteneingabe durch die Drähte nicht behindert wird. Schneiden Sie die Drähte zunächst nicht zu kurz; abschneiden kann man später immer noch etwas. An die Enden der Drähte wird eine 2,5-mm-Klinkenbuchse gelötet. Über sie wird die eigentliche Verbindung zu unserem *Hobbysuntimer* hergestellt.
Achten müssen Sie beim Anschluß auch auf die richtige Polung. Und die kann man nur experimentell ermitteln. Wenn Sie die Pole falsch anlegen, dann schadet das dem Gerät zwar nichts; es zeigt aber auch nichts an.
Zur Ermittlung der richtigen Polung wird auf der Platine zwischen den Löchern mit den Ziffern *1* und *2* eine provisorische Drahtbrücke eingelötet. Dann wird die 9V-Batterie in den mitgelieferten Batterieclip gesteckt und der Betriebsschalter auf *Aus* gestellt (ausgeschaltet ist er, wenn der Knebel in Richtung auf die Taschenrechneranschlüsse Nr. *6* und *7* steht.
Stellen Sie die Kabelverbindung zum Taschenrechner her und schalten Sie ihn ein. Drücken Sie die Tasten *1* und *+*. Nach dem Einschalten des *Hobbysuntimers* müßte der Rechner nun – je nach Beleuchtungsstärke – langsam hochzählen. Wird die Beleuchtung z.B. durch Näherrücken an eine Lampe verstärkt, dann muß der Taschenrechner schneller zählen. Ist das nicht der Fall, dann müssen Sie die Polung vertauschen. Passiert dann auch immer noch nichts, dann schalten Sie den *Hobbysuntimer* erst einmal aus und untersuchen Sie die Platine auf Lötfehler.
Haben Sie das alles hinter sich, dann muß der Hobbysuntimer geeicht werden.

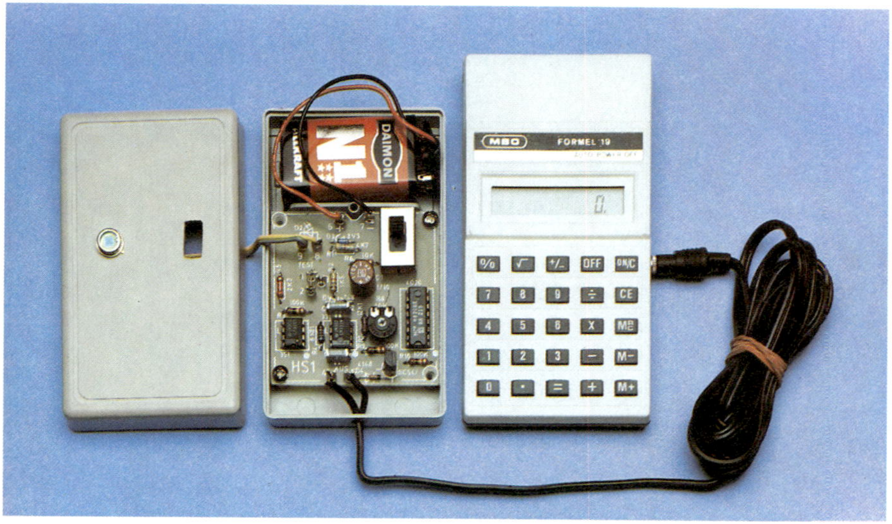

Abb. 7: Der geöffnete Hobbysuntimer und sein Anschluß an den Taschenrechner.

Die Eichung des Hobbysuntimers
Damit unser Gerät nicht irgendetwas, sondern die tatsächliche Sonneneinstrahlung mißt, müssen wir das Gerät eichen. Dazu wird zunächst die für den Test hergestellte Drahtbrücke zwischen den Löchern *1* und *2* wieder entfernt und statt dessen eine Brücke zwischen *2* und *3* eingelötet. Für die Elektroniker sei gesagt, was dadurch passiert: Durch die eingebaute Diode wird eine konstante Spannung von 0,65 Volt in den Spannungs/Frequenz-Wandler eingespeist, der an seinem Ausgang eine ebenfalls konstante Frequenz von 1025 Hz liefert. Diese relativ hohe Frequenz ergibt heruntergeteilt (geteilt durch 4096) eine Frequenz von 0,74 Hz.
Tippen Sie nun bei ausgeschaltetem Hobbysuntimer in Ihren Rechner *0,01* und das *+*. Die eigentliche Eichung wird nun mit Hilfe einer Uhr vorgenommen. (Achten Sie darauf, daß der Hobbysuntimer bei diesem Eintasten *aus*geschaltet ist). Lassen Sie nun das Gerät exakt eine Minute laufen. Der Taschenrechner muß dann den Wert 0,44

Abb. 8: Die Drahtbrücke für die Eichung.

anzeigen. Zeigt der Rechner mehr oder weniger an, dann müssen Sie mit Hilfe des Trimmpotentiometers R8 das Gerät einregulieren. Löschen Sie also die falsche Messung mit der Taste *C*, geben *0,01* und *+* neu ein, lassen die Uhr wieder eine Minute laufen und schleichen sich so gewissermaßen durch Hin- und Herstellen des Trimmpotentiometers an den Wert von 0,44 heran. Von dieser Eichung hängt die Genauigkeit Ihres Hobbysuntimers ab. Wenn Sie es ganz präzise machen wollen, dann nehmen Sie eine Feineichung über eine Meßzeit von 2 Minuten vor. Der Taschenrechner muß dann bei richtiger Einstellung 0,88 anzeigen.
Haben Sie alles richtig eingestellt, dann wird zwischen den Anschlüssen *1* und *2* wieder die Brücke hergestellt (die Verbindung *2–3* ist natürlich zu lösen), und der Suntimer ist betriebsbereit.
Um die Batterie zu schonen, können Sie schließlich noch die für die Eichung benötigte Diode D1 herauslöten.

Wie wird das Gerät benutzt?
Gezählt wird in $\frac{1}{100}$ Zenitminuten. Tippen Sie dafür in Ihren Rechner *0,01* sowie *+* ein. Wenn Sie nun das Gerät zum Sonnenbad mitnehmen, und es zeigt *1,00* an, dann bedeutet dies, daß eine *Zenit*minute vorüber ist. Das kann – wie vorhin schon gesagt – bei prallster Sonne eine wirkliche *Zeit*minute sein. Bei leichter Bewölkung oder gar im Schatten können das aber auch mehrere *Zeit*minuten sein. Fürs Sonnenbaden ist jedoch lediglich die Zahl der *Zenit*minuten ausschlaggebend, die das Gerät anzeigt.
Wir hoffen, daß wir mit diesem elektronischen Bauvorschlag etwas getan haben, was nicht nur Ihrer Schönheit, sondern auch Ihrer Gesundheit zugute kommt.

Sogar den Schutzfaktor Ihrer Sonnenschutzcreme berücksichtigt der Suntimer
Wir hatten schon gesagt, daß der Lichtschutzfaktor angibt, wieviel länger man mit Anwendung des betreffenden Mittels in der Sonne bleiben kann, z.B. bei Schutzfaktor 4 viermal so lange. In diesem Fall geben Sie nicht *0,01* als Startwert ein, sondern ein Viertel davon, also *0,0025*, und Sie können jetzt genau wie vorher bis zum Erreichen derselben Anzahl Zenitminuten in der Sonne bleiben (z. B. 10 am ersten Tag, 15 am zweiten usw.).

Hobby-Joggingmeter (HJ 1)

Auch bei diesem Gerät wird wieder ein *Taschenrechner* als Anzeigeinstrument benutzt. Während es beim *Hobbysuntimer* mehr um das sportliche (braungebrannte) Aussehen ging, wird es hier nun wirklich sportlich. Das *Hobby-Joggingmeter* – Sie haben es sicher schon erraten – soll Ihnen beim Jogging nützlich sein. Es zeigt Ihnen nämlich an, wie viele Schritte und damit auch welche Entfernung Sie beim Laufen zurücklegen. Natürlich kann man das Gerät nicht nur beim Joggen benutzen, sondern auch auf einem ganz normalen Spaziergang oder einer Wanderung.

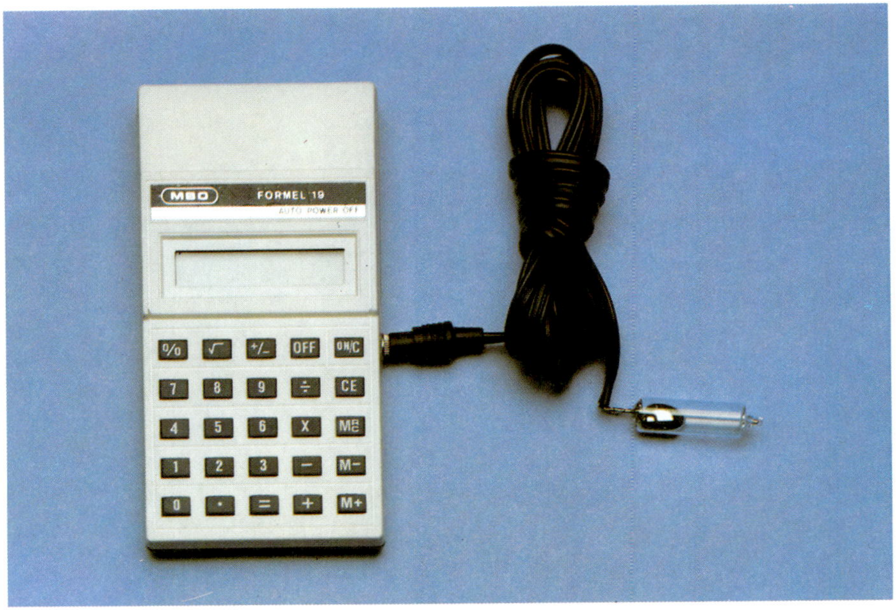

Abb. 9: Das fertige Joggingmeter, bestehend aus dem Quecksilberschalter (noch ohne Hülle) und dem Taschenrechner als Anzeigegerät.

Wie er gebaut wird

Unser Joggingmeter ist ein besonders einfaches Gerät. Es besteht außer aus dem Taschenrechner als Anzeigeinstrument lediglich aus einem sogenannten *Quecksilberschalter*. Dieser Schalter besteht aus einem geschlossenen Glasröhrchen, in dem sich ein großer Tropfen Quecksilber befindet. In das Röhrchen hinein ragen zwei Metallkontakte. Läuft das flüssige Quecksilber gegen die beiden Kontakte, dann stellt es eine elektrisch leitende Brücke her, und der Schalter ist geschlossen. Fließt das Quecksilber bei entsprechender Neigung des Röhrchens von den Kontakten wieder weg, dann ist der Schalter offen. Es handelt sich also um einen Schalter, der entweder durch Neigung oder durch Schütteln sich schließt und öffnet. Genau diese Eigenschaft brauchen wir, um die Beinbewegung umzusetzen in das Öffnen und Schließen eines Schalters. Dazu wird der Quecksilberschalter mit den Kontakten nach oben senkrecht an einem der beiden Schuhe befestigt.

Nun ist ein Glasrohr hochempf ndlich, und zu allem Überfluß ist Quecksilber auch noch ein sehr giftiges Metall. Wir müssen den Quecksilberschalter also schützen. Das geht ganz einfach, indem wir ihn in Gießharz eingießen. Besonders gut dafür geeignet ist eine Kaltglasur aus Kunstharz auf Epoxidharz-Basis. Sie bekommen dieses Gießharz in jedem Hobbyladen.

Vorher müssen Sie aber noch an die beiden Kontakte des Quecksilberschalters ein zweiadriges, flexibles Kabel anlöten. Gießen Sie diese beiden Lötstellen ruhig mit ein; dann reißt später das Kabel vom Quecksilberschalter nicht so leicht ab. Als Gießform eignen sich Tablettenröhrchen und ähnliches. Kleben Sie schließlich an den eingegossenen Schalter ein Stück Klettverschluß und das Gegenstück an Ihren Laufschuh. Sie können dann den Schalter leicht am Schuh befestigen (vgl. dazu *Abbildung 10*).

Das Kabel vom Quecksilberschalter zum Taschenrechner sollte so lang sein, daß Sie den Rechner bequem in die Jackentasche stecken können. Das Kabel selbst führen Sie durch das Hosenbein.

Als Anzeigegerät ist, wie schon gesagt, wieder ein einfacher *Taschenrechner* geeignet, der dieselben Eigenschaften mitbringen muß, wie der auf *Seite 72* beschriebene Rechner des Hobbysuntimers.

Die beiden Kabel des Quecksilberschalters werden wieder an die Leiterbahnen der Gleichheitstaste gelötet.

a) *b)* *c)*

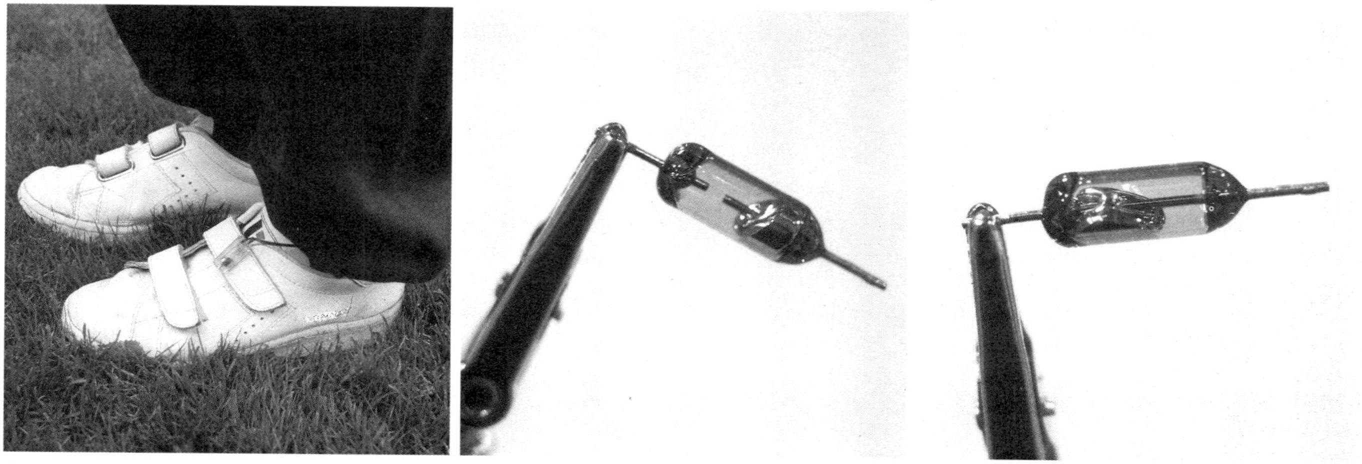

Abb. 10: a) So wird der Quecksilberschalter am Schuh befestigt; *b)* der Schalter ist offen; *c)* hier ist er durch den Quecksilbertropfen geschlossen.

Das Eichen

Bevor wir das Gerät jetzt eichen, müssen Sie zunächst einmal Ihre durchschnittliche Schrittlänge feststellen. Dazu brauchen Sie eine Meßstrecke, deren genaue Länge Sie kennen. Sie mit dem Lineal abzumessen, ist etwas mühsam und für alle Zuschauer auch komisch. Einfacher ist es da schon mit einem Zollstock. Und noch einfacher mit einem Bandmaß. Sie können aber auch ein Straßenschild benutzen, auf dem z.B. steht, daß die nächste Kreuzung noch 100 m entfernt ist. Laufen Sie diese Strecke, zählen Sie dabei Ihre Schritte und teilen Sie dann die gelaufene Strecke durch die Schrittzahl. Man rechnet im Durchschnitt mit einer Schrittlänge von etwa 60 cm. Ein Doppelschritt hat demnach ungefähr 1,2 m. Da unser Quecksilberschalter nur an *einem* Schuh befestigt ist, zählt er Doppelschritte. Gebraucht wird also die durchschnittliche Länge Ihres *Doppelschrittes.*

Die Schrittlänge muß nun in den Taschenrechner eingegeben werden. Die folgende Prozedur erscheint ein wenig kompliziert, sie ist aber durchaus einsichtig.

Sie können mit dem Joggingmeter zweierlei messen:

1. die Länge der Wegstrecke;
2. die Zahl der Schritte.

Wenn Sie jetzt die nachfolgend beschriebenen Eingaben in Ihren Taschenrechner machen, muß der Quecksilberschalter ausgeschaltet (offen) sein. Das kann einmal dadurch geschehen, daß Sie ihn so legen, daß der Quecksilbertropfen die Kontakte nicht schließt. Sicherer ist es aber, wenn Sie die zweipolige Leitung zwischen Quecksilberschalter und Taschenrechner durch eine Steckerverbindung trennbar machen.

Nun zur Eingabe der Werte:

1. Messung der Wegstrecke

Eingabe:	*Anzeige:*
Einschalten	0
1.2	1.2
+/−	− 1.2
+	− 1.2
1.2	1.2
Stecker zusammenstecken	0

2. Zählung der Schritte

Eingabe:	*Anzeige:*
Einschalten	0
2	2
+/−	− 2
+	− 2
2	2
Stecker zusammenstecken	0

Bei diesen Werten sind wir davon ausgegangen, daß die durchschnittliche Länge eines Doppelschrittes 1,2 m beträgt. Wenn das bei Ihnen ein anderer

Abb. 11: Viel Spaß beim Joggen.

Wert ist, müssen Sie den Rechner mit diesem anderen Wert füttern.
Die 2 bei der Zählung der Schritte haben wir eingeführt, weil ja Doppelschritte gemessen werden. Den negativen Anfangswert haben wir eingegeben, weil der Rechner beim Einstecken der Anschlüsse um einen Schritt weiterzählt; damit kommen wir auf den Anfangswert Null.

Hobby-Luxmeter (HL 1)

Mit diesem Gerät, das in seinem Funktionsprinzip dem Hobbysuntimer ähnlich ist, läßt sich die Beleuchtungsstärke in Lux messen. Lux, abgekürzt lx, ist ein Maß für die Helligkeit, die ein Lichtstrom auf einer Fläche erzeugt.
Natürlich ist die Messung der Beleuchtungsstärke für den Fotografen wichtig. Aber auch der Blumenliebhaber möchte wissen, ob seine Pflanzen genügend Licht erhalten. Mindestens ebenso wichtig ist sie aber auch für die richtige Ausleuchtung eines Arbeitsplatzes. Man weiß inzwischen, daß ein zu heller oder zu dunkler Arbeitsplatz schnell zu Ermüdungen oder sogar zu Schäden führen kann. Mehr noch: für verschiedene Arten der Tätigkeit gibt es verschiedene optimale Beleuchtungsstärken. So sind z.B. für eine normale Schreibtischtätigkeit etwa 700 Lux gerade richtig.
Nun könnte man sagen, daß die Helligkeit eines Arbeitsplatzes z.B. auch mit dem Belichtungsmesser in Ihrem Fotoapparat gemessen werden könnte. Das stimmt nicht ganz. Worauf es ankommt, ist nicht die Helligkeit, die eine Fläche reflektiert, und die schließlich im Objektiv des Fotoapparates ankommt, sondern die Helligkeit, mit der die Fläche ausgeleuchtet wird. Wenn Sie also wissen wollen, ob Ihre Arbeitsfläche tatsächlich mit 700 Lux ausgeleuchtet ist, dann können Sie das mit unserem Gerät genau messen. Einzelheiten dazu später.
Der Meßbereich unseres Gerätes reicht bis zu 10.000 Lux. Er wird in Schritten von jeweils 50 Lux angegeben; und zwar wieder auf einem ganz normalen Taschenrechner als Anzeigeeinheit.
Auch hier muß der Taschenrechner die beiden Voraussetzungen erfüllen, die wir auf *Seite 72* schon beschrieben haben. Lesen Sie dort evtl. noch einmal nach.

Abb. 12: Das fertige Hobby-Luxmeters.

Die Funktion des Gerätes

Das Licht fällt wieder auf eine Fotodiode und löst dort bei entsprechender Verschaltung einen Strom aus. Über verschiedene Zwischenbausteine wird dieser in eine Spannung und schließlich in eine Frequenz umgesetzt – das geht genauso wie beim Hobbysuntimer.
Auch diese Schaltung wird mit einer handelsüblichen 9V-Batterie betrieben. Da wir hier aber die Beleuchtungsstärke innerhalb einer Zeit von 60 Sekunden messen wollen, wird dieser Meßzyklus mit Hilfe eines Timers (NE 555) auf eine Zeit von 60 Sekunden pro Messung festgelegt. Jede Messung wird durch einen Tastendruck gestar-

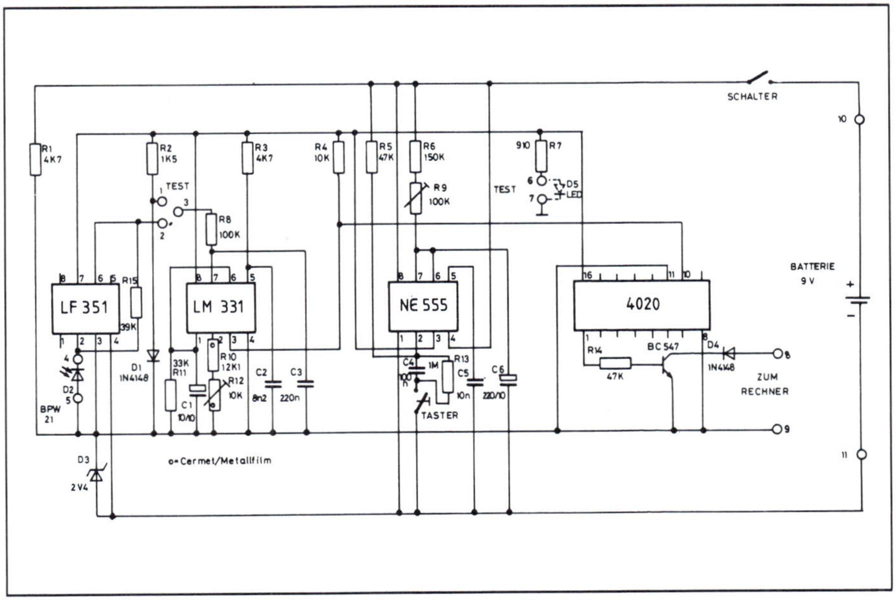

Abb. 13: Die Schaltung des Hobby-Luxmeter.

Drücken Sie nacheinander auf die Tasten *5 0 +*. Dem entspricht: *50+*.
Wenn Sie jetzt das eigentliche Luxmeter einschalten und die Starttaste (Gleichheitstaste des Rechners) drükken, muß der Rechner je nach Beleuchtungsstärke langsam hochzählen und nach 60 Sekunden einen bestimmten Wert beibehalten. Ist dies nicht der Fall, dann muß die Polung am Taschenrechner vertauscht werden. Und wenn dann immer noch nichts passiert, dann müssen Sie Ihr Luxmeter noch einmal auf nicht ganz exakte Lötstellen oder andere Fehler prüfen.

Das Eichen des Luxmeters

Auch das Luxmeter muß geeicht werden. Dazu wird die Testbrücke zwischen den Anschlüssen *2* und *3* wieder entfernt und dafür eine andere zwischen den Anschlüssen *1* und *3* eingelötet.

tet; die genaue Meßzeitlänge begrenzt das Gerät selbsttätig. Der nach 60 Sekunden angezeigte Wert entspricht der Beleuchtungsstärke in Lux.
Auch bei diesem Gerät muß beim Anschluß des Taschenrechners an das Luxmeter auf die richtige Polung bei der Gleichheitstaste des Taschenrechners geachtet werden. Sie ist auch hier wieder experimentell zu ermitteln. Löten Sie dazu auf der Platine zwischen den Anschlüssen *2* und *3* eine Brücke aus Metalldraht. Schließen Sie die 9V-Batterie an und schalten Sie den Schalter des Gerätes aus (der Knebel muß in Richtung Rechneranschlüsse mit den Nummern *10* und *11* weisen).
Anschließend wird der Rechner eingeschaltet und folgendes eingegeben:

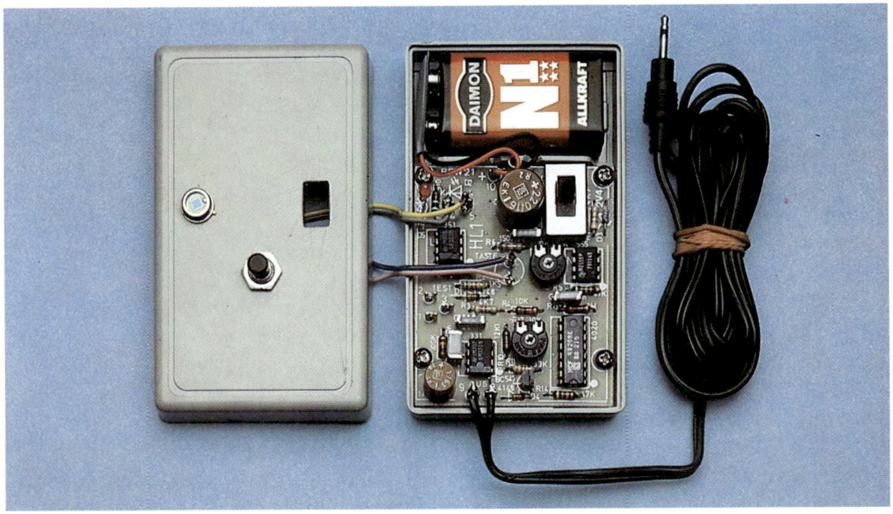

Abb. 14: Die fertig bestückte Platine im geöffneten Gehäuse.

Das Luxmeter ist nun in zwei Schritten zu eichen:

1. wird die Timer*zeit* von 60 Sekunden mit Hilfe des Trimmpotentiometers R9 genau eingestellt. Machen Sie das mit einer gut ablesbaren Uhr. Die Einstellungszeit können Sie an der Leuchtdiode ablesen, die in die Platine eingelötet wird, und die während der eingestellten Zeit aufleuchtet. Leuchtet sie länger oder kürzer als 60 Sekunden, dann müssen Sie das Trimmpotentiometer R9 entsprechend verstellen.
2. Im zweiten Schritt wird die *Frequenz* geeicht. Durch die Brücke zwischen den beiden Punkten *1* und *3* wird über die Diode D1 eine Spannung von 0,65 V in den Spannungs/Frequenz-Wandler eingespeist, der dann an seinem Ausgang eine konstante Frequenz von 3870 Hz liefert. Auch das wieder ist eine Frequenz, die für den Taschenrechner, dessen Tastenbetätigung elektronisch entprellt ist, viel zu hoch ist. Also wird diese Frequenz wieder – wie schon beim Suntimer – heruntergeteilt (und zwar durch 4096) auf eine Frequenz von rund 0,94 Hz. Soviel für die Fachleute.

   Anschließend müssen Sie in den Taschenrechner folgendes eingeben:

   5 0 + entsprechend *50+*.

Wenn Sie alles richtig gemacht haben, muß das Luxmeter bei dieser Eichung nach dem Einschalten und dem Drükken der Starttaste (Gleichheitstaste) mit einer Frequenz von etwa 0,94 Hz immer 50 zu dem vorherigen Wert hinzuaddieren. Nach der Meßzeit von genau 60 Sekunden muß auf dem Taschenrechner der Wert 2850 stehen. Ist die Zahl niedriger oder höher, dann können Sie mit Hilfe des Trimmpotentiometers R12 diesen Wert einstellen. Bevor Sie den Taschenrechner den neuen Wert zählen lassen, muß natürlich der alte Wert mit Hilfe der *C*-Taste wieder gelöscht werden.

Nehmen Sie es beim Luxmeter mit dem Eichen genau. Sie müssen ja nur einmal eichen, und da lohnt sich schon ein wenig Geduld.

Ist der vorgeschriebene Wert genau eingestellt, dann wird die Brücke zwischen *1* und *3* wieder entfernt und die alte Brücke zwischen *2* und *3* wieder eingesetzt. Außerdem sollten Sie zur Schonung der Batterie die Leuchtdiode D2 und die Testdiode D1 wieder entfernen.

Das Hobby-Luxmeter ist nun betriebsbereit.

Wie wird die Beleuchtungsstärke gemessen?

Da es uns darum geht, das Licht zu messen, das auf ein Objekt (z. B. die Arbeitsplatte Ihres Schreibtisches) auftrifft, ist es wichtig, in welchem Winkel die Lichtstrahlen auf die beleuchtete Fläche auftreffen.

Zur Verdeutlichung stellen Sie sich folgendes vor:

Treffen die Lichtstrahlen von einer konstanten Lichtquelle senkrecht auf die Fläche auf, dann haben Sie die maximale Objekt-Beleuchtungsstärke. Drehen Sie jetzt die Fläche um 90°, dann treffen überhaupt keine Lichtstrahlen mehr auf die Fläche auf. Die Objekt-Beleuchtungsstärke ist dann 0. Für alle dazwischenliegenden Drehwinkel der Fläche gibt es nun unterschiedliche Beleuchtungsstärken. Drehen Sie z.B. wie auf *Abbildung 15* die Fläche um 60°, dann haben Sie genau die Hälfte der Beleuchtungsstärke, die bei senkrecht auffallendem Licht zu messen wäre. Da Sie die Beleuchtungsstärke interessiert, die auf die Oberfläche des Objekts auftrifft, müssen Sie das Luxmeter immer parallel zur Oberfläche des Objekts halten. Bei der Messung an einer Arbeitsfläche legen Sie es also einfach auf die Fläche selbst.

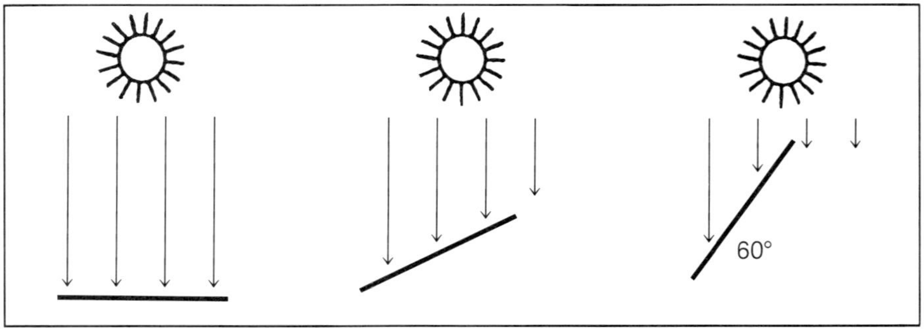

Abb. 15: Die Änderung der Beleuchtungsstärke bei unterschiedlichem Auffallwinkel der Lichtstrahlen auf eine Fläche.

Elektrizität aus Licht: Solarzellen – eine alternative Energiequelle

Das Thema Sonnenenergie bekommt für die Menschheit nicht nur überlebenswichtige Bedeutung, es ist darüber hinaus geradezu spannend.
Bezogen auf die Menschheitsgeschichte – auch auf die noch vor uns liegende – ist die Sonne eine unerschöpfliche Energiequelle. In der Sonne werden durch Kernfusion in jeder Sekunde etwa 650 Millionen Tonnen Wasserstoff zu etwa 646 Millionen Tonnen Helium „verschmolzen". Die Massendifferenz wird dabei in Energie umgewandelt. Trotz dieser gewaltigen Mengen hat die Sonne in den rund 10 Milliarden Jahren ihrer Existenz nur etwa 6% ihrer Masse verloren.
Von der Strahlungsleistung, die die Sonne ständig in den Weltraum schickt, fängt die Erde nur etwa den zweimilliardsten Teil auf. Dieser winzige Anteil an der gesamten Strahlungsleistung macht für die Erde immerhin noch 175 Milliarden Megawatt aus; oder anders ausgedrückt: in jeder Stunde empfängt die Erde 175 Billionen Kilowattstunden. Wenn man dagegenhält, daß im Jahr 1970 jedem Einwohner der Bundesrepublik Deutschland an installierter elektrischer Leistung durchschnittlich nur 870 Watt zugeordnet waren, dann wird deutlich, welche Energiemengen auch auf der Erde durch die Sonne angezapft werden könnten. Allerdings ist dieses Anzapfen alles andere als leicht.
Indirekt profitieren die Menschen seit Anbeginn ihrer Existenz von der Sonnenenergie. Mit ihrer Hilfe können die Pflanzen aus Kohlendioxid und Wasser lebenswichtige Kohlenstoffverbindungen (z.B. Traubenzucker) aufbauen, wobei zusätzlich noch der für uns ebenfalls lebensnotwendige Sauerstoff freigesetzt wird. Auch Kohle und Mineralöl sind nichts anderes als über Jahrmillionen gespeicherte Sonnenenergie, da beide aus Pflanzen der Urzeit unserer Erde entstanden sind.
Sehr schwierig ist es nun, diese Sonnenenergie für uns direkt zu nutzen, sie z.B. in elektrischen Strom umzuwandeln. Obwohl bei klarem Himmel und senkrecht stehender Sonne pro Quadratmeter etwa 870 Watt in Form von Licht und Wärmestrahlung auf die Erdoberfläche auftreffen, läßt sich davon auch bei Anwendung modernster Technik nur ein Bruchteil in elektrische Energie umwandeln. Trotzdem hat die folgende theoretische Überlegung ihren eigenen Reiz. Die auf eine Fläche von 100.000 Quadratkilometern (etwa einem Achtel der Sahara entsprechend) auftreffende Sonnenenergie würde ausreichen, den gesamten Energiebedarf der Menschheit zu decken. Diese Energie ist sehr umweltfreundlich, sie erzeugt keine Abgase, keine Abwärme, keine radioaktiven Abfälle und keine störenden Geräusche. Das einzige Störende wären die mit Solarzellen zugebauten Flächen.
Die Technik der *direkten* Umwandlung von Sonnenenergie in elektrische Energie ist noch sehr jung. Erfunden wurde die für diese Technik geeignete Solarzelle erst 1954. Erste Grundlagen dafür lieferte aber bereits im Jahre 1873 der Engländer W. Smith, der die Änderung der Stromleitfähigkeit von Selen bei Einwirkung von Licht entdeckte. Diesen Effekt nutzte Werner von Siemens zum Bau von Lichtmeßgeräten. In älteren Belichtungsmessern von Fotoapparaten wird immer noch nach demselben Prinzip gearbeitet.
Wie so vieles, so hat die Weltraumindustrie auch die Solartechnik in kürzester Zeit technisch weitergebracht. Einen ersten Höhepunkt erreichte diese Technik mit dem amerikanischen Himmelslabor Skylab, das auf vier großen paddelförmigen Flächen eine 130 Quadratmeter große Solarzellenfläche besaß. 272.642 Silizium-Solarzellen versorgten das Himmelslabor mit einer Leistung von etwa 10 Kilowatt. Damit könnte man über 160 Schreibtischlampen mit jeweils 60 Watt versorgen.

Abb. 1: Solarzellen; in der Mitte unser Suntimer.

Abb. 2: Die Raumstation Skylab mit ihren gewaltigen Solarzellen-Paddeln.

Nun hat man im Weltraum den Vorteil, daß weder Wolken noch überhaupt eine Atmosphäre die Sonnenstrahlung behindern. Trotzdem haben auch auf der Erde die Solarzellen als Energiespender eine wichtige Funktion dort übernommen, wohin man Strom über Leitungen nur schwer oder gar nicht leiten kann. Das trifft z.B. für Funkbojen auf dem Meer, für Wetterballons, elektrische Überwachungsgeräte an abgelegenen Pipelines und sogar für einsam liegende Siedlungen in den Bergen zu.

Wie wandelt eine Solarzelle Sonnenenergie in elektrische Energie um?

Sehr vereinfacht gesagt besteht eine Solarzelle aus zwei Schichten (vgl. *Abbildung 3*). Obenauf liegt eine hauchdünne sogenannte n-leitende Schicht, bei der die *negativ* geladenen Elektronen beweglich sind. Darunter befindet sich als Basis eine p-leitende Platte, bei der *positive* Ladungsträger wandern können. Die Photonen (Lichtquanten) des Sonnenlichts setzen nun in dem Übergang zwischen den beiden Schichten Ladungsträger frei, so daß sich eine elektrische Spannung aufbauen kann. Die obenauf liegende n-Schicht ist der Minuspol, die darunter liegende Basisplatte der Pluspol. Von beiden wird die Spannung durch ein Metallsteg abgegriffen.

Wir wollen hier nicht weiter in Einzelheiten gehen. Wer sich genauer informieren möchte, findet dazu eine reichhaltige Fachliteratur.

Die Leistungsfähigkeit von Solarzellen

Die hohe Leistung von z.B. 130 Quadratmetern Solarzellen beim Himmelslaboratorium Skylab darf nicht darüber hinwegtäuschen, daß eine einzelne Solarzelle in ihrer Leistung sehr begrenzt ist. Die Leistung hängt von der Fläche ab, und die wiederum ist durch technische Faktoren begrenzt. Die einzelnen blauen Plättchen, die Sie auf *Abbildung 4* sehen, ergeben im Maximalfall bei intensivem Lichteinfall jeweils eine Spannung zwischen 0,44 und 0,5 Volt. Aber ebenso wie man bei Batterien höhere Leistungen dadurch zustandebringt, daß man mehrere Zellen hintereinanderschaltet, kann man auch hier verfahren.

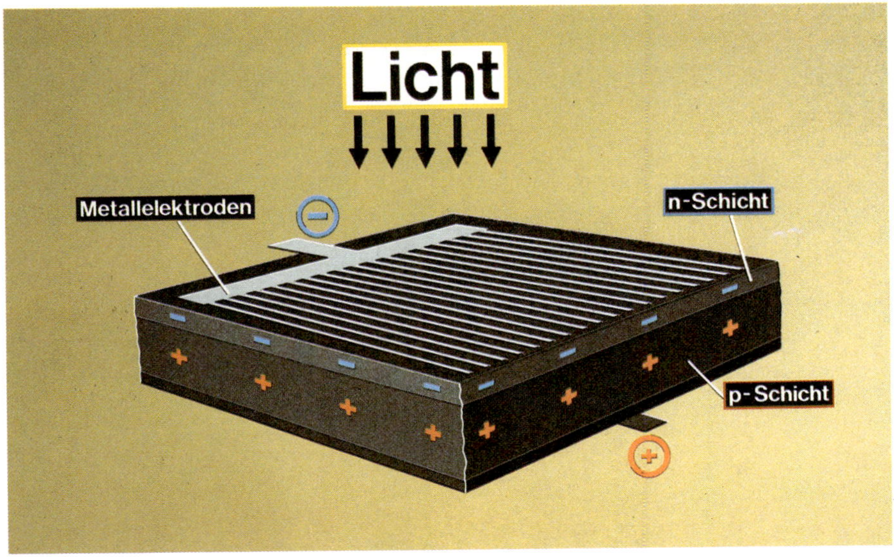

Abb. 3: Die Wirkungsweise von Solarzellen.

Das Solarpak der Hobbythek (SOL 6)

Damit Ihre Solarzellen wirklich zu einem kleinen Kraftpaket werden, haben wir eine Platine entwickelt, auf der Sie die einzelnen Solarzellen auf unterschiedliche Weise so zusammenschalten können, daß sie entweder in Reihe oder parallel geschaltet sind. Sie können durch derartige unterschiedliche Schaltungen sowohl die gewünschte Spannung wie auch die gewünschte Stromstärke – aus beidem ergibt sich erst die *Leistung* dieses Pakets – bestimmen.

Unser Solarpak (Bezugsnachweis im Anhang) besteht aus 12 einzelnen Solarzellen, die auf einer Platine in vier Gruppen zu je drei Stück zusammen-

Abb. 4: Die Solarzellen unseres Solarpaks.

gefaßt sind. Die Platine hat das weitverbreitete Europa-Format von 10 cm x 16 cm. Durch die Anordnung der Solarzellen können Sie zwischen verschiedenen Spannungen wählen: 1,5 Volt, 3 Volt und 6 Volt. Die maximale Leistung des Solarpaks beträgt immerhin 1 Watt — und zwar unabhängig von der eingestellten Spannung.

Abb. 5: Monokristalline Solarzellen (links) im Vergleich zu multikristallinen Zellen.

Diese Leistung kommt zustande, weil für unseren Bausatz nicht mehr die Solarzellen nach alter Technologie verwendet wurden (Zellen aus der sogenannten monokristallinen Fertigung), sondern sogenannte multikristalline Solarzellen. Die alten Zellen haben eine glatte blaue Oberfläche, die neuen hingegen zeigen unregelmäßige Strukturen, an denen man die Kristallgrenzen des Halbleitermaterials Silizium erkennen kann. Diese multikristallinen Solarzellen, die auch in der Raumfahrttechnik verwendet werden, sind wesentlich billiger als die alten monokristallinen Zellen. Dadurch ist es auch möglich, diesen Bausatz etwa zum halben Preis gegenüber früheren Produkten zu liefern.

Mit dem Solarpak der Hobbythek können Sie immerhin ein kleines Transistorradio betreiben. Selbstverständlich auch Taschenrechner und andere Geräte dieser Leistungsklasse. Schließlich kann man damit sogar Batterien aufladen. Allerdings muß dazu in die Zuleitung eine Diode (z. B. vom Typ 1N 4148) eingefügt werden, um ein Entladen des Akkus über die Solarzellen zu verhindern (vgl. dazu *Abbildung 6*). Dadurch reduziert sich allerdings die abzugreifende Spannung um etwa 0,6

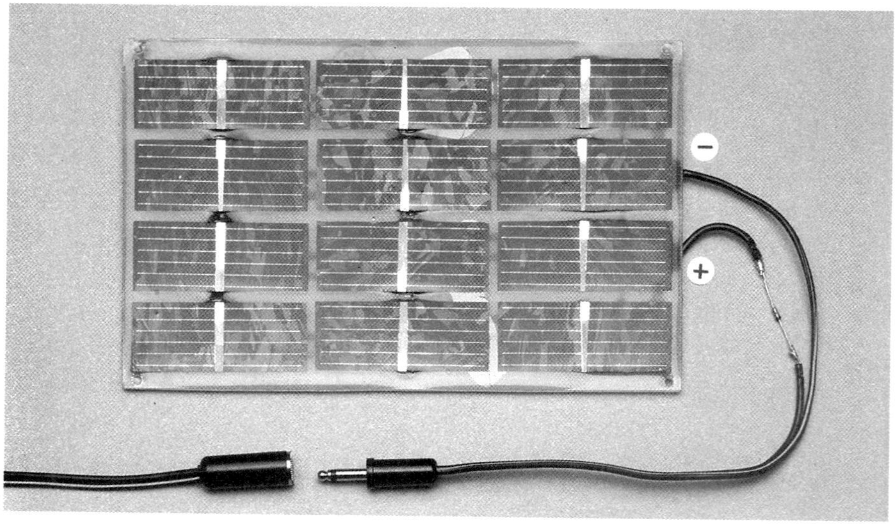

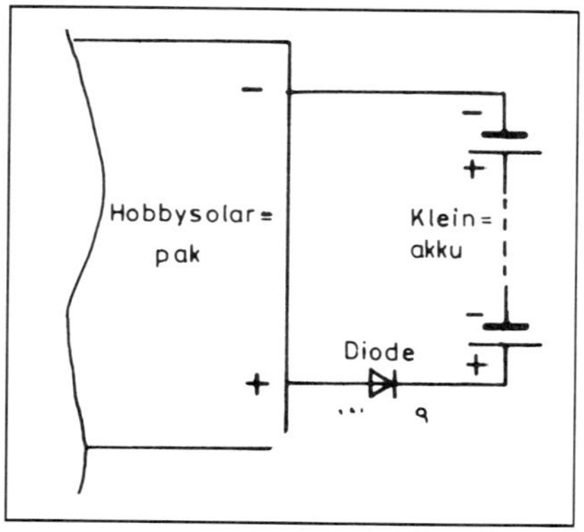

Abb. 6: Der Hobby-Solarpak als Ladegerät: Zum Schutz des Akkus vor Entladung muß eine Diode eingesetzt werden (links die Schaltung; oben die Ausführung).

Volt. Der Grund dafür ist der Spannungsabfall an der Diode. Wir meinen aber, daß eine Leistungsverminderung um etwa 10% leicht zu verschmerzen ist.
Wer z.B. viel auf Wanderungen unterwegs ist, gern segelt oder sonstwo in abgelegenen Gegenden Strom braucht, ist mit diesem Gerät sehr gut versorgt. Wenn man außerdem davon ausgeht, daß ja nicht immer pralle Sonne scheinen muß, um Strom zu erzeugen, der wird sich gern auf die Hilfe dieses „Notaggregates“ verlassen.

Der Bau des Solarpaks

Die in dem Bausatz mitgelieferten Solarzellen werden vorsichtig in die markierten Löcher eingesteckt, die Anschlüsse auf der Rückseite umgebogen und verlötet. Nun müssen Sie freilich bei Solarzellen noch vorsichtiger vorgehen als mit den meisten anderen elektronischen Bauteilen. Behandeln Sie diese Platten wie rohe Eier. Sie sind nämlich außerordentlich empfindlich gegen mechanische Beschädigungen wie Kratzer usw. und gegen hohe Temperaturen, wie sie z.B. vom Lötkolben ausgehen.
Auf *Abbildung 7* sehen Sie, wie sie mit den Solarzellen zu bestücken ist. *Abbildung 8* zeigt einen Teil der Platinenrückseite mit dem Plus- und Minuszeichen und den großen runden Kupferleiterstücken für das Festlöten der Ausgänge. Hier befindet sich gewissermaßen die Schaltzentrale für den Solarpak. An dieser Stelle können Sie festlegen, welche Spannung der Solarpak abgeben soll.

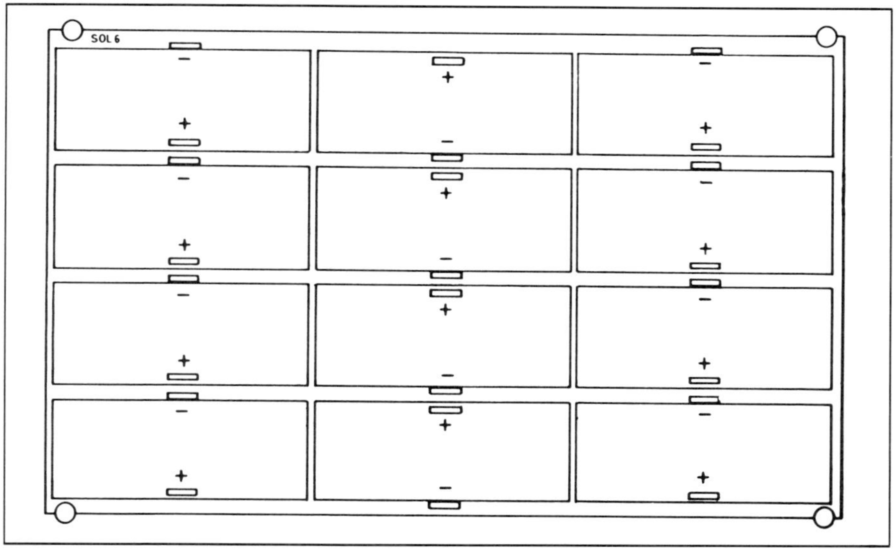

Abb. 7: Bestückungsplan des Solarpaks.

Die Grundversion des Paks ist auf 6 Volt festgelegt. Wenn dies die gewünschte Spannung ist, dann brauchen Sie nichts zu verändern. Wollen Sie hingegen 3 Volt oder 1,5 Volt haben, dann müssen Sie die Leiterbahnen auf der rechten Seite der Platine nach einem bestimmten Schema unterbrechen. Das geht am besten mit einem kleinen Schraubenzieher oder einem Messer. An welchen Stellen Sie die Leiterbahnen für welche Spannung unterbrechen müssen, zeigen wir Ihnen auf *Abbildung 8*.
Die freien runden Lötaugen sind dazu da, daß Sie mit Hilfe von isoliertem Draht (0,75 mm Durchmesser) wieder jede gewünschte Verbindung herstellen können. Auch hier holen Sie sich die nötigen Informationen wieder aus *Abbildung 8*.

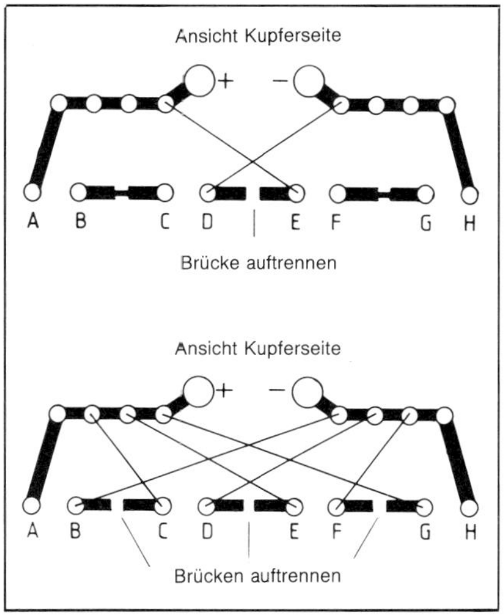

Abb. 8: Hier sehen Sie, welche Brücken Sie trennen müssen, um 3 Volt bzw. 1,5 Volt zu erzielen.

Wie sich die empfindlichen Solarzellen schützen lassen

Um die Solarzellen vor allem vor mechanischer Beschädigung und vor Staub zu schützen, sollten Sie sie zumindest mit einem zähen, glasklaren Lack überziehen. Es gibt aber auch die Möglichkeit, das ganze Paket in einen flachen Kasten einzubauen, der auf der Oberseite mit einer farblosen, klaren Acrylglasplatte verschlossen ist. In beiden Fällen wird die Leistung wegen der Reflexionsverluste ein wenig geringer sein. Aber der Staub läßt sich so viel besser entfernen.

Schließlich kann man den Solarpak auch noch in glasklares Gießharz eingießen. Allerdings würden wir dabei empfehlen, den Pak so einzugießen, daß Sie an die Lötaugen für die Spannungsveränderung noch herankommen. Dies allerdings nur für den Fall, daß Sie den Solarpak nicht mit ständig gleichbleibender Spannung betreiben wollen.

Abb. 9: Hier versorgt unser Solarpak ein Radio mit Energie.

Tips für die Anwendung

Das Solarpaket bringt seine maximale Leistung nur, wenn das Licht senkrecht auf die Zellen fällt. Stellen Sie das Gerät also immer so, daß die Sonne senkrecht daraufscheint. Bei wolkigem Himmel mit diffusem, ungerichtetem Licht genügt es hingegen, den Pak einfach nach oben gegen den Himmel zu richten, d.h. die lichtempfindliche Schicht liegt waagerecht.

Hier noch ein Hinweis zum Anschluß an das Radio, das Ladegerät usw.:

Sehr praktisch ist es, an das Ausgangskabel des Solarpaks einen Verbindungsstecker zu löten. Das Gegenstück (die Buchse) kommt an ein Kabel, das Sie in Ihrem Gerät befestigen müssen. Hier kann man in der Regel an den Plus- und den Minuspol ein Kabelende so anlöten, daß sich wahlweise immer noch Batterien verwenden lassen. Da verlassen wir uns einfach auf Ihre Findigkeit. Vergessen Sie aber nicht, darauf zu achten, daß Plus und Minus beim Zusammenstecken nicht vertauscht werden dürfen. Das schadet den meisten Geräten zwar nichts, bedeutet aber, daß sie nicht funktionieren.

Und nun viel Spaß beim verschwenderischen Umgang mit (Sonnen)-Energie.

Fernsteuern mit Infrarot

In diesem Kapitel geht es um Fernsteuerung mit Hilfe eines elektronischen Gerätes, das mit Infrarotlicht arbeitet. Auch die Fernbedienung Ihres Fernsehapparates arbeitet damit. Nun wollen wir mit unserem Gerät keinen Fernseher bedienen, sondern vielerlei andere Dinge, mit denen Sie im Alltag zu tun haben.
Sicher haben Sie sich schon oft geärgert, wenn Sie vor der Haustür mit vollen Händen standen und an einem dikken Schlüsselbund nach dem richtigen Schlüssel suchen mußten. Oder Sie fanden das Aussteigen vor dem Garagentor lästig, vor allem, wenn es regnete. Mit unserem Fernbedienungssystem können Sie sämtliche Türen (Gartentor, Garagentor, Haustür, Wohnungstür, aber auch Innentüren) durch Fernbedienung öffnen.
Inzwischen gibt es solche Systeme für teure Autos mit Zentralverriegelung. Wenn Sie ein Auto mit Zentralverriegelung haben, können Sie unser Gerät sogar auch dafür verwenden. Sie müßten sich dann in Ihrer Werkstatt nur das Relais des Empfängers (mehr dazu

Abb. 1: Was Jean Pütz hier um den Hals hängen hat, ist ein elektronischer Türschlüssel: ein in durchsichtiges Kunstharz eingegossener Infrarotsender.

ab *Seite 95*) mit dem Schaltkreis der Zentralverriegelung verbinden lassen. Die Empfängerdiode könnten Sie dann irgendwo innerhalb des Autos so anordnen, daß der Infrarotstrahl des Senders die Empfängerdiode erreicht. Das Glas der Scheiben wirkt dabei nicht störend.
Steuern kann man mit unserem Gerät aber nicht nur den elektrischen Drücker an der Haustür oder ein elektrisch betriebenes Garagentor, sondern auch die verschiedensten Geräte, die an eine spezielle Steckdose gehängt werden, in die ein ferngesteuerter Schalter eingebaut ist. Aber Sie können mit unserem Gerät auch Diaprojektoren und Filmkameras fernbedienen, Spielzeug wie von Geisterhand veranlaßt in Bewegung setzen und vieles andere mehr.
Aber bevor wir Ihnen erklären wollen, wie Sie Türen elektronisch öffnen und Lampen fernbedient ein- und ausschalten können, hier ein paar Hinweise zum Prinzip.
Natürlich könnte man eine Fernsteuerung auch per Funk bewerkstelligen. Dazu wäre aber der technische Aufwand erheblich größer. Außerdem kann man inzwischen bald schon von einer Umweltverschmutzung durch Radiowellen sprechen, wenn man bedenkt, wer alles in der Gegend herumfunkt. Das sind nicht nur Taxis, Flugmodellbauer und die Ärzte im Krankenhaus mit ihrem Pieper in der Kitteltasche, sondern auch die funkgesteuerten Ampelanlagen auf den Straßen, die CB-Funker usw. Die Infrarotsteuerung durchdringt zwar keine Wände, und sie ist in ihrer Reichweite auch begrenzt, dafür aber ist sie erschwinglich und für unsere Zwecke ohne Einschränkung bestens geeignet.

Steuersignale in Infrarot

Unsere Geräte bestehen aus einem Sender und einem Empfänger. Vom Sender wird per Knopfdruck ein verschlüsseltes Infrarotlicht-Signal abgestrahlt, das der Empfänger gewissermaßen als Befehl erkennt, aufnimmt und entschlüsselt und dann den Befehl an ein elektrisches Relais für ein Türschloß oder etwas ähnliches weitergibt. Für die drahtlose Übertragung des Signals wird infrarotes Licht benutzt. Es liegt bei längeren Wellenlängen als das sichtbare Licht, und es kann vom menschlichen Auge ebensowenig wahrgenommen werden wie das ultraviolette Licht (dies hat kürzere Wellenlängen). Stärkere Infrarotstrahlung kann allerdings von der Haut wahrgenommen werden: Sie wird als *Wärmestrahlung* empfunden. Der Infrarotstrahl unseres Gerätes ist freilich so schwach, daß ihn keiner unserer Sinne wahrnehmen kann.

Infrarotlicht (kurz IR-Licht) hat eine Wellenlänge von mehr als ca. 780 Nanometer (= 780 Tausendstel Mikrometer = 780 Milliardstel Meter). Es liegt gerade jenseits der Grenze des sichtbaren Lichtes, und das macht es relativ einfach, Sender und Empfänger für IR-Licht herzustellen. Ausgesendet wird keine elektrische Energie, sondern lediglich dieses Licht.

Nun wissen Sie vielleicht, daß Infrarotlicht nicht zuletzt durch die Sonne, durch zahllose Glühlampen usw. fast überall gegenwärtig ist. Wie erreicht man, daß dieses IR-Licht die Übertragung von Signalen mit demselben Licht nicht stört, daß der Empfänger also nur auf das Signal des Senders und auf nichts sonst reagiert?

Um dies zu erreichen, wird die Diode, die das Infrarotlicht aussendet, nicht einfach kurz einmal ein- und dann wieder ausgeschaltet. Der Infrarotstrahl wird in einer Art Morsealphabet verschlüsselt. Fachmännischer ausgedrückt sagt man, daß die Information digital aufbereitet wird. Digitalsignale haben – wie auf *Abbildung 2* zu sehen ist – nur zwei Zustände: den Zustand *Null* und den Zustand *Eins*. Diese Beschränkung auf Null und Eins nennt man *binär*. Auch die Computer arbeiten damit. Die binäre Informationsübermittlung hat den überaus großen Vorteil, daß sie sich elektrisch sehr leicht bewerkstelligen läßt. Man wechselt lediglich zwischen einem niedrigen und einem höheren Spannungsniveau. Null ist dann z.B. 0 Volt und Eins z.B. 5 Volt.

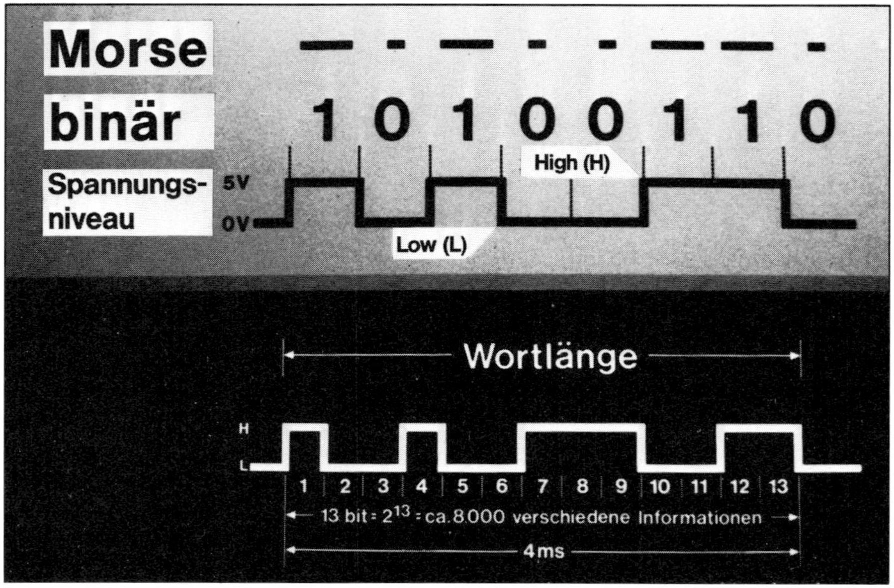

Abb. 2: Das Prinzip der digitalen Informationsübermittlung.

Der Unterschied kann aber auch 0 und 3 Volt sein. Worauf es ankommt, ist lediglich der erkennbare Unterschied zwischen zwei Zuständen, die die Fachleute auf Englisch mit *Low* (für niedrig, entsprechend 0) und *High* (hoch, entsprechend 1) nennen. Die Abkürzungen *L* und *H* sind sozusagen die einzigen Buchstaben im Alphabet des Digitaltechnikers. Eine „Informations-Einheit“, die zwischen 0 und 1 bzw. L und H entscheidet, nennt man ein *Bit*.

Bei dem Sender, den wir Ihnen hier gleich vorstellen werden, besteht jede Information, die von unserer Fernsteuerung ausgestrahlt wird, aus 13 solcher L-H-Kombinationen. Fachmännisch spricht man hier von einer *Wortlänge* von *13 Bit*. Wenn Sie also einmal kurz auf die Taste Ihres elektronischen Türöffners drücken, dann saust aus der IR-Diode an Ihrem Sender eine Information (man sagt auch ein *Wort*) von 13 Bit heraus. Dies geht automatisch, so daß selbst bei kürzestem Tastendruck das 13-Bit-Wort immer vollständig ausgesendet wird. Es wird zudem alle 120 Millisekunden komplett gesendet, das entspricht etwa ⅛ Sekunde. In einer Sekunde wird das 13-Bit-Wort also ca. 8mal gesendet.

Die 13 Bit des Signals reichen aus, um fast 8.000 verschieden codierte Signale zu senden. Davon nutzen wir bei unserem Gerät aus Gründen der Informationssicherheit jedoch nur 280 Möglichkeiten aus. Das reicht völlig, um jeden Unbefugten daran zu hindern, den Code z.B. für das Tür- oder das Garagenschloß zu knacken, weil wir noch eine Zeitsperre vorsehen (s.u.).

Unser Gerät entspricht hohen Leistungs- und Sicherheitsanforderungen

Wir haben in der Hobbythek den Ehrgeiz, Ihnen nicht irgendein Spielzeug anzubieten, sondern zum Selbstbau von Geräten anzuregen, die sich wie professionelle Geräte einsetzen lassen und auch deren Anforderungen entsprechen. Unser IR-Steuersystem hat folgende Merkmale:

- Es hat eine Reichweite von ungefähr 20 Metern;
- der Sender nimmt sehr wenig Leistung auf, wodurch die Batterie eine Lebensdauer von etwa einem Jahr erreicht;
- das System ist gegen optische „Störer“ wie z.B. die Sonne, Glühlampen, sogenannte drahtlose Kopfhörer und Fernseh-Steuergeräte, die ebenfalls mit IR-Licht arbeiten, hochgradig gesichert;
- das System hat eine hohe Übertragungskapazität, wodurch es möglich wird, mehrere Empfänger unabhängig voneinander mit einem einzigen Sender anzusprechen.

Aber nun zur Technologie unserer Hobbythek-IR-Steuerung. Für wen das jetzt Folgende etwa zu kompliziert ist, der braucht auf den Bau des Gerätes

Abb. 3: Die fertig bestückte Platine des IR-Senders.

nicht zu verzichten. Der Bausatz (Bezugsquellennachweis im Anhang) ist so „narrensicher“ vorbereitet, daß Sie ihn zusammenbekommen, wenn Sie mit dem Löten keine Probleme mehr haben.

Der elektronische Schlüssel der Hobbythek (Sender IRS 1)

Den dazugehörenden Empfänger finden Sie ab *Seite 94*.

Das Infrarotsignal wird von einem Sender-IC des Typs U 327 M in Verbindung mit einem Ceramic-Resonator erzeugt, der 537.000mal in der Sekunde schwingt (537 kHz). Das Sender-IC arbeitet in P-MOS-Technologie. Zur Erhöhung der Senderenergie und der Reichweite werden *zwei* Infrarot-Dioden verwendet. Um den Bauteilaufwand zu verringern, haben wir die Steuerung dieser Infrarot-Dioden durch den bipolaren IC vom Typ U 427 B vorgenommen, in den ein Schalttransistor und eine Konstant-Stromquelle integriert sind. Zur Aussendung des Signals braucht man einen relativ hohen Pulsstrom von ca. 1,5 Ampère. Er wird von dem 1.000 Mikrofarad-Kondensator geliefert, der in den Pausen zwischen den einzelnen Pulsen über einen 22-Ohm-Widerstand nachgeladen wird. Schauen Sie sich dazu die Schaltung in *Abbildung 4* einmal an.

Um den Energiebedarf des Senders möglichst niedrig zu halten, haben wir verschiedene Tricks angewendet. Durch eine sogenannte Stand-by-Schaltung, die den größten Teil des IC U 327 M erst dann an die Versorgungsspannung legt, wenn die Taste niedergedrückt wird, werden lediglich vier Mikroampère verbraucht, wenn das Gerät nicht benutzt wird. Die kleine Leuchtdiode „LED“, die sozusagen ein Stromfresser ist, dient lediglich der Funktions- und Batteriekontrolle. Sie leuchtet also nur kurz auf, wenn Sie auf die Taste drücken.

Energiesparend ist der Sender aber auch deshalb, weil er nur jeweils die Änderung des Impulses überträgt. Anders ausgedrückt: beim Wechsel von 0 auf 1 oder umgekehrt wird jeweils nur kurz die 1 bzw. die 0 übertragen (vgl. dazu *Abbildung 2*.) Kommen zwischen den Änderungen von 0 auf 1 oder 1 auf 0 mehrere gleichwertige Bits vor, dann

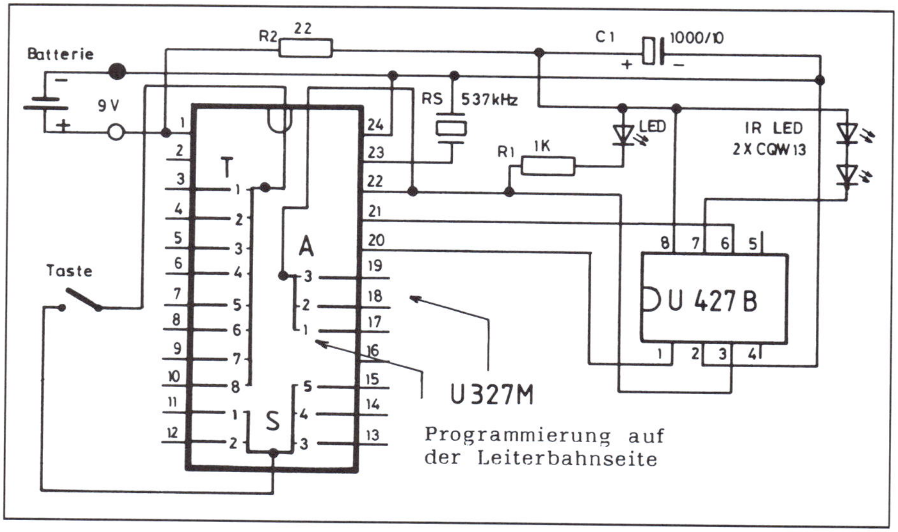

Abb. 4: Die Schaltung des elektronischen Schlüssels. Die Programmierung ist auf der Leiterbahnseite vorzunehmen.

legt der Sender einfach eine Pause ein. Und hier noch für die Fachleute: Die Darstellung der logischen 0 erfolgt mit 12 Schwingungen der Frequenz 37,31 kHz; die der logischen 1 mit 8 Schwingungen der Frequenz 34,64 kHz. Der Empfänger, über den gleich noch zu sprechen sein wird, erkennt aus der Frequenz der ankommenden Infrarotsignale, ob es sich um eine 0 oder um eine 1 handelt. Um die Störsicherheit noch weiter zu erhöhen, registriert der Empfänger außerdem die Abstände der ankommenden 0- oder 1-Impulse; und er akzeptiert ein Bit nur dann, wenn ohne Aussetzer 10 Perioden der Frequenz 37,31 kHz oder 6 Perioden der Frequenz 34,64 kHz ankommen. Es ist ziemlich unwahrscheinlich, daß irgendein Störsignal dieselben Bedingungen erfüllt. Durch diese Periodeneinteilung

Abb. 5: Codierung des Senders (links) und des Empfängers (rechts) Vgl. dazu *Abb. 4* und *6.*

wird aber zugleich auch der Zeitraum definiert, in dem der Empfänger jeweils das nächste Bit erwartet. Erscheinen in dem vorgegebenen Zeitraum keine Impulse, dann geht der Empfänger davon aus, daß es sich um eine Folge gleichwertiger Bits handelt. Der Empfänger ergänzt dann die Information (das Wort) entsprechend.
Mehr zu den Eigenschaften des Empfängers ab *Seite 94*.
Sie haben schon gemerkt, daß Sender und Empfänger eng aufeinander bezogen sind. Wie sollte auch sonst der eine den anderen „verstehen"? Genauso wie ein Schlüssel und ein Schloß einander genau entsprechen müssen, ist es auch hier mit dem Verhältnis zwischen Sender und Empfänger.
Um beide aber von anderen Sendern und Empfängern strikt zu trennen, muß der Sender – und später auch der Empfänger entsprechend – programmiert werden. Wir sagten am Anfang schon, daß unsere Schaltung dafür 280 Möglichkeiten bereithält. Dabei besteht das ausgesandte Signal aus zwei Hauptgruppen. Die eine ist der sogenannte *Befehlscode* und die andere der sogenannte *Adreßcode*. Sie werden getrennt progammiert.

Der Sender wird mit einem Geheimcode programmiert

Die Programmierung nehmen Sie auf der Platine selbst vor. Sie wird durch ganz einfache Drahtbrücken vorgenommen. Auf dem Platinenaufdruck sehen Sie, daß es eine *T*-Schiene und eine *A*-Schiene gibt (vgl. dazu *Abbildung 4*). Die Codierung des Befehlswortes geschieht durch zwei Draht-

Tabelle1

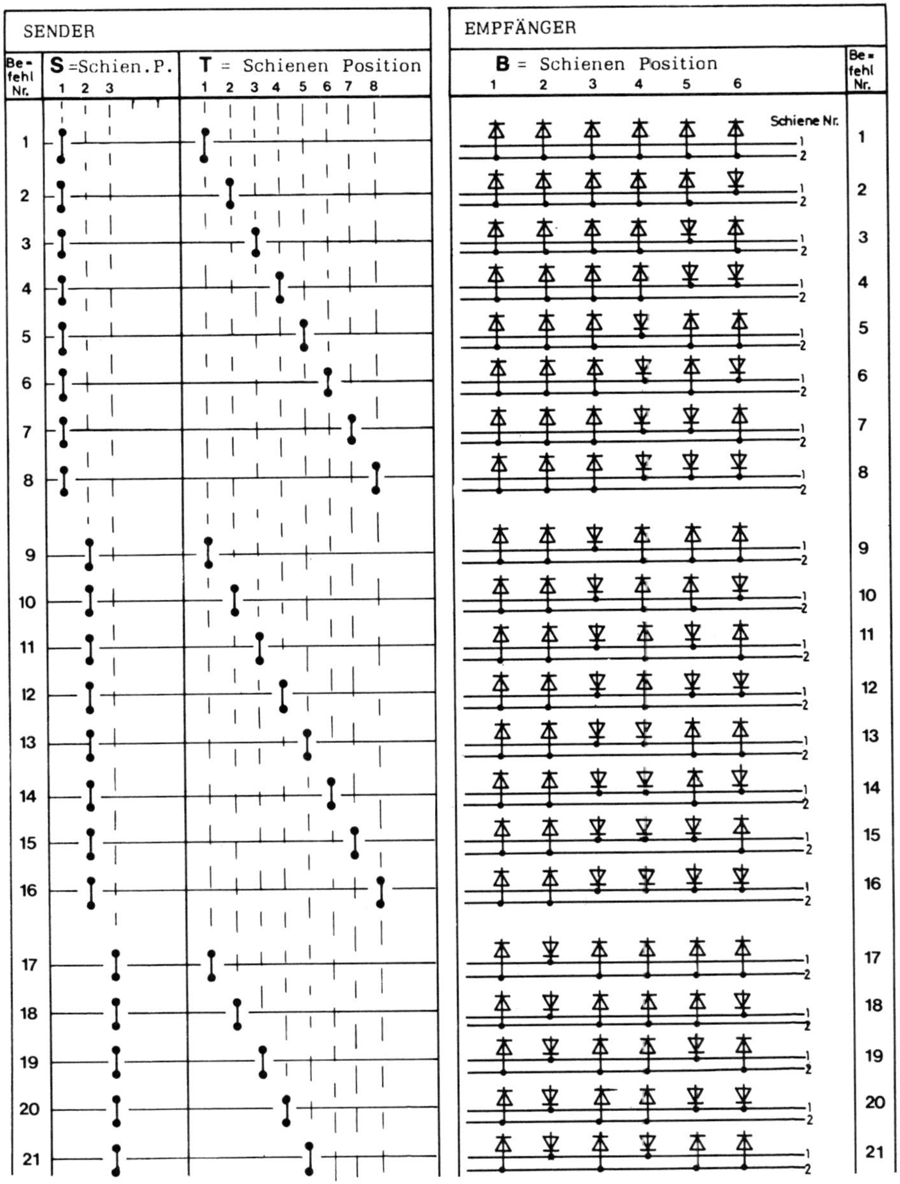

Tabelle 1 (Fortsetzung)

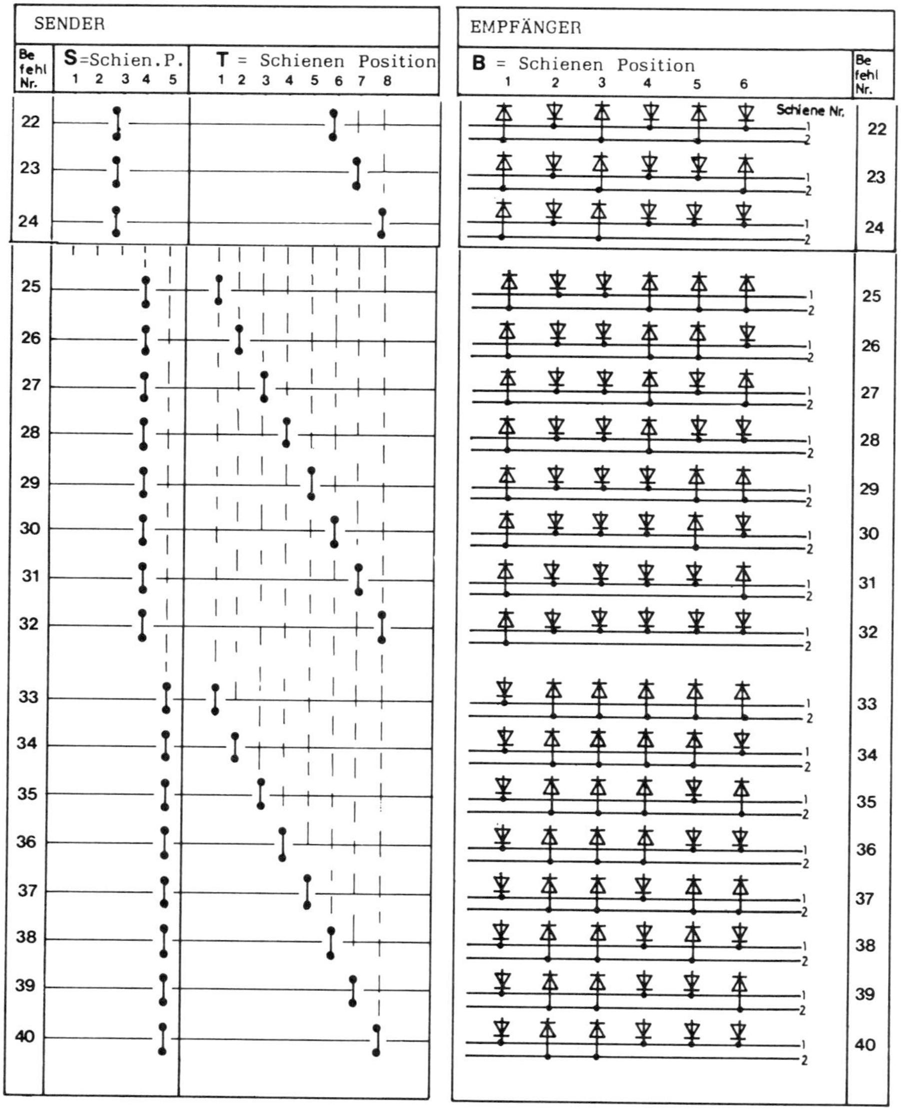

brücken, von denen eine auf der T-Schiene und die andere auf der S-Schiene eingelötet wird. Welche 40 Möglichkeiten der Codierung vorhanden sind, können Sie der Tabelle 1 in *Abbildung 6* entnehmen.

Die Erweiterung dieser ersten 40 Möglichkeiten auf die insgesamt 280 Möglichkeiten des Senders erfolgt durch das Adreßwort. Hierzu werden ein bis drei Brücken eingelötet. Welche es im einzelnen sein können, entnehmen Sie der Tabelle 2 in *Abbildung 7*.

Die beiden erwähnten Tabellen sind so zu verstehen, daß je nach ausgewähltem Adreßwort (1 bis 7) zwischen 40 verschiedenen Befehlswörtern ausgewählt werden kann. Mit anderen Worten: Zwei Sender mit dem gleichen Befehlswort, aber unterschiedlichem Adreßwort lösen nur bei den jeweiligen Empfängern eine Steuerfunktion aus. So kann z.B. ein Empfänger für das Garagentor und ein anderer für die Haustür programmiert sein. Verhindert wird durch diese Programmierung, daß bei dem Signal für die Haustür zugleich auch das Garagentor aufgeht oder um-

Abb. 6: Die Programmierungstabelle für den geheimen *Befehls*code. Senderprogrammierung und Empfängerdecodierung sind nebeneinandergestellt.

Tabelle 2

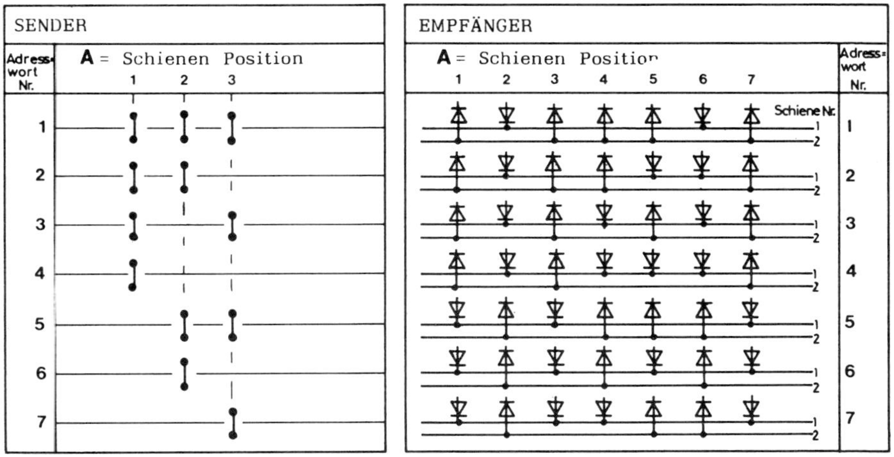

Abb. 7: Die Tabelle für die Programmierung des geheimen *Adreß*code.

gekehrt. Die schon erwähnten 280 Programmiermöglichkeiten ergeben sich, wenn man die 7 Adreßwörter mit den 40 Befehlswörtern multipliziert.
In der *Abbildung 6* sind nicht nur die 40 Möglichkeiten des Befehlscodes am Sender aufgeführt, sondern auch die dazugehörende Decodierung beim Empfänger. Beide müssen ja – wie gesagt – aufeinander abgestimmt werden – natürlich auch hinsichtlich des Adreßwortes (*Abb. 7*).
Einen Funktionstest Ihres Senders können Sie nur vornehmen, wenn Sie auch den Empfänger zusammengebaut und entsprechend programmiert haben. Immerhin müßte aber beim Sender mit eingebauter Batterie beim Drücken der Taste die rote Leuchtdiode aufleuchten.

Eingießen des Senders
Da man den Sender immer bei sich haben muß, wenn man damit z.B. die Haustür oder das Garagentor öffnen will, muß er nicht nur klein, sondern auch besonders solide verpackt sein. Es gibt dafür zwar passende Gehäuse, aus denen nur der Taster und die beiden Infrarotdioden herausragen. Man kann aber den Sender auch in Kunststoff eingießen. Die bestückte Platine hat als technisches Produkt durchaus ihren Reiz. Wer es möchte, kann sich dann den Sender sogar an einer Kette um den Hals hängen.
Vom Sender gibt es zwei Ausführungen: eine Miniaturausgabe IRS 1, die in jede Hosentasche paßt (vgl. ab *Seite 89*), und die Normalausgabe IRS 2, die technisch im Prinzip gleich ist, aber durch einen handelsüblichen Energieblock von 9 Volt betrieben wird. Für die Miniaturausgabe hingegen brauchen Sie zwei Batterien mit 5,6 Volt, wie sie z.B. in der Fotografie verwendet werden. Sie sind nicht ganz billig und kosten zwischen 10 und 20 Mark. Allerdings halten sie auch bis zu drei Jahren.
Wenn Sie den Sender wie auf *Abbildung 8* eingießen wollen, dann gehen Sie folgendermaßen vor:
Benutzen Sie auf jeden Fall eine Kunstharz-*Kalt*glasur. Heiße Massen würden den Bauelementen schaden. Sie erhalten diese kalten Massen in allen einschlägigen Fachgeschäften.
Die Verarbeitung ist sehr einfach. Haben Sie sich von der Funktionsfähigkeit des Senders überzeugt, dann kleben Sie aus Plastik (z.B. einer Aktenhülle) ein passendes Kästchen als Gießform. Mischen Sie dann nach Gebrauchsanweisung die beiden Komponenten des Kunststoffes sehr gut durch, und gießen Sie anschließend die Platine samt Batterien mit der Masse ein. Sie läuft in alle Ritzen und schützt sie zugleich vor Erschütterungen. Aufpassen müssen Sie nur, daß Sie den Taster nicht festgießen. Er hat im Bausatz eine Ausführung, die das Eingießen erlaubt. Allerdings darf man die Masse nicht über den Druckknopf gießen.
Bevor wir Ihnen noch ein paar Varianten unseres Senders vorstellen, mit denen sich Steckdosen mit 220 Volt schalten lassen, Spielzeug fernbedienen läßt usw., wollen wir uns mit dem Empfänger beschäftigen.

Abb. 8: Der in Kunstharz-Kaltglasur eingegossene Sender IRS 1, den Sie sich an einer Kette um den Hals hängen können.

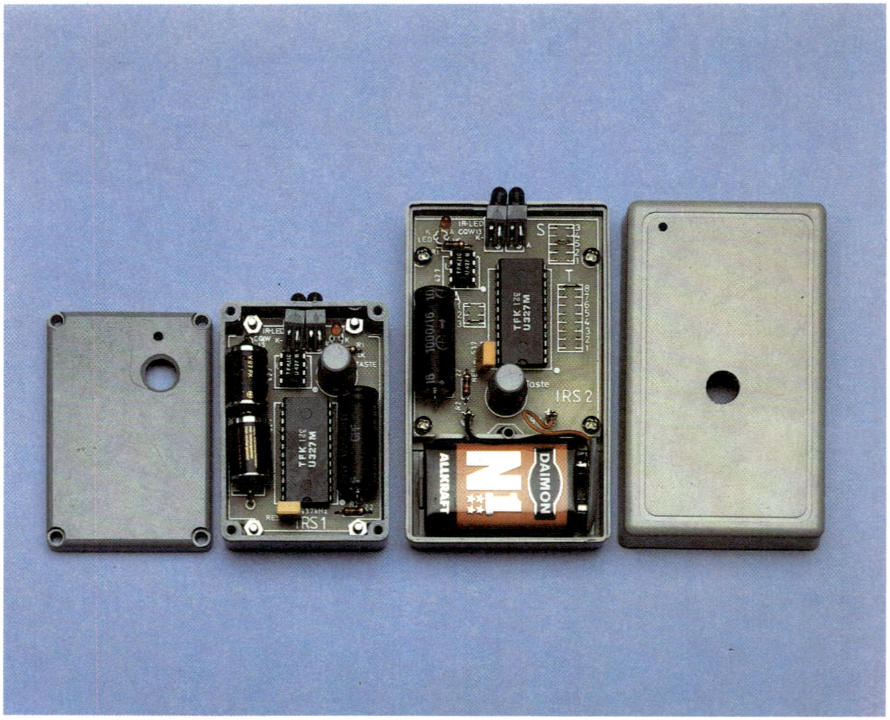

Abb. 9: Der zusammengelötete Sender unseres elektronischen Türschlüssels IRS 2 in der Ausführung, die mit einem handelsüblichen Energieblock von 9 Volt betrieben wird, im geöffneten Gehäuse (links daneben die Mini-Ausführung IRS 1).

Der Empfänger des elektronischen Schlüssels (AWT 1)

In Verbindung mit dem ab *Seite 89* vorgestellten Sender ist die folgende Empfängerschaltung das ideale Gerät zum Fernbedienen von herkömmlichen elektromagnetischen Türöffnern, automatischen Garagentoren usw. – kurz: zur Steuerung von allen Einrichtungen, an denen ein Stromstoßrelais betätigt werden soll. Auf der Platine des Empfängers befindet sich deshalb auch ein sogenanntes Reed-Relais, mit dem man problemlos alle diese Funktionen steuern kann.

Eine Sicherung gegen unbefugten Gebrauch besteht darin, daß in den Empfänger eine *Zeitsperre* eingebaut ist: Wenn er einen falschen Code empfängt, dann ist der Empfänger für 30 bis 60 Sekunden für jedes weitere Signal blockiert. Wenn sich also jemand daran machen sollte, von den 280 Möglichkeiten durch einfaches Herumprobieren die richtige zu finden, dann würde das wesentlich länger dauern als das Knacken eines herkömmlichen Sicherheitsschlosses.

Wir haben oben schon beschrieben, welche Sicherungen in unsere Schaltung eingebaut sind, damit der Empfänger nicht auf falsche Signale reagiert.

Weiterhin wird jede gesendete Information (die der Fachmann *Wort* nennt) durch das *13. Bit* beendet, das auch *Kontrollbit* genannt wird. Es ist das

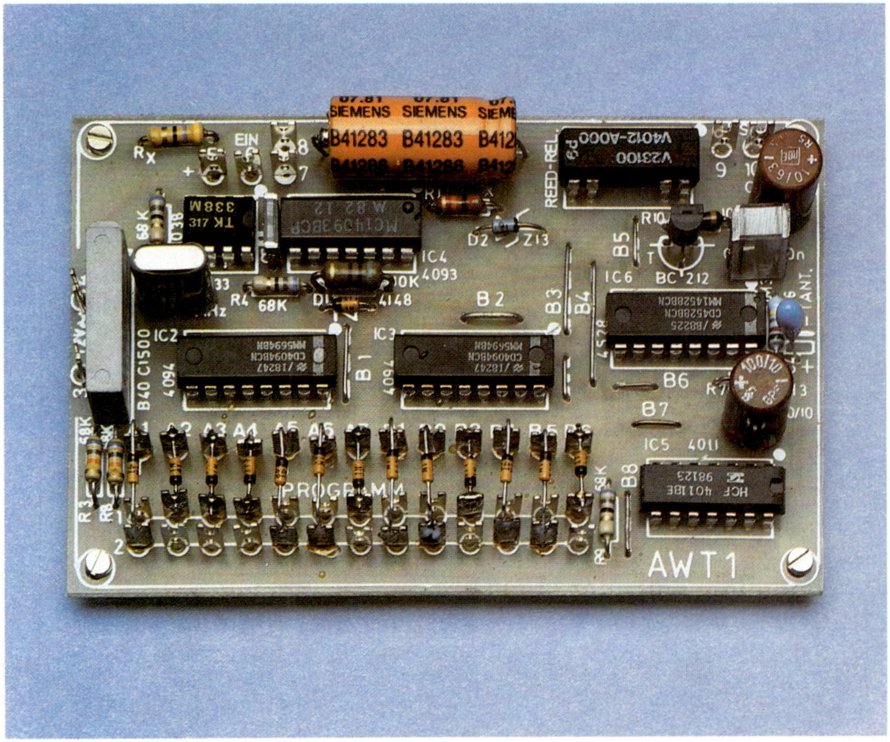

Abb. 10: Die fertig bestückte Platine der Empfängerschaltung für den elektronischen Türschlüssel.

„Gegenstück“ zum letzten übertragenen Bit, also z.B. 0, wenn das 12. Bit 1 war. Dadurch ist gewährleistet, daß am Wortende vom Sender immer ein Bit ausgestrahlt wird. (Wir erinnern uns: nur beim Regelwechsel wird gesendet). Bevor jedoch der Empfänger dieses ankommende Signal auch als Befehl akzeptiert, muß dieses Signal noch weitere Prüfkriterien erfüllen, wie z.B. die Position der einzelnen Bits innerhalb des gesamten Wortrasters. Außerdem muß zwischen den einzelnen Worten eine Mindestpause erfüllt sein, in der nicht gesendet wird.

Die Schaltung des Empfängers

Als Elektronik-Laie können Sie diesen Abschnitt überspringen.

Abgestimmt auf die Sendediode des Senders hat der Empfänger eine Empfangsdiode (Typ BPW 41). Auch sie ist mit einem speziellen Infrarotfilter ausgerüstet.

Je nachdem, wie weit Sie mit Ihrem Fernbedienungsgerät vom Empfänger entfernt sind, kommt das Infrarotsignal des Senders mehr oder weniger schwach an. Es muß deshalb unmittelbar nach der Zurückverwandlung (vom Infrarotsignal in ein elektrisches Signal durch die Empfangsdiode) *verstärkt* werden. Dies übernimmt der integrierte Baustein U 250 B. Er unterscheidet zugleich auch Signale falscher Frequenz von den Signalen mit der richtigen Frequenz.

Vom Vorverstärker, dessen Aufbau Sie aus dem Schaltbild ersehen können, werden diese Signale nun auf den Empfangsbaustein U 338 M weitergegeben, der an seinem Ausgang (Pin 6) ein komplettes 13-Bit-Informationswort weitergibt.

In der nächsten Stufe wird nun – genauso wie beim Sender – eine Teilung in *Befehlswort* und *Adreßwort* vorgenommen. Denn wenn der Empfänger das zweigeteilte Signal des Senders verstehen soll, dann muß er über entsprechende Einrichtungen verfügen, die diese Nachricht gleichartig entschlüsseln können.

Die aufbereitete Information aus dem Empfangsbaustein U 338 M wird also durch die beiden Schieberegister 4094 in ein 13-Bit paralleles Wort umgewandelt. Mit Hilfe einer speziellen *Diodenmatrix* erfolgt hier die Decodierung des Signals, das im Sender codiert wurde.

Die Ausgänge B 1 bis B 6 (vgl. dazu die Schaltung in *Abbildung 11*) dienen zur Decodierung des Befehlswortes (vgl. dazu noch einmal *Tabelle 1*). Die Ausgänge A 1 bis A 7 hingegen decodieren das Adreßwort (vgl. dazu noch einmal *Tabelle 2*).

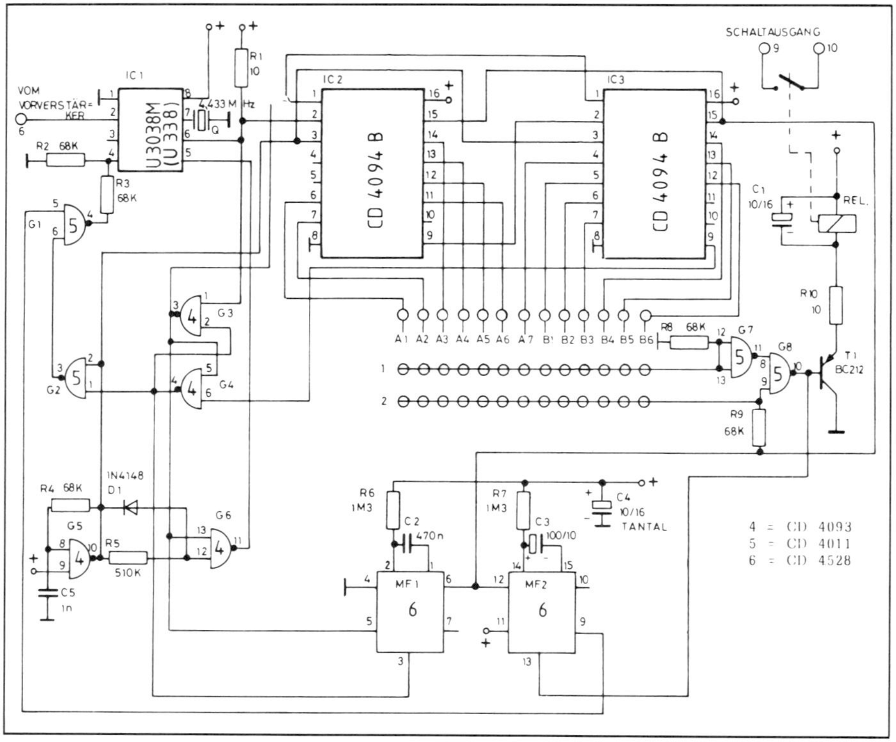

Abb. 11: Die Schaltung des Empfängers (Hauptplatine).

Wenn der Empfänger das richtige Informationswort empfangen hat, dann schaltet der Transistor T1 durch, und das Relais des Empfängers zieht an, das heißt, es wirkt wie ein eingeschalteter Schalter. Ist hingegen ein falsches Informationswort empfangen worden, wird der Empfangsbaustein U 338 M über ein Monoflop abgeschaltet. Dieses Monoflop läßt erst nach 30 bis 60 Sekunden zu, daß der Empfänger eine neue Information aufnehmen kann.
Sollten Sie die Fernsteuerungsanlage besitzen, mit der man auch Steckdosen mit 220 Volt schalten kann (vgl. dazu ab *Seite 102*), dann sollten Sie bei Codierung und Decodierung das Adreßwort Nr. 7 nicht verwenden. Diese Adresse ist nämlich für das genannte andere Fernsteuerungsgerät reserviert. Sie würden sonst Gefahr laufen, daß die beiden Geräte durcheinanderkommen. Schließlich sollten Sie auf die Adresse 1 dann verzichten, wenn Sie die Spielzeugfernbedienung benutzen, die wir Ihnen ab *Seite 104* vorstellen. Verzichten Sie auch dann auf diese Adresse, wenn Sie einen Fernsehempfänger der Firma Telefunken besitzen. Auch hier könnte es sonst zu einer Verwirrung der Signale kommen.

Hier noch einmal die Funktionsweise für elektronische Laien

Das vom Fernbedienungsgerät (Sender) ausgestrahlte Infrarotsignal wird auf dem Weg zum Empfänger schwächer. Es muß also im Empfänger erst noch einmal verstärkt werden. Dazu dient die spezielle Vorverstärker-Platine, die dem Bausatz beigegeben ist und auf die Empfänger-Platine aufgeschraubt wird. Der Verstärker sortiert zugleich die falschen Signale von den richtigen; er dient also zur Sicherung des Gerätes gegen Mißbrauch.
In dem Empfängerbaustein U 338 M wird aus dem codierten Signal des Vorverstärkers ein 13-Bit-Wort gewonnen, das anschließend decodiert wird. Das Decodieren nehmen Sie analog zur Codierung des Senders mit der Diodenmatrix selbst vor; auch hier wieder wird das Befehlswort und Adreßwort getrennt decodiert (vgl. dazu noch einmal die *Tabellen 1* und *2*). Schließlich gelangt das entschlüsselte Signal an ein Relais, das wie ein Schalter wirkt. Mit ihm können Sie nun einen elektrischen Türöffner, ein automatisches Garagentor und anderes schalten.

Der Einbau des Empfängers in das Gehäuse

Sind die Platine für den Vorverstärker und die Platine für den eigentlichen Empfänger nach Bauplan fertig bestückt, dann kann der gesamte Empfängerteil zusammengebaut werden. Im Bausatz finden Sie nun drei Platinen. Sie werden folgendermaßen zusammengebaut:

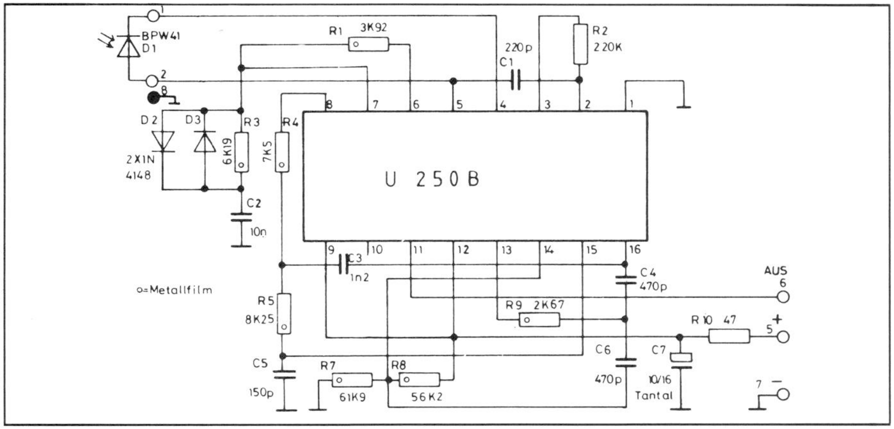

Abb. 12: Die Schaltung des Vorverstärkers.

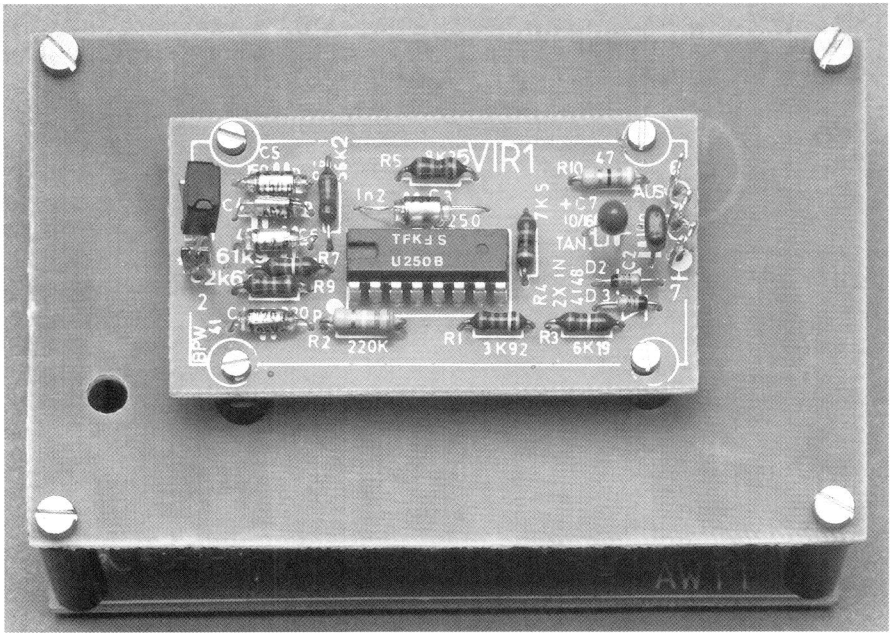

Abb. 13: So werden Vorverstärker, Abschirmplatine und Hauptplatine vor dem Einbau ins Gehäuse zusammengeschraubt: Unter der Abschirmplatine befindet sich verdeckt die Hauptplatine (siehe Abb. *11*), hier noch ohne Verbindung mit dem Verstärker.

Die Platine mit dem *Vorverstärker* wird an den dafür vorgesehenen Platz auf die *Abschirmplatine* geschraubt. Benutzen Sie dafür die 5-mm-Abstandshülsen, damit sich auf der Vorverstärkerplatine nichts zerdrückt. Die Abschirmplatine schirmt den Vorverstärkerteil von der Hauptplatine mit dem eigentlichen Empfängerteil ab.

Stellen Sie anschließend mit möglichst kurzen, isolierten Drähten die Verbindung zwischen dem Vorverstärker und der *Grundplatine* her. Diese Verbindung läßt sich recht leicht herstellen, da die Bezeichnung der drei Anschlußstellen 5, 6 und 7 auf den beiden Platinen gleich ist.

Nun wird alles in das bereits vorgebohrte Gehäuse eingebaut. Schauen Sie sich dazu die *Abbildung 13* genau an. Darauf können Sie sehen, wie die Platinen mit Hilfe von Distanzbolzen so miteinander verbunden werden, daß keine Kurzschlüsse zwischen den Bauteilen und den Leiterbahnen entstehen können.

Die Empfangsdiode BPW 41 können Sie direkt an den Vorverstärker anlöten und durch ein kleines Loch im Gehäuse herausführen. Soll diese Empfangsdiode irgendwo in der Nähe der Tür außen am Haus montiert werden, der eigentliche Empfängerkasten aber im Hausinneren, dann können Sie zwischen Vorverstärker und Empfangsdiode ein Kabel löten. Allerdings muß es zweifach mit Kupfergeflecht abgeschirmt sein, und es darf nicht länger als 3 Meter sein. Diese Abschirmung wird gemeinsam mit der Abschirmplatine an Masse gelegt (Anschluß 8).

Natürlich kann man auch eine zweite Empfangsdiode anbauen; sie muß al-

lerdings zur ersten parallel geschaltet werden. Eine zweite Empfangsdiode ist z.B. dann nützlich, wenn man eine Tür sowohl von innen als auch von außen fernbedienen will.
Der Vorverstärker ist gegenüber elektrischer und magnetischer Störstrahlung empfindlich. Er muß also dagegen abgeschirmt werden. Das erreicht man einmal dadurch, daß die Abschirmplatine an Masse gelegt wird (Pin 7). Wenn das noch nicht genügt, können Sie den Gehäusedeckel von innen mit Alufolie auskleben, die Sie wiederum mit der Masse (Pin 7) verbinden. Denselben Effekt erreichen Sie natürlich auch dann, wenn Sie statt des Plastikgehäuses ein Metallgehäuse verwenden. Allerdings müssen Sie auch dieses Gehäuse mit Pin 7 verbinden.

Wir nehmen den Empfänger in Betrieb

Die Stromversorgung des Empfängers ist problemlos. Auf der Platine ist bereits ein Gleichrichter installiert, so daß für den Empfänger ein externer Netztransformator genügt. Bei einer elektrisch zu öffnenden Haustür ist in der Regel ein Klingeltransformator vorhanden, den Sie hierfür gleich benutzen können.
Für den Betrieb des Empfängers können Sie sowohl Wechsel- wie auch Gleichspannung verwenden. Bei Gleichspannung brauchen Sie nicht einmal auf die richtige Polung zu achten, da der eingebaute Gleichrichter sich die richtige Polung selbständig aussucht. Allerdings sollten Sie bei Gleichspannungsbetrieb 14 bis 15 Volt verwenden, damit die Anlage auch wirklich funktioniert.

Abb. 14: So können Sie den Empfänger an Ihrer Tür einbauen.

Beim Wechselstrom können Sie unterschiedliche Spannungen von 8 bis 14 Volt verwenden. Allerdings müssen Sie dann den Widerstand R_x unterschiedlich dimensionieren. Hier die Tabelle mit den jeweiligen Werten von R_x:

U (Spannung)	R_x (Widerstand jeweils ½ W)
8 Volt	10 Ohm
10 Volt	10 Ohm
12 Volt	47 Ohm
14 Volt	47 Ohm

Zum Testen verbinden Sie Ihren noch nicht eingebauten Empfänger mit der Stromquelle. Nach einer Wartezeit von 30 bis 60 Sekunden richten Sie Ihren Sender auf den Empfänger und drükken auf die Taste. Sie müßten jetzt ein leises *Klick* hören. Das ist das Anzugsgeräusch des Reed-Relais. Natürlich können Sie das Funktionieren auch mit einem Ohm-Meter messen. Ist der Kontakt geschlossen – hat also der Klick, vielleicht unhörbar, stattgefunden –, zeigt das Ohm-Meter 0 Ohm an. Wenn das nicht der Fall ist, dann müssen Sie das Gerät von der Leitung wieder abklemmen, alles noch einmal auf Fehler untersuchen, usw.

Einbau der Fernsteuerung als Türöffner für Haus und Garage

Eine Möglichkeit des Einbaus zeigen wir Ihnen hier in der Version, bei der das Gerät als elektronischer Türöffner benutzt wird. Wir gehen davon aus, daß zur Spannungsversorgung ein vorhandener Klingeltrafo benutzt wird. Auf *Abbildung 17* können Sie sehen, daß man parallel zum Klingelknopf schalten kann, zwischen dessen Anschlüssen ja Spannung liegt. Sie können jedoch auch an den Trafo selbst herangehen, sofern er zugänglich ist und nicht irgendwo versteckt liegt. Wenn Sie an die Spannung der Klingel nicht herankommen, können Sie auch ein Steckernetzteil verwenden, dessen Bezugsquelle wir Ihnen im Anhang nennen.
Wir gehen weiter davon aus, daß die Tür bereits einen elektromagnetischen

Türöffner besitzt, den man normalerweise per Knopfdruck aus der Wohnung bedient, wenn unten jemand klingelt. Sollte Ihre Wohnung oder Ihr Haus diesen elektromagnetischen Türöffner nicht besitzen, dann können Sie ihn sich sicher ohne Schwierigkeiten einbauen lassen.

Sie müssen nun die Ausgänge des Reed-Relais an Ihrem Empfänger parallel zu dem Türöffner-Taster schalten, mit dem die Tür normalerweise über Draht geöffnet wird. Sollten dabei Eingriffe in eine vorhandene Hausinstallation notwendig sein, dann muß diese Schaltung der zuständige Elektriker vornehmen.

Befestigen Sie das Gehäuse mit dem Empfänger irgendwo in der Nähe der Tür, wo es nicht stört. Die Diode muß allerdings außen an der Tür angebracht werden, und wenn Sie es wollen, eine zweite Diode innen. Das sollte an einer geschützten Stelle geschehen, damit die Diode nicht beschädigt oder gar abgerissen werden kann. Das zweiadrige Anschlußkabel führen Sie durch ein dünnes Loch nach innen. Damit in dieses Loch keine Feuchtigkeit eintritt, dichten Sie es mit Silikonmasse ab. Sie hält zugleich die Diode fest.

Der Einbau für ein elektrisch betätigtes Garagentor ist im Prinzip ganz ähnlich. Hier wird ein Relais parallel zu dem Schalter geschaltet, mit dem man normalerweise das Tor öffnet. Der Stromkreis dieses Relais wird dann vom Reed-Relais des Empfängers geschlossen.

Für die Bedienung des Garagentores sollten Sie wissen, daß der Sender natürlich auch noch dann funktioniert, wenn Sie das Signal durch die Wind-

Abb. 15: Die versteckt angebrachte Diode außen am Türrahmen.

Abb. 16: So bequem läßt sich das Garagentor vom Fahrersitz aus betätigen.

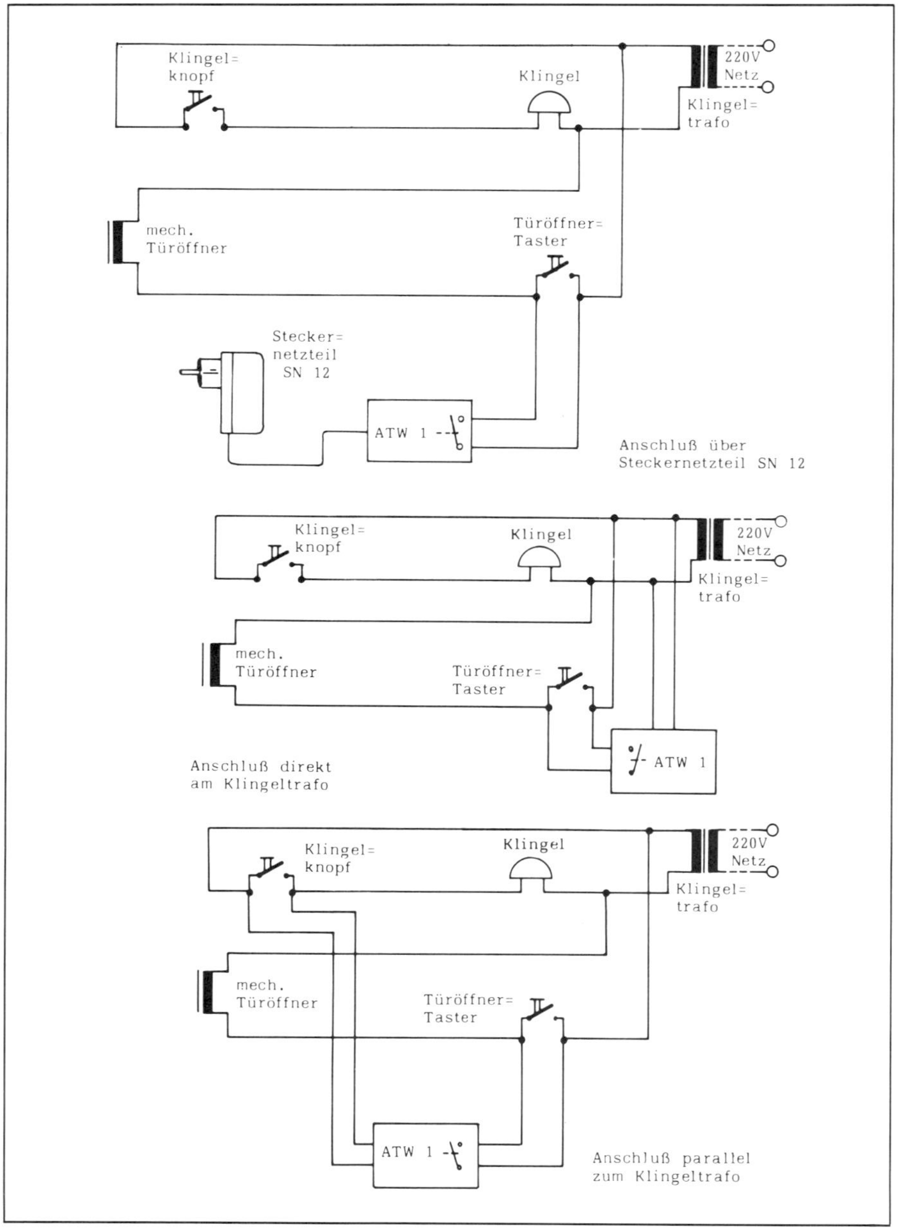

schutzscheibe geben. Sie können also bei Regenwetter bequem und trocken in Ihrem Auto sitzenbleiben, kurz auf die Taste des Senders drücken, und das Garagentor öffnet sich wie von Geisterhand.

Fernbedienung von 220-Volt-Steckdosen (4-Kanalsteuerung IRS 4)

Im Prinzip funktioniert diese Anlage genauso wie diejenige, die wir eben beschrieben haben. Durch eine raffinierte Kombination mit schaltbaren Steckdosen erreichen Sie hier aber, daß Sie mit der Fernbedienung Geräte, Lampen usw. schalten können, die 220 Volt führen. Denn diese 220 Volt sind beim Selberbauen immer schwierig. Ein Stromschlag aus dem Leitungsnetz kann lebensgefährlich sein, und deshalb gibt es zu Recht Gesetze, die verbieten, daß man in handelsüblichen Bausätzen an 220 Volt direkt herankommt.
Wir vermeiden das, indem wir mit dem Sender der Fernbedienung und einem Empfänger über ein Relais eine Steck-

Abb. 17: Drei verschiedene Arten des Anschlusses an eine Spannungsversorgung.

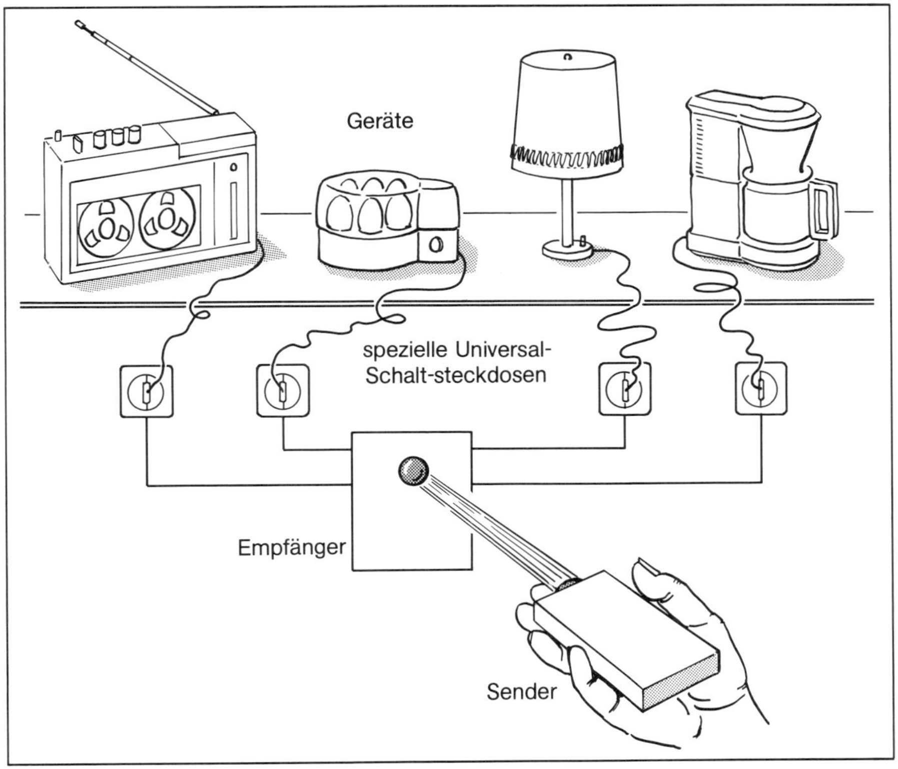

Abb. 18: Das fertige Gerät mit vier Schaltsteckdosen für vier Geräte.

dose schalten, bei der Sie an alle Teile, die 220 Volt führen, nicht herankommen. Der Vorteil dieses Systems ist, daß Sie jedes Gerät oder jede Lampe, die Sie mit dieser Steckdose verbinden, fernbedient ein- und ausschalten können. Selbstverständlich muß der normale Schalter des jeweiligen Gerätes dann immer auf ***EIN*** stehen.
Es gibt viele Vorteile, elektrische Geräte fernbedient zu schalten. Denken Sie nur daran, daß man im Dunkeln oft lange nach einem Schalter sucht. Bei unserem Infrarot-Fernbedienungssystem genügt es, wenn Sie das Signal ungefähr in Richtung der Empfängerdiode betätigen, damit Ihnen im wahrsten Sinne des Wortes ein Licht aufgeht. Man kann damit aber auch vom Bett aus z.B. ein Radio ein- und ausschalten, sogar die vorbereitete Kaffeemaschine und vieles andere mehr. Sie werden sicher selbst noch weitere Möglichkeiten herausfinden.
Die Infrarot-Fernsteuerung, die wir Ihnen jetzt vorstellen wollen, kann vier Geräte fernschalten, die bis 1.000 Watt verbrauchen. Abgesehen von Herdplatten und stärkeren Heizlüftern liegen alle normalen Elektrogeräte unter diesen 1.000 Watt.

Die Besonderheit der 4-Kanalfernsteuerung IRS 4

Der Unterschied zu dem Infrarot-Sender, den wir ab *Seite 89* in aller Ausführlichkeit beschrieben haben, besteht hier darin, daß dieses Gerät *vier* Tasten hat. Entsprechend können vier unterschiedliche Informationsworte gesendet werden, die vier verschiedene Schaltsteckdosen steuern. Diese vier Informationsworte unterscheiden sich nur durch eine unterschiedliche Bit-Konfiguration.
Die Codierung des Senders geht grundsätzlich genauso wie beim Sender für den ferngesteuerten Türöffner. Auf dem Schaltplan in *Abbildung 20* können Sie sehen, daß vom Baustein U 327 M die Verbindungen zu den vier Tastern entsprechend gelegt werden müssen.
Wenn Sie den Sender testen, muß die rote Leuchtdiode beim Drücken jeder einzelnen Taste aufleuchten. Ist dies der Fall, dann können Sie den eigentlichen Funktionstest in Verbindung mit dem Empfänger FBS 4 vornehmen. Dieser Empfänger weist gegenüber dem Empfänger für den elektrischen Türöffner allerdings einige Änderungen auf.

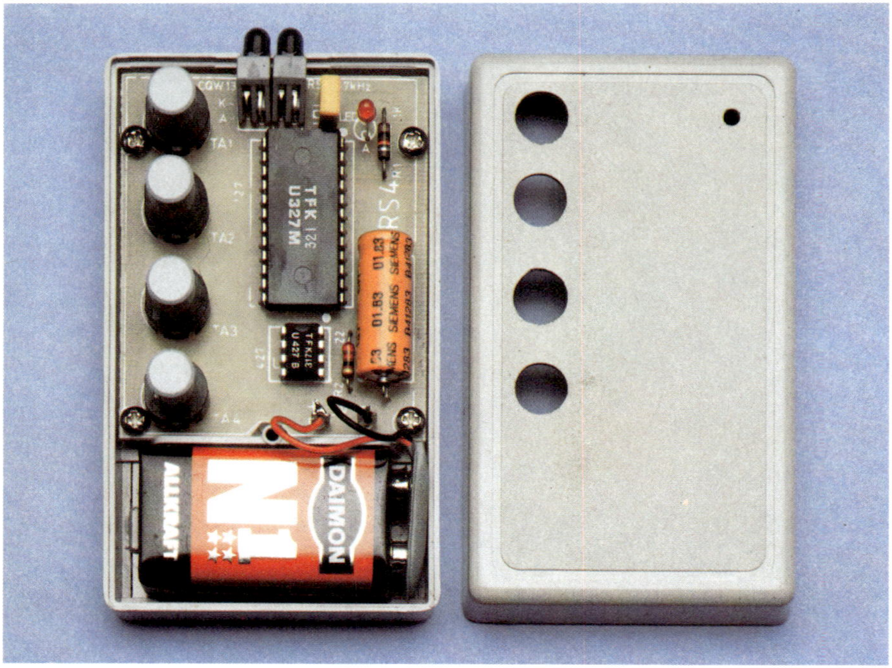

Abb. 19: Die bestückte Platine des Senders der Fernsteuerung für vier verschiedene Kanäle.

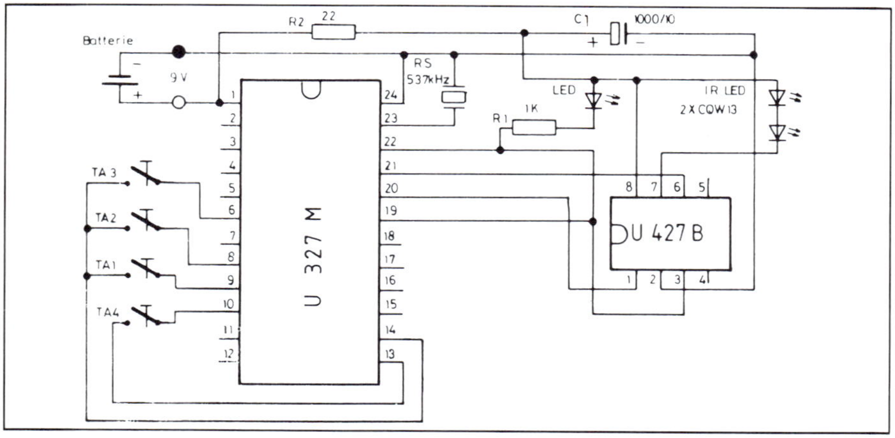

Abb. 20: Die Schaltung des Gerätes.

Der Empfänger für die Steckdosenfernbedienung (FSB 4)

Der Empfang des Infrarot-Signals und seine Verarbeitung ist zunächst genauso wie beim Empfänger für den Türöffner (vgl. ab *Seite 94*).

Für diejenigen unter Ihnen, die in der Elektronik etwas bewandert sind, wollen wir hier wieder erklären, wie der Empfänger im einzelnen funktioniert. Wem das etwas zu kompliziert ist, kann diesen Abschnitt überspringen.

Die vom Vorverstärker verstärkten und selektierten Signale gelangen diesmal auf einen Decodierbaustein U 343 M. Handelt es sich bei dem Signal um einen richtig codierten Befehl, dann schaltet der entsprechende Ausgang dieses Bausteins U 343 M nach „Low“, wodurch das nachfolgende Flip-Flop getriggert wird und seinen Zustand am Ausgang ändert. Nach erneutem Tastendruck kehrt das Flip-Flop in seine Ausgangslage zurück. Es ist hier also eine Hin- und Herschaltung möglich. Die Schalttransistoren an den Ausgängen der vier Flip-Flops – entsprechend den vier Tastern – schalten die Relais, die sich in den Steckdosenschaltern befinden. Diese Steckdosen wiederum schalten die entsprechenden Geräte oder Lampen.

Der Zusammenbau des Gerätes

Bei diesem Gerät wird der Vorverstärker direkt auf die Grundplatine geschraubt; dabei die 5-mm-Abstandshülsen nicht vergessen. Herzustellen sind wieder drei Kabelverbindungen

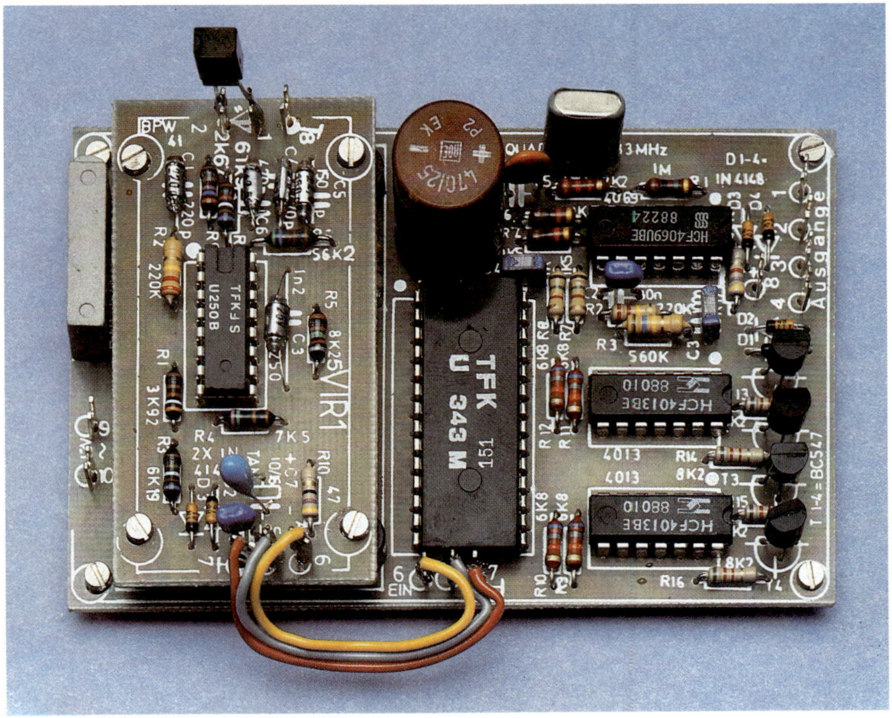

Abb. 21: Dies ist die fertig bestückte Hauptplatine des Empfängers für den Steckdosenschalter mit aufgesetztem Vorverstärker (identisch mit den Vorverstärkern unserer anderen Fernbedienungsempfänger);

zwischen den Positionen 5, 6 und 7. Dafür möglichst kurze isolierte Drähte verwenden. (Wie man den Vorverstärker baut, vgl. ab *Seite 97*).
Anschließend werden die beiden Platinen in das bereits gebohrte Gehäuse eingeschraubt. Setzen Sie nun die vier Ausgangsbuchsen für die vier Steckdosenschaltgeräte ein. Die Verbindung zwischen diesen Buchsen und der Grundplatine wird auf folgende Weise hergestellt: Jeweils ein Pol der vier Ausgangsbuchsen wird an einen Lötpin in der Reihe der Ausgänge (bezeichnet mit 1 bis 4) angeschlossen. Die vier anderen Pole der Buchsen werden miteinander verbunden und gemeinsam an den Pin 8 angelötet.
Die Eingangsbuchse für die Betriebsspannung wird an die Pins 9 und 10 gelötet. Die Polarität der Buchsen ist dabei nicht von Bedeutung.
Die Steckdosenschaltgeräte versehen Sie mit zweiadrigen Verbindungsleitungen von einer Länge, die ausreicht, daß Sie sie bis an den Empfänger heranführen können. Dem Bausatz liegen vier 2,5-mm-Klinkenstecker bei, mit denen Sie die zweiadrigen Verbindungsleitungen der Steckdosen versehen. Sie können nun die Steckdosen mit dem Empfängerteil verbinden.
Die Infrarot-Empfänger-Diode BPW 41 können Sie entweder in das Gehäuse des Empfängers direkt stecken oder aber über ein zweiadriges, abgeschirmtes Kabel mit dem Vorverstärker verbinden. Hier allerdings müssen Sie auf die richtige Polung achten. Es empfiehlt sich, diese Empfängerdiode zentral irgendwo dort anzubringen, wo sie gewissermaßen in Sichtweite des Senders ist, mit dem Sie die vier verschiedenen Funktionen schalten wollen. Maximale Länge für ein Verbindungskabel zwischen Empfängerdiode und Empfänger ist auch hier wieder 3 Meter.
Es ist auch möglich, der Empfängerdiode eine zweite hinzuzufügen, die z.B. in einem anderen Raum, im Garten oder sonstwo angebracht ist. Sie muß mit der ersten Diode parallel geschaltet werden.
Und schließlich noch ein Wort zur Abschirmung des Vorverstärkers: Sie wird hier dadurch erreicht, daß die Grundplatine unter dem Vorverstärker mit einer großen Kupferfläche versehen ist. Sie wird mit Masse (Pin 7) verbunden. Wenn sich dann immer noch Störstrahlungen bemerkbar machen, können Sie den Gehäusedeckel wieder von innen mit Alufolie bekleben.
In feuchten Räumen oder im Freien darf der Empfänger übrigens nicht installiert werden. Das ist aber auch nicht nötig, weil man ja die Empfängerdiode über ein Kabel nach außen oder in feuchte Räume verlegen kann.

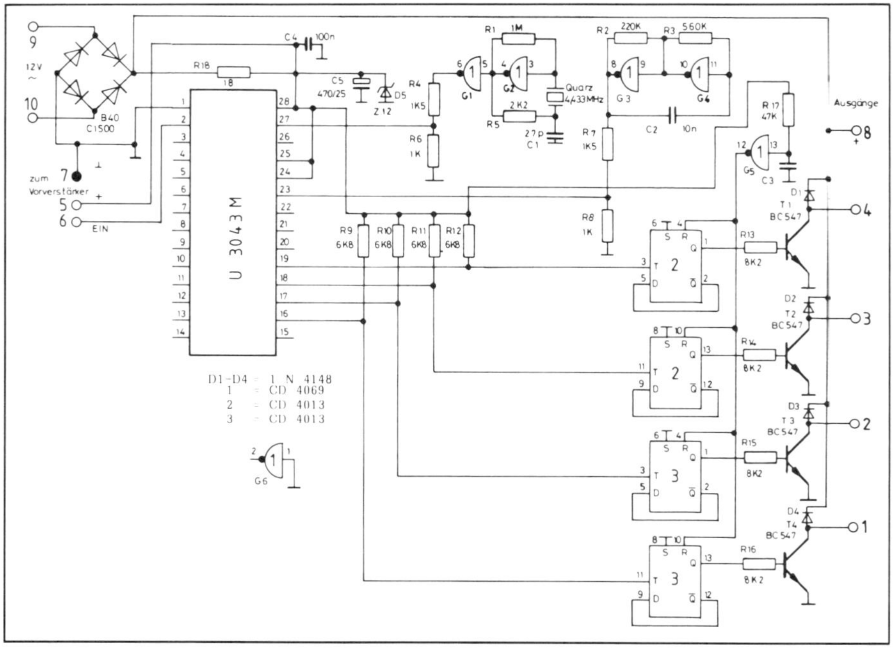

Abb. 22: Die Schaltung der Hauptplatine des Empfängers FBS 4.

Mit Strom versorgen Sie dieses Gerät am besten über ein Steckernetzteil (vgl. Bezugsnachweis im Anhang).
Und noch ein Hinweis:
Wenn Sie nur eine Steckdose steuern wollen, dann können Sie auch den Sender benutzen, den wir am Anfang für den elektrischen Türöffner vorgestellt haben.

Infrarot-Fernbedienung von Spielzeugen

Die Fernbedienung von Spielzeugen ist gewissermaßen die klassische Anwendung dieser IR-Technik. Die Erfinder, aber auch die Benutzer von Spielzeugautos, Kränen und anderen Maschinen hat es immer schon gereizt, diese Dinge wie die wirklichen großen Vorbilder zu bewegen, ohne sie mit der Hand zu berühren. Rasch weiterentwickelt hat sich diese Technik, als man begann, mit Funk fernzusteuern. Das ist allerdings eine recht aufwendige und daher teure Technik. Deshalb ist man bei billigeren Spielzeugen schließlich wieder dazu übergegangen, sie mit Hilfe einer Drahtverbindung zu steuern. Das wirkt natürlich weniger echt; vor allem dann, wenn man hinter einem elektrisch betriebenen Modellauto ständig mit einem Draht herlaufen muß.

Eine sehr elegante und zudem noch vergleichsweise billige Lösung bildet unsere Infrarot-Fernsteuerung, mit der sich Autos, Kräne und andere Geräte spielend leicht und dazu noch sehr präzise steuern lassen. Vor allem sind feinste Geschwindigkeitsabstufungen möglich, was wichtig ist, wenn man die große Wirklichkeit mit technischen Spielzeugen nachahmen will.
Ein weiterer Vorteil gegenüber Fernsteuerung per Funk: Das Modellauto (Schiff usw.) braucht keine Antenne. Die Empfangsdiode sieht man kaum. Sie läßt sich überdies wie ein zusätzliches Rücklicht einbauen.
Der einzige Nachteil unserer Infrarot-Fernsteuerung besteht darin, daß ihre Reichweite auf 15 bis 20 Meter begrenzt ist, und daß im Freien das pralle Sonnenlicht die Infrarot-Übertragung stören kann. Deshalb möchten wir die Fernsteuerung für Modellflugzeuge auch nicht empfehlen. Schon die Funkfernsteuerung ist für diese Flugzeuge nicht ungefährlich – dann nämlich, wenn zufällig ein gleiches Funksignal eines anderen Modellfliegers das eigene Flugzeug vom Kurs abbringt. Unfälle, bei denen durch ein außer Kontrolle geratenes Modellflugzeug Menschen sogar umkamen, hat es in letzter Zeit häufiger gegeben.
Aber für Autos, Kräne usw. ist die Reichweite unserer Infrarot-Fernsteuerung mehr als ausreichend. Sie ist überdies noch außerordentlich sparsam im Energieverbrauch. Der Sender kommt mit einer handelsüblichen 9-Volt-Batterie bei Normalbetrieb etwa ein Jahr lang über die Runden. Beim Empfänger sind sogar nur 6 Volt nötig, mit denen die meisten Modelle eben-

Abb. 23: Mit Infrarot-Fernsteuerung kann man auch ein Auto lenken.

falls arbeiten. Sie können also mit derselben Spannung, mit der z. B. die Antriebsmotoren eines Autos gespeist werden, auch den Empfänger versorgen.

Die Schaltung des 6-Kanal-Senders (IRS 6)

Schauen Sie sich dazu *Abbildung 24* an. Sie gleicht im Prinzip der Schaltung des Senders für den elektronischen Türöffner. Nur hat dieser Sender 6 Tasten mit 6 Steuer- und Schaltfunktionen. Es läßt sich damit ein Modellauto z. B. mit feinster Geschwindigkeitsabstufung sowohl vor- als auch rückwärts fahren, nach links und nach rechts len-

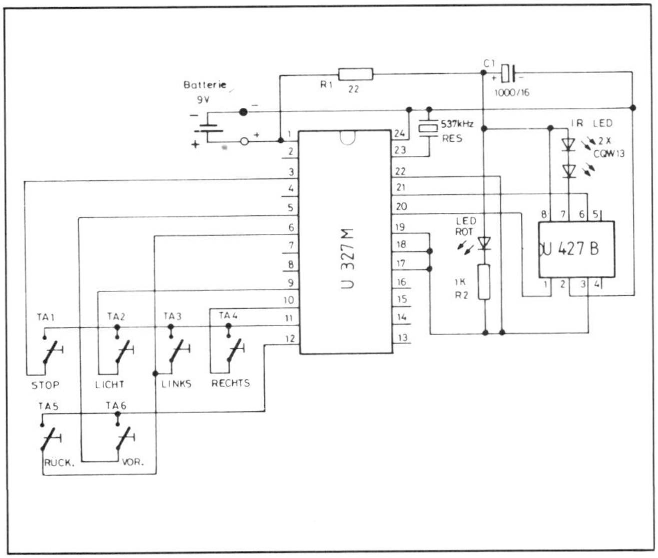

Abb. 24: Die Schaltung des Senders.

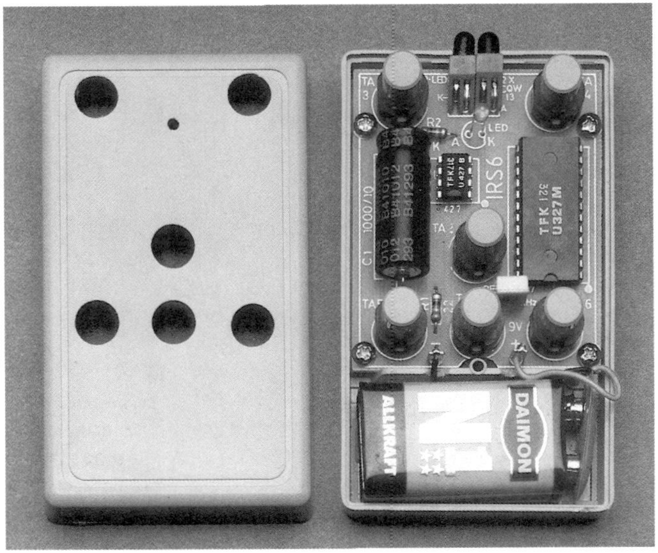

Abb. 25: Die fertig bestückte Platine im geöffneten Gehäuse.

ken, die Scheinwerfer ein- und ausschalten oder anhalten. Bei einem Kran kann man Lasten heben und senken, den Ausleger nach oben und nach unten verändern.

Es gibt auch eine Infrarot-Fernsteuerung mit 13 Funktionen (IRS 13)

Dieser Sendeteil mit 13 Tasten unterscheidet sich im Prinzip von den vorhergehenden Modellen nicht. Bei einem entsprechenden Empfängerteil und zwei Erweiterungsmodulen (vgl. das Modul MFB 2 *Seite 107*) kann man hiermit nahezu sämtliche in der Praxis vorkommenden Steuervorgänge nachahmen. Sie können hier also nicht nur

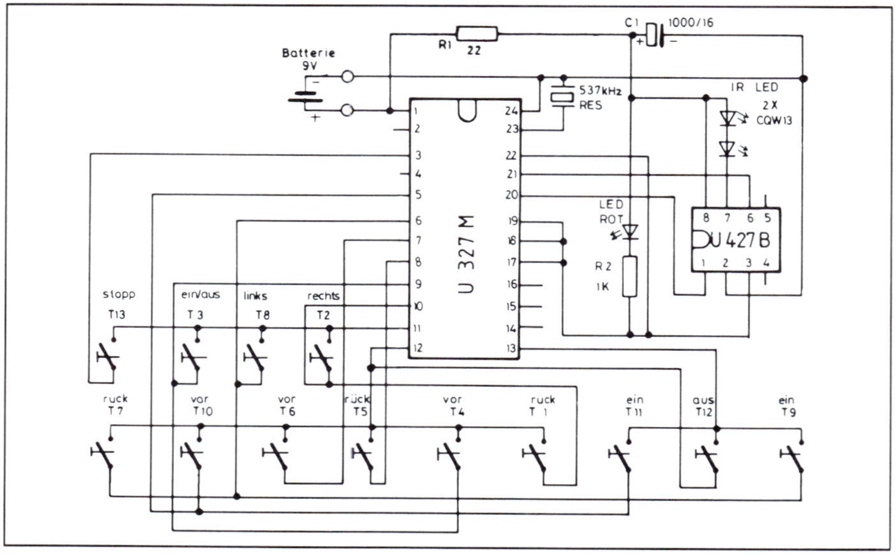

Abb. 26: Die Schaltung des Senders mit 13 Funktionen.

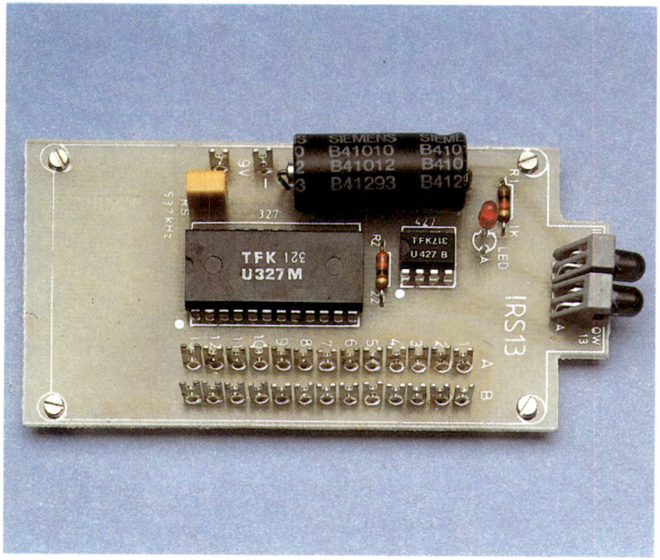

Abb. 27 links: Die fertig bestückte Platine; *rechts:* geöffnetes Gehäuse mit Verkabelung der 13 Taster

in unterschiedlicher Geschwindigkeit vor- und rückwärtsfahren und Lampen ein- und ausschalten, sondern auch Fernlicht und Abblendlicht betätigen, einen Blinker oder eine Warnblinkleuchte einschalten usw.
Auch dieser Sender IRS 13 wird lediglich mit einer ganz normalen 9-Volt-Batterie betrieben, die etwa ein Jahr lang ausreicht.
Die 13 Informationsworte für die 13 Tasten unterscheiden sich nur durch eine unterschiedliche Bit-Konfiguration. Die Einzelheiten dazu können Sie noch einmal auf *Seite 88* nachlesen.

Die dazugehörenden Empfängerteile

Es gibt einen einfacheren Empfänger (MFB 1) für den Sender IRS 6 mit 6 Schaltfunktionen und einen Erweiterungs-Empfänger-Modul (MFB 2) für den Sender IRS 13 mit 13 Schaltfunktionen. Sie arbeiten mit einer Spannung von 6 Volt, die man aus der Batterie der jeweiligen Modelle leicht entnehmen kann. Eine spezielle Schaltung des Empfängers (integrierte Stand-by-Schaltung) sorgt dafür, daß sich der Empfänger nach zwei bis drei Minuten ausschaltet, wenn vom Sender kein Signal gekommen ist. Dadurch wird Strom gespart, den Sie für den Betrieb des Autos, Schiffes oder Krans ja dringend brauchen.

Die Funktion des 6-Kanal-Empfängerteils (MFB 1)

Für diejenigen unter Ihnen, die von Elektronik schon etwas verstehen, erklären wir hier die Schaltung. Wenn Sie damit gar nicht zurechtkommen, dann können Sie den nächsten Abschnitt auch überlesen und das Gerät trotzdem bauen.
Wir sagten schon, daß die Betriebsspannung 6 Volt beträgt. Die Vorverstärkerplatine und ein Teil der Grundplatine muß jedoch mit 12 Volt versorgt werden. Das erreichen wir mit einer Spannungsverdopplerschaltung. Diese 12-Volt-Gleichspannung steht an den Punkten B (Pluspol) und C (Minuspol) zur Verfügung. Beteiligt sind an dieser Spannungsverdopplung die Gatter G 2 bis G 6, die Transistoren T 17 und T 18, die Dioden D 1 und D 4 und die Elektrolytkondensatoren C 3 bis C 6.
Wenn der Empfänger kein Signal bekommt, schaltet er sich über ein Zeitverzögerungsglied nach zwei bis drei Minuten ab. Dadurch wird bei Nichtgebrauch die Batterie geschont.

Einbau des Empfängers
Auch hier wieder wird der Vorverstärker auf die Abschirmplatine mit 5-mm-Abstandshülsen auf die Abschirmplatine geschraubt. Beide werden dann mit drei kurzen Drähten an den Anschlußstellen 5, 6 und 7 miteinander verbunden. Damit es zwischen den einzelnen Platinen nicht zu Kurzschlüssen kommt, werden sie wieder mit Distanzbolzen übereinandermontiert und in das vorgebohrte Gehäuse gebaut.

Abb. 28: Die fertig bestückte Platine, ohne Vorverstärker.

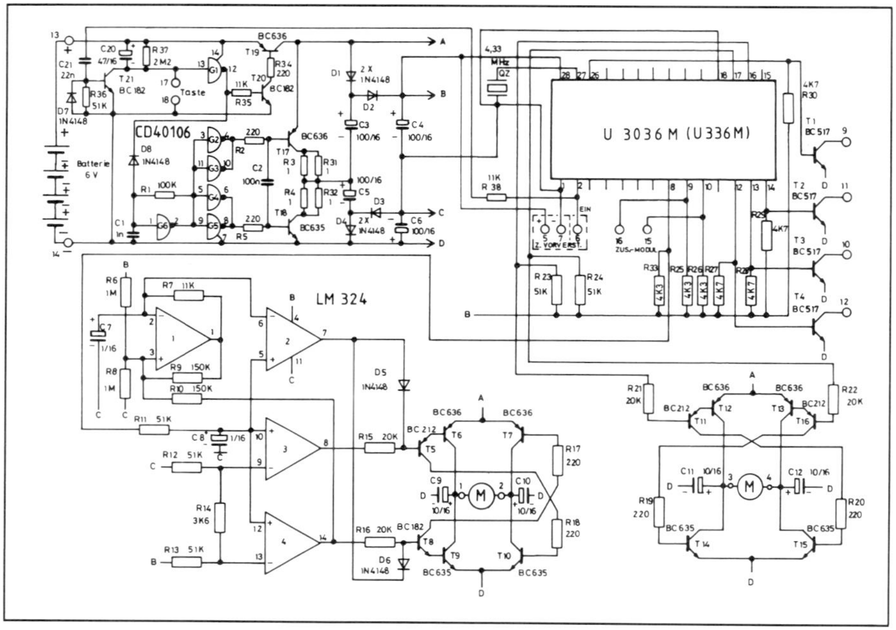

Abb. 29: Die Schaltung des 6-Kanal-Empfängers.

Abb. 30: So haben wir den Empfänger in ein Modellauto eingebaut.

Auch hier können Sie die Empfangsdiode direkt auf den Vorverstärker löten und durch ein Loch im Gehäuse nach außen blicken lassen oder sie mit einem bis zu 3 Meter langen, zweifach abgeschirmten Kabel irgendwo andershin verlegen.

Was zur Abschirmung des Vorverstärkers sonst noch getan werden kann, können Sie auf *Seite 98* nachlesen.

Wenn Sie mit dem Empfänger ein Auto steuern wollen, dann sollten Sie natürlich versuchen, ihn irgendwo im Modell zu verstecken und nur die Empfangsdiode nach außen herausstehen zu lassen. Da müssen Sie selbst probieren. Bei einem stationären Modell wie etwa einem Kran ist die Unterbringung schon wesentlich einfacher. Diese Modelle haben meistens einen Fuß, oder man kann zumindest die Leitungen zu den Steuermotoren unten herausführen und bis zu den Anschlußbuchsen des Empfängerkastens leiten.

Gesundheit aus fernöstlicher Küche

Essen und Trinken haben in der Hobbythek immer schon eine große Rolle gespielt. Dabei ging es uns um Dreierlei:

- es sollte gut schmecken;
- es sollte relativ unaufwendig zuzubereiten sein;
- und es sollte gesund sein.

Deshalb haben wir im *Hobbythek-Buch 2* z. B. herzhaftes Roggenbrot mit Sauerteig, aber ohne Schimmelbremsen und ähnliches chemisches Zeug gebacken; haben wir im *Hobbythek-Buch 6* Obst, Gemüse und Pilze getrocknet, ohne sie zu schwefeln; haben wir im *Hobbythek-Buch 4* Wurst und Pasteten gemacht ohne Nitrite; haben wir im *Hobbythek-Buch 7* unter strenger Einhaltung des Reinheitsgebotes Bier gebraut; haben wir im *Hobbythek-Buch 7* Sauerkraut, natürlich gesäuertes Gemüse, Senf, Ketchup usw. ohne eine Spur von künstlichen Konservierungsstoffen zubereitet usw.

Hier nun geht es um Köstlichkeiten aus der fernöstlichen Küche, die nicht nur wunderbar schmecken, sondern auch noch überaus gesund sind. Im Mittel-

Abb. 1: Im Studio: Jean Pütz mit Christine Niklas, die die Sendung mit vorbereitet hat, und die Japanerin Miki Shimogaki.

punkt steht eine Pflanze, die auch als „Kuh des Ostens“ oder als „Fleisch der Felder“ bezeichnet wird: die *Sojabohne* – eine Pflanze, die in den westlichen Ländern lange Zeit zum Viehfutter degradiert wurde, und die man auch bei uns erst jetzt wieder als eine überaus vielseitig verwendbare und gesunde Feldfrucht entdeckt. Auch im Westen beginnt man allmählich einzusehen, daß man auf einer bestimmten Landfläche mit dem Anbau von Sojabohnen etwa zwanzigmal soviel verwertbares Eiweiß erzeugen kann als z. B. mit Rinderzucht auf der gleichen Fläche. Es ist also ein Unsinn, Sojabohnen nur anzubauen, um sie schließlich an Vieh zu verfüttern.

In Ostasien weiß man das seit Jahrtausenden. Man hatte einfach nicht genug landwirtschaftlich nutzbare Fläche, um die dort auch in früheren Zeiten schon sehr dicht gedrängt wohnenden Menschen ausreichend zu ernähren. Und so schätzte man zwar Rinder als Arbeitstiere durchaus sehr hoch ein – in Indien sind sie sogar heilig –; als Lieferant für das lebensnotwendige Eiweiß wurden sie jedoch durch die Sojabohne ersetzt.

Die Ernährungsprobleme der Dritten Welt lassen sich ebenfalls nur lösen, wenn man kostbares Soja-Eiweiß nicht verfüttert, um einen Bruchteil tierisches Eiweiß zu gewinnen, sondern den hungernden Menschen direkt nutzbar macht. Denn das Ernährungsproblem der Dritten Welt ist vor allem ein Eiweißproblem.

Dem Westen, der die Sojabohne an das Vieh verfüttert, ist zur Verfeinerung dieses Grundnahrungsmittels nicht viel eingefallen. In Ostasien hingegen hat sich im Laufe der Jahrhunderte geradezu eine Sojakultur entwickelt. Das Eiweiß dieser Hülsenfrucht ist, ähnlich wie z. B. der Reis, relativ geschmacksneutral. Deshalb hat man schon sehr früh Zubereitungsarten, verschiedene Soßen und Kombinationen mit anderen Zutaten herausgefunden, durch die Soja ein außerordentlich vielseitiges Nahrungsmittel geworden ist. Von den Erfindungen und den Raffinessen des Ostens wollen wir Sie in diesem Kapitel profitieren lassen.

Chinesische Küche

Zunächst wollen wir Sie mit ein paar Eigenheiten, Spezialitäten und nachahmenswerten Dingen der chinesischen Küche bekannt machen, die man selbst als häufiger Gast von China-Restaurants nicht kennenlernt. Das chinesische Essen ist nämlich nicht nur eine Sache der Ernährung, sondern auch – man kann es ruhig so nennen – der Haltung.

Abb. 2: Chinesischer Feuertopf mit Teegeschirr – typische Bestandteile chinesischer Eßkultur.

Die Chinesen und die meisten anderen Ostasiaten legen nicht nur großen Wert darauf, daß ein Gericht *gut schmeckt*, sondern auch, daß es *gut aussieht*, *gut duftet*, einen *besonderen „Biß"* hat und einen möglichst *phantasievollen Namen* trägt.

Bedenkt man, daß in China und vielen anderen Gegenden Ostasiens sehr oft großer Mangel an Lebensmitteln herrschte und auch Holz und andere Energie zum Kochen oft knapp sind, dann erstaunt es um so mehr, daß die Menschen dort eine derart hohe Eßkultur entwickelt haben.

Natürlich hat die große Aufmerksamkeit, die dem Essen entgegengebracht wird, auch rituelle Bedeutung. Schon ein halbes Jahrtausend vor unserer Zeitrechnung hat Konfuzius seinen Anhängern die Weisung gegeben, keine schlechten oder minderwertigen Zutaten zu verwenden, stets sorgfältig zu würzen und sich im übrigen beim Fleisch zurückzuhalten. Letzteres hatte sicher nicht *nur* mit Askese zu tun. Allerdings war es den buddhistischen Mönchen verboten, Fleisch zu essen. Das machte sie zu wahren Meistern im Herstellen von „Fleischersatz". So formten sie zum Beispiel aus dem Eiweiß der getrockneten Haut von Sojabohnen etwas, das aussah und schmeckte wie Hühnchenfleisch. Oder sie verpackten wirkliches Fleisch so, daß es nicht mehr zu erkennen war. Sie wickelten es zum Beispiel in Wan-Tan – ausgerollte Teigstücke also –, oder sie gaben dem Fleisch phantasievolle Namen, die nach fleischloser Kost klangen. Natürlich spielten auch Tofu und Tempeh eine große Rolle (mehr dazu ab *Seite 122*).

Die Bedeutung des Essens wurde auch dadurch unterstrichen, daß man die Geister der Toten mit Speisen und Getränken versorgte.

Gutes Essen ist in China ein Statussymbol, auf das selbst arme Leute erst verzichten, wenn sie gar nichts mehr haben. Und Armut ist in China trotz der Prachtentfaltung der Oberschicht immer schon verbreitet gewesen. China ist ein Agrarland, dessen Fläche aber zu 60 Prozent höher als 2000 Meter liegt. Da wächst nicht sehr viel.

Man wird heute sicher sagen können, daß in China der Mangel auf vielen Gebieten die Entwicklung einer hohen Kultur nur gefördert hat. Als bei uns noch die Steinzeit herrschte, war China – auch im heutigen Sinne – bereits ein hochzivilisiertes Land.

Aber kehren wir zurück zum Essen.

So exotisch, wie man oft denkt, ist die chinesische Küche gar nicht. Vieles, was wir hier kennen, taucht auch dort wieder auf, wie zum Beispiel Möhren, Erbsen, Blumenkohl, Broccoli, Paprika, Lauch usw. Man geht damit in China nur phantasievoller um.

Die „Nouvelle cuisine" erfanden die Chinesen schon vor ein paar tausend Jahren

Wir sagten bereits, daß Brennmaterial in China schon immer sehr knapp und deshalb teuer war. Man ging also damit sehr sparsam um. Die Chinesen wären nie auf die Idee gekommen, Brot oder Kuchen zu backen oder einen großen Braten stundenlang zu schmoren.

Das Grundnahrungsmittel Reis braucht zum Garwerden zum Beispiel sehr wenig Hitze. Man weichte ihn einfach über

Abb. 3: Die spezielle chinesische Pfanne, der Wok.

Nacht ein, kochte ihn dann kurz auf und ließ ihn heiß weiterquellen und garen. Außerdem hat man alles klein geschnitten, sei es nun Gemüse oder das magere Fleisch. Beides wurde scharf angebraten und war auf diese Weise schon nach 5 bis 10 Minuten gar.
Hinzu kommt, daß die Chinesen sehr darauf achten, daß alles eine feste Konsistenz – also einen gewissen Biß – behält.
Für diese Zubereitung brauchen Sie erstaunlich wenig Küchengeräte. Ein paar Töpfe, ein scharfes Hackmesser, das als Beil, mit seinem Stiel als Stampfer und zugleich wie ein ganz normales Küchenmesser benutzt wird, kommt dazu. Dann noch die Stäbchen, mit denen man auch ißt. Sie sind Rührgerät, Fleischwender und Schneebesen zugleich.
Das wichtigste Kochgerät aber ist eine spezielle Pfanne, der sogenannte *Wok*. Er hat zwei rechteckige Griffe und sieht eigentlich mehr wie ein Topf aus. Das besondere daran sind die schräg ausladenden Seiten. Sie werden beim Kochen fast so heiß wie der Boden dieses dünnen Metallgefäßes, wodurch die kostbare Hitze gut ausgenutzt wird. Bei uns erfüllt jedoch eine nicht zu kleine Pfanne denselben Zweck.
Schließlich brauchten die Chinesen zum Kochen nur sehr wenig Fett.

Die chinesische Küche gibt es in der ganzen Welt

Wenn wir hier immer von *der* chinesischen Küche sprechen, dann ist das natürlich eine sehr starke Vereinfachung. In diesem riesigen Land gibt es große Unterschiede im Essen.
Der Norden ist geprägt durch die Hauptstadt Peking, wo es am Kaiserhof die besten Köche gab. Bis heute ist die Pekingente weltberühmt. Im Süden gab es die besten Pfannengerichte – wie es überhaupt in dem nahrungsreicheren Süden etwas üppiger zuging. Dabei bewährte sich die Anpassungsfähigkeit der Chinesen. Zutaten, die es zum Beispiel in westlichen Ländern nicht gab, wurden durch andere, ähnliche ersetzt.
Im vorigen Jahrhundert brachten südchinesische Auswanderer die chinesische Küche nach Europa und Amerika. Auf den Einfluß der chinesischen Kochkunst auf Japan gehen wir gleich noch ein.

Die japanische Küche

Die japanische Küche ist – wie die japanische Kultur überhaupt – wesentlich jünger als die chinesische. Die Japaner lebten auf ihren Inseln von der übrigen Welt relativ abgeschlossen. Während die Chinesen längst eine Hochkultur hatten, ging es in Japan noch recht archaisch zu. Erst im 7. und 8. Jahrhundert n. Chr. geriet Japan unter deutlicheren Einfluß seiner Nachbarn; besonders den des chinesischen Buddhismus.
Kennzeichnend für die Japaner ist ihre starke Naturverbundenheit. Sie hat auch ihre Küchenkultur entscheidend beeinflußt.
Obwohl die Japaner die Sojabohne und auch den Tofu von den Chinesen übernommen haben, entwickelten sie daraus ganz eigene Gerichte.
Als im 9. Jahrhundert der Einfluß Chinas wegen innerer Probleme dieses Landes zurückging, begannen die Japaner in ihrem Inselreich eine eigene große Kultur zu entwickeln. Wie überall in der Welt wurde sie zunächst von den Adligen und den Herrschern gepflegt. Ins Volk verlagert wurden Bestandteile dieser Kultur vor allem durch die vornehmen Samurai-Krieger, die mit den einfachen Leuten Verbindung hatten.
Als im 16. Jahrhundert der Überseehandel auch Japan berührte – vor allem durch die Portugiesen –, wunderten sich die Europäer über die gute Gesundheit und das hohe Alter der Japaner. Nach dem 2. Weltkrieg und vor allem durch den Kontakt mit den Amerikanern ist von dieser Gesundheit beim durchschnittlichen Japaner nicht mehr allzu viel übrig geblieben. Auch dort gibt es inzwischen viele dicke und ungesunde Leute.
Das war in Zeiten einer intakten japanischen Kultur anders. Man aß nicht nur gesund, sondern auch in einem Einklang mit der Natur und der Jahreszeit. Tofu (vgl. dazu ab *Seite 122*) kam als Grundnahrungsmittel *das ganze Jahr* hindurch auf den Tisch. Der *Sommer* aber war die Jahreszeit für eisgekühlten Tofu. Er gilt in Japan als eigenständiges Gericht und wird mit Sojasoße serviert. Der *Herbst* ist die Zeit für frische Pilze. Außerdem reifen im *Oktober* die Eßkastanien und im *November* gibt es den ersten, frisch geernteten Reis.
Der *Dezember* ist die Zeit der Meerestiere. Da ißt man gern Fisch mit weißem Fleisch roh oder gekocht oder auch als Tempura (vgl. *Seite 149*). Daneben gibt es heiße Nudelgerichte.

Überhaupt ist der *Winter* die Jahreszeit für Gerichte, die am Tisch gekocht werden. Dazu gehören Sukiyaki (vgl. *Seite 152*), aber auch Chinakohl. Das einzige frische Obst dieser Jahreszeit sind Mandarinen. Die Japaner sehen in ihnen das Symbol der aufgehenden Sonne, auf die im Winter ja besonders gehofft wird.

Im *Februar* gibt es schon die ersten Erdbeeren, später dann wieder frische Bambussprossen.

Es wird Ihnen aufgefallen sein, daß in dieser Jahresfolge wenig Fleischgerichte auftauchen. Fleisch hat in Japan erst seit Beginn des 20. Jahrhunderts eine größere Rolle zu spielen begonnen, als sie es von den Europäern zusammen mit „dem technischen Fortschritt" übernahmen. Das Fleisch der Japaner ist der Fisch, den sie nicht nur gekocht, sondern auch roh essen. Von den meisten Orten von Japan ist es zum Meer nicht weit, und so bekam man schon vor der Erfindung der Eisenbahn und des Autos fast überall frischen Fisch. Roher Fisch, in Würfel oder Streifen geschnitten, ist eine wirkliche Delikatesse, sofern er frisch ist. Er wird in Portionen zerschnitten und mit Soßen gewürzt – mehr davon bei den Rezepten.

Wie die Chinesen haben auch die Japaner keine Rangfolge der einzelnen Speisen innerhalb eines Menus. Es gibt weder eine Vorspeise noch ein Hauptgericht. Die Reihenfolge der Gerichte in meist winzigen Portionen haben ein für uns schwer durchschaubares System. So werden zum Beispiel mehrmals zwischendurch Suppen serviert. Aber das müssen Sie nicht übernehmen. In japanischen Restaurants hat man sich inzwischen längst auf unsere Gewohnheit eingerichtet, nach Vor-, Haupt- und Nachgericht zu trennen. Das ist lediglich eine Sache der Reihenfolge, die am japanischen Charakter des einzelnen Gerichts nichts ändert.

Im Gegensatz zu den Chinesen, die für ein Gericht gern sehr viele Zutaten und Gewürze verwenden, beschränken sich die Japaner auf weniges. Sie versuchen, die Eigenart jeder einzelnen Zutat zu erhalten und sie noch zu unterstreichen. Bei den Japanern kann man in einer Suppe jedes einzelne Gemüse deutlich erkennen, sein besonderes Aroma schmecken usw. Scharfe Gewürze werden meist extra gereicht, damit sich jeder nach seinem Geschmack selbst würzen kann. Tempura (vgl. *Seite 149*) ist ein typisches Beispiel dafür.

Ganz wichtig für japanische Küche sind Miso und Sojasauce, ohne die kaum ein Gericht vorstellbar ist. Viele Japaner sind davon überzeugt, daß die tägliche Misosuppe ihnen Gesundheit und ein langes Leben schenkt.

Abb. 4: Japanische Familie beim Essen.

Ein paar Grundregeln der ostasiatischen Kochkunst

Das Schneiden

Auf dem Eßtisch der Chinesen und vieler anderer ostasiatischer Völker gibt es kein Messer. Geschnitten wird ausschließlich in der Küche – und das sehr ausgiebig. Dabei schneiden die Chinesen grundsätzlich mit einem scharfen, rechteckigen Küchenbeil, wie man es auch bei uns in Metzgereien noch sehen kann.
Wir sagten schon, daß dieses Kleinschneiden mit der Zubereitungsart, mit dem dadurch möglichen geringen Brennstoffverbrauch beim Kochen und schließlich auch damit zu tun hat, daß man die mundgerechten Stückchen leicht mit Stäbchen essen kann. Eine Ausnahme bildet nur gedämpfter Fisch, der so weich ist, daß er sich mit Stäbchen leicht zerteilen läßt.
Benutzen Sie zum Schneiden ruhig scharfe Küchenmesser; denn der Umgang mit einem scharfen Küchenbeil könnte Sie sonst einen Finger kosten.
Generell gilt, daß man zum Fritieren etwas größere Stücke schneidet und zum Rühren in der Pfanne etwas kleinere. Aber damit ist zum Schneiden noch nicht alles gesagt. Es gibt nämlich die Möglichkeit, in *Streifen*, in *Würfel* oder in *Scheiben* zu schneiden. Bei Gerichten, die in der Pfanne gerührt werden, entscheidet das hauptsächliche Gemüse, auf welche Art die restlichen Zutaten geschnitten werden. Bambussprossen werden zum Beispiel in Streifen geschnitten. Dazu paßt ein ebenfalls in Streifen geschnittenes Fleisch am besten. Zu Erbsen wiederum sollte man Fleisch in kleine Würfel zerlegen. Allerdings kann man auch Kontraste wählen oder zum Beispiel bei mehreren Gerichten auf dem Tisch das eine in Streifen und das andere in Scheiben schneiden. Wichtig ist nur, daß die Zutaten *eines* Gerichtes in möglichst gleichgroße Stücke geschnitten sind, damit sie etwa zu gleicher Zeit gar werden.
Beim Schneiden des Fleisches bitte darauf achten, daß immer *quer zur Faser* geschnitten wird.
Beim Schneiden des Fleisches in hauchdünne Scheiben kann man sich mit einem Trick behelfen. Legen Sie es etwa ein bis zwei Stunden ins Tiefkühlfach. Dann friert das Fleisch leicht an, wird härter und läßt sich bequemer schneiden.
Bei den Gerichten, bei denen Tofu oder Tempeh hinzukommt, müssen Sie beides in größere Stücke zerlegen, weil es sonst leicht zerfällt.
Fleisch, Tofu und Tempeh kann man nach dem Schneiden auch noch mari-

Abb. 5: In Ostasien wird oft mit einem scharfen Beil geschnitten. Es geht aber genauso gut mit einem Messer.

nieren – dazu geben wir Ihnen später noch die entsprechenden Rezepte.

Das Fritieren

Fritiert wird nicht nur in der chinesischen Küche, sondern auch in der indonesischen und in der japanischen, zu der wir Ihnen ab *Seite 112* schon ein paar Worte gesagt haben.

Vielen fallen bei dem Wort Fritieren zunächst einmal Pommes frites und dann vielleicht auch noch der Geruch von altem heißen Fett ein. Wenn Sie hingegen an Fondue denken, sind Sie der Sache schon wesentlich näher. Und wenn Sie erst einmal die von uns vorgestellten Fritiergerichte am Tisch selbst zubereitet haben, dann werden Sie jedes Vorurteil gegenüber dieser Art der Zubereitung verloren haben.

Fritieren am Tisch ist ja nicht nur eine besondere Art der Zubereitung, sondern gewissermaßen ein „gesellschaftlicher Akt". Man „ernährt" sich nicht nur, sondern tut gemeinsam etwas, jeder kann sich seine Dinge individuell zubereiten, kurzum: Fritieren ist ein anregendes Vergnügen.

Wer Gewichtsprobleme hat, dem sei gesagt, daß im Fett schwimmend bakken ja nicht im Fett schwimmend essen heißt. Das Fett bleibt weitgehend an der Oberfläche der Stücke und kann überdies auf einer Papierserviette abtropfen.

Auf den Tisch gehört unbedingt eine *feuerbeständige Unterlage*. Die läßt sich aber leicht selbst bauen, wenn Sie zum Beispiel auf eine dünne Spanplatte Kacheln kleben. Gerade in diesem Hobbythek-Buch empfehlen wir Ihnen natürlich selbstgemachte oder zumindest selbstbemalte Kacheln (vgl. dazu ab *Seite 49*). Für eine Platte von der Größe 45 x 45 cm brauchen Sie 9 Kacheln, die man auch so bemalen kann, daß sie ein einziges Bild ergeben. Sie werden mit einem elastischen Kleber (Ceresit oder ähnlich) auf die Spanplatte geklebt und auch elastisch verfugt. Schrägen Sie die Spanplatte nach unten ab, dann schaut sie unter den Kacheln nicht hervor (vgl. dazu *Abb. 8*).

Sie können dafür Ihr normales *Fondue-Geschirr* verwenden oder auch eine *elektrische Friteuse*, oder einen auf einer kleinen elektrischen Kochplatte erhitzten *Kochtopf*. Als *Heizquelle* können Sie alles verwenden, was auch den Fondue-Topf erhitzt: vom normalen

Abb. 6: Typisch sind in der Pfanne gerührte Gerichte. In Restaurants wird oft auf einer großen heißen Platte ohne Pfanne oder Topf zubereitet.

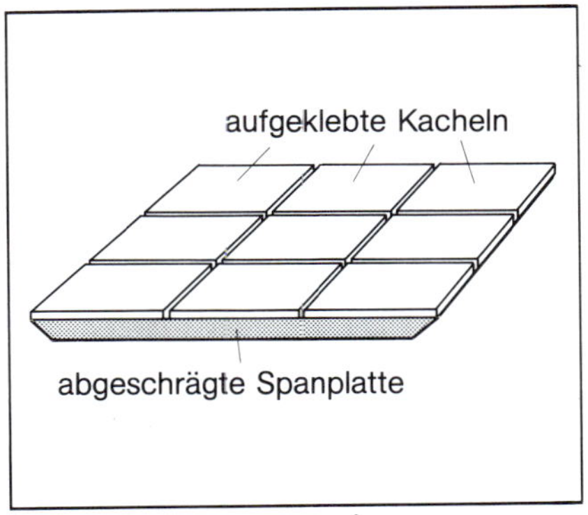

Abb. 8: Neun Kacheln, auf Spanplatte geklebt, geben eine feuerfeste Unterlage.

Spiritus-Brenner über Trockenspiritus-Brenner bis zum Camping-Kocher, der mit Butan- oder Propan-Gas betrieben wird. Wir müssen Ihnen sicher nicht extra sagen, daß mit solchen Geräten in geschlossenen Räumen sehr sorgsam umgegangen werden muß.

Zur Kontrolle der Temperatur sollten Sie vielleicht ein Bratenthermometer verwenden. In manchen Friteusen wird das Öl nämlich nicht heißer als etwa 160° C. Dann wird das Fritiergut nicht knusprig genug. Tofu muß bei so niedriger Temperatur paniert werden, weil es sonst nicht braun wird.

Verwenden Sie zum Fritieren nur *reines Pflanzenöl.* Tierische Fette verbrennen zu schnell und enthalten auch zuviele gesättigte Fettsäuren, die nicht gesund sind.

Vor allem die Japaner stellen sich raffinierte Mischungen aus verschiedenen Ölen her. Sie sind stolz darauf, sich ihre Fritieröle mit der gleichen Sorgfalt wie ein Parfum zu mischen.

Gut geeignet ist auch Cocosfett, das erst bei 210° C siedet. Dann Pflanzenöle wie Soja- oder Sonnenblumenöl. Sie beginnen bereits bei 180° C zu rauchen. Die ideale Fritier-Temperatur liegt bei 175° C. Vielleicht schaffen Sie sich zur Kontrolle dieser Temperatur ein Braten-Thermometer an, das nicht allzu teuer ist.

Das Sesamöl ist besonders aromatisch und hat einen nußartigen Geschmack. Allerdings ist es recht teuer. Trotzdem sollten Sie 10 bis 15 % Sesamöl in den Fritiertopf tun.

Wenn das Öl die richtige Temperatur hat, dann sinkt ein zu fritierendes Stück zunächst nach unten. Steigt es nach einer ½ bis 1 Minute wieder an die Oberfläche, dann ist alles in Ordnung. Ist die Temperatur zu gering, so steigt das Stück erst viel später wieder auf. Bei zu heißem Öl sinkt es gar nicht auf den Boden des Topfes, sondern bleibt spritzend und brutzelnd an der Oberfläche.

Abb. 7: So können Sie den Tisch decken, wenn fritiert werden soll.

Fritieren kann man praktisch alles, was nicht zu feucht ist (es geht zum Beispiel nicht mit Rettich, Chinakohl usw.). Notfalls die Stücke mit Küchenkrepp trockentupfen.

Die Chinesen fritieren gern in zwei Phasen. Beim ersten Gang werden die Stücke nur goldgelb fritiert, dann aus dem Fett genommen und abgekühlt. Danach werden die Stücke ein zweites Mal fritiert und braun ausgebacken. Man nennt dies zweifaches Ausbakken. Wenn Sie zum Beispiel in einem Restaurant eine knusperige Frühlingsrolle bekommen, dann ist sie in der Regel zweimal ausgebacken; das heißt, daß sie erst kurz vor dem Servieren vom goldgelben in den braunen Zustand versetzt worden ist. Das hat nichts mit Rationalisierung im Restaurantbetrieb zu tun, sondern ergibt eine besonders knusperige äußere Schicht. Ohnehin sollten Sie – dem Grundgesetz der ostasiatischen Küche folgend – nie zu lange fritieren. 1 bis 2 Minuten genügen bei ausreichend heißem Fett. Hin und wieder sollten Sie mit einem kleinen Sieb oder Schaumlöffel die Krümel von der Öloberfläche entfernen, damit sie nicht verbrennen.

Sind die Stücke gar, dann legt man sie auf einen Teller, der mit einer saugfähigen Papierserviette oder mit Küchenkrepp bedeckt ist. Falls Sie nicht am Tisch fritieren, sondern alles in der Küche vorbereiten, dann können Sie die Stücke auch kurze Zeit im Backofen bei 120° C warmhalten.

Sind Sie mit dem Fritieren fertig, dann können Sie das abgekühlte Öl in einem verschlossenen Glas im Kühlschrank aufbewahren. Verwenden Sie davon ruhig etwas zum Braten, weil man beim nächsten Fritieren immer mindestens die Hälfte des Öls durch frisches ersetzen soll.

Unter Rühren in der Pfanne braten

Damit ist nicht ein Braten in unserem Sinne gemeint, sondern eine typisch chinesische Garmethode. Unter Rühren in der Pfanne werden die kleingeschnittenen Zutaten innerhalb weniger Minuten gegart. Dadurch bleiben die Vitamine weitgehend erhalten, die frische Farbe, der Duft, die knackige Konsistenz gehen nicht verloren, das Fleisch bleibt zart.

Pfannengerichte sind zum Beispiel Chcp Suey und Hühnerfleisch mit Mandeln.

Das traditionell verwendete Gerät ist der chinesische Wok. Wir empfehlen Ihnen heute eine große Teflonpfanne, in der vor allem die stärkehaltige Fleischmarinade nicht anbrennt.

Das Fleisch wird vor dem Braten etwa 10 Minuten lang in eine Marinade gelegt, wodurch es weniger Saft verliert und zart bleibt (mehr dazu bei den Rezepten).

Die kurze Koch- oder Bratenzeit setzt ein bißchen Strategie bei der Vorbereitung voraus. Die ganze Frische und Knackigkeit geht nämlich verloren, wenn einzelne Teile des Gerichtes warmgehalten werden müssen. Das gilt besonders für Fleisch, das dann leicht zäh wird. Deshalb gibt es ein chinesisches Sprichwort, demzufolge es besser ist, wenn ein Mensch am Tisch auf das Essen wartet als umgekehrt.

Wenn Sie folgendermaßen vorgehen, kann nichts schiefgehen:

1. Tisch decken.
2. Marinade anrühren, Fleisch schneiden und 5–10 Minuten marinieren.
3. Gemüse schneiden, evtl. Knoblauch pressen und alles auf einer Platte sortiert neben den Herd stellen.
4. Alle Gewürze – außer Zwiebeln und Knoblauch – mit der in den Rezepten angegebenen Flüssigkeit und der Stärke zum Andicken der Soße verrühren und bereitstellen.
5. Pfanne mit Öl auf höchster Stufe der Herdplatte erhitzen. Allerdings darf das Fett noch nicht rauchen.
6. Bei Rezepten mit Knoblauch und Zwiebeln diese einige Sekunden lang anbraten, aber nicht braun werden lassen.
7. Danach Fleisch in die Pfanne geben und rühren. Es genügt, wenn das Fleisch seine rote Farbe verliert; es braucht nicht braun zu werden. Das Fleisch nach kurzer Zeit wieder aus der Pfanne nehmen und erst bei Punkt 9 wieder dazugeben.
8. Herd auf mittlere Hitze herunterdrehen und das Gemüse in die Pfanne geben. Härtere Gemüse wie Porée und Möhren zuerst, etwa 1 Minute später dann weichere Sorten wie Paprika, Pilze usw. Auch dabei ständig rühren, damit nichts anbrennt und alles gleichmäßig erhitzt wird.
9. Zuerst das Fleisch und dann die Flüssigkeit mit allen Gewürzen in die Pfanne geben. Unter Rühren etwa 1 Minute kochen. Falls die in den Rezepten angegebene Flüssigkeitsmenge zu schnell verdampft, gießen Sie ruhig eine ½ Tasse Wasser nach. Ist hingegen zuviel Flüssigkeit vorhanden, dann dicken Sie sie leicht an.
10. Sofort servieren.

Die entsprechenden Rezepte finden Sie ab *Seite 153*.

Das Grillen

Mit Grillen meinen wir hier nicht das Brutzeln auf einem Rost über offenem Holzkohlenfeuer, sondern das Grillen in speziellen Grillpfannen. Es spielt vor allem in der japanischen Küche eine große Rolle, und es kann ebenso für das Zubereiten einer gemeinsamen Mahlzeit am Tisch verwendet werden wie das Fritieren.

Eine besonders schöne Art des Grillens sehen Sie auf *Abbildung 9*. Wir haben sie in einem kleinen chinesischen Restaurant in Ibiza-Stadt gefunden, in der *Casa Bamboo*. Dort benutzt man in Japan hergestellte, helmähnlich gewölbte gußeiserne Töpfe, die von unten mit Butangas beheizt werden. Der Koch nennt sein in diesem Topf gegrilltes Gericht „Dschingis-Khan"; wir beschreiben es Ihnen auf *Seite 151*. Man kann aber auch jede andere Grillpfanne oder Grillfläche benutzen. Wichtig ist nur, daß die Bodenfläche stark geriffelt ist, damit Fleisch und Gemüse nicht mit Fett direkt in Berührung kommen. Gußeiserne Grillpfannen bekommt man inzwischen in jedem Kaufhaus. Wer mehr investieren möchte, kann auch elektrische Tischgrills kaufen (mehr darüber im Quellennachweis im Anhang).

Bei Grillpfannen sehr sparsam mit dem Fett umgehen. Es darf nur an den tiefsten Stellen der Rillen stehen. Auch hier nur Pflanzenöl verwenden.

Zum Grillen braucht man relativ große Hitze. Bei Spiritusbrennern empfiehlt es sich, zwei Stück zu nehmen. Bei Gasbrennern kommen Sie in der Regel mit einem aus.

Wenn Sie Fleisch und Gemüse grillen, dann zuerst das Gemüse hineingeben, weil es zum Garen länger braucht.

Das Kochen

Ähnlich wie beim Fritieren kann natürlich auch am Tisch gekocht werden. Vielleicht kennen Sie das vom chinesischen Feuertopf her, der dem Fondue sehr ähnlich ist, nur daß anstelle des heißen Fettes Brühe verwendet wird.

Die Asiaten kochen am Tisch regelrechte Eintopfgerichte. Da auch hier wieder die Regel gilt, so kurz wie möglich zu kochen, darf man sich unter diesen Eintopfgerichten keine stundenlang auf dem Herd stehende Erbsensuppe vorstellen. Japanische Gerichte wie Sukiyaki, Mizutaki (vgl. dazu die Rezepte ab *Seite 152*) lassen sich durchaus am Tisch zubereiten.

Abb. 9: Links: Wer einen solchen gewölbten Grill findet, hat eine Kostbarkeit entdeckt. *Rechts:* Es geht aber auch mit einem elektrischen Grill dieser Art oder einer ganz normalen gußeisernen, geriffelten Pfanne.

Abb. 10: Wenn Sie Spaß an chinesischer Küche bekommen haben, sollten Sie sich einen solchen Feuertopf anschaffen.

Für das Kochen brauchen Sie keine besonders leistungsfähige Heizquelle; da genügt ein ganz normaler Spiritusbrenner. Vielleicht erhitzen Sie die Brühe im Topf vorher auf dem Herd.

Bei einem japanischen Eintopfgericht kommt alles gleichzeitig in die köchelnde Brühe. Die Rezepte verraten wir Ihnen später. Durch die kalte Füllung dauert es natürlich eine gewisse Zeit, bis der Eintopf wieder sprudelnd kocht. Solange den Topf mit einem Deckel verschließen. Danach maximal 5 Minuten weiterkochen. Dann ist das Gemüse noch knackig, aber trotzdem ausreichend gar.

Nun holt jeder seine Portion aus dem Topf und tut sie in eine kleine Schale mit Reis oder auf einen Teller. Die einzelnen Bissen werden in eine Soße getaucht, die in einem anderen Schälchen oder einer Tasse jeder selbst anrührt. Auch dafür gibt es ab *Seite 152* Rezepte.

Fernöstliche Köstlichkeiten aus der Sojabohne

Wir sagten am Anfang schon, daß es Zeit wird, auch im Westen die segensreichen Seiten der Sojabohne kennenzulernen. Wir wollen Ihnen deshalb zu dem „Rohstoff Sojabohne" unserer Rezepte vorweg einiges erklären, damit Sie wissen, daß Sie es hier nicht mit einem lediglich veredelten Viehfutter zu tun haben.

Abb. 11: Sojabohnen.

Von der Sojabohne und von der Gesundheit

Gut ein Drittel der Sojabohne besteht aus hochwertigem Eiweiß. Das ist mehr als alle anderen Pflanzen oder auch tierischen Nahrungsmittel im unverarbeiteten Zustand enthalten. Fisch kommt z. B. nur auf 22% (Gewichtsanteile), Hähnchen auf 21%, Rindfleisch auf 20%, Vollmilch auf 3%.

Nun ist Eiweiß nicht gleich Eiweiß. *Protein* – wie man Eiweiß auch nennt – setzt sich aus verschiedenen Aminosäuren zusammen, von denen es insgesamt 21 gibt. 8 davon sind sogenannte essentielle Aminosäuren, also lebenswichtige. Man kann sie durchaus als Baustoffe des Lebens bezeichnen. Das Sojaprotein enthält sämtliche 8 essentiellen Aminosäuren.

Soja-Eiweiß ist dem tierischen Eiweiß sehr ähnlich, in dem die 8 essentiellen Aminosäuren ebenfalls vorkommen. Der Vorteil der Sojabohne ist nur, daß sie diese Aminosäuren ohne die vielen gesättigten Fettsäuren enthält, die man bei Fleisch und Eiern automatisch mitißt. Sie werden vielleicht schon gehört oder gelesen haben, daß diese gesättigten Fettsäuren den Cholesterinspiegel im Blut stark erhöhen, und daß dieser Cholesterinspiegel den Kreislauf, Blutdruck usw. beeinflußt. Über diesen Einfluß hat man zwar noch nicht allerletzte Klarheit erlangt; soviel weiß man aber, daß die Anfälligkeit für Herzinfarkte von diesem Cholesterinspiegel beeinflußt ist.

Bitte verstehen Sie uns nicht falsch: wir wollen Ihnen hier den Spaß an einem saftigen Steak keinesfalls nehmen. Der Körper des Menschen ist auf gemischte Nahrung eingestellt, wobei der Akzent sicher auf der richtigen Mischung liegt. Und diese richtige Mischung ist bei uns überernährten westlichen Menschen mit Sicherheit gestört.

Aus amerikanischen Untersuchungen wissen wir, daß die Menschen dort etwa 70% ihres Eiweißbedarfs aus tierischer Nahrung beziehen. Die Chinesen kommen da nur auf 10%. Die Folge ist, daß der Cholesterinspiegel des Durchschnittschinesen um mehr als die Hälfte niedriger liegt als der eines durchschnittlichen US-Amerikaners. Und es muß doch zu denken geben, wenn Herz- und Kreislauferkrankungen in Fernost wesentlich seltener sind als z. B. in den USA und bei uns. Und noch nachdenklicher sollte uns machen, wenn Wirksubstanzen in einem Medikament, das Cholesterin in den Adern abbaut, aus der Sojabohne stammen. Diese Wirksubstanzen sind *Lecithin* und *Linolsäure*, die in der Sojabohne reichlich enthalten sind.

Wenn Sie also etwas für Ihre Gesundheit tun wollen, dann lassen Sie ruhig einmal ein Steak oder ein Schnitzel aus und bereiten Sie eins unserer Gerichte auf den folgenden Seiten zu. Nur eine halbe Tasse Sojabohnen enthält etwa die gleiche Menge an verwertbarem Protein wie 150 g Steakfleisch.

Die lange Geschichte der „Kuh des Ostens"

Die ältesten schriftlichen Überlieferungen aus dem 11. Jahrhundert v. Chr. berichten davon, daß die Sojabohne zuerst im Nordosten von China angebaut wurde. Von dort gelangte sie wahrscheinlich im 6. Jahrhundert n. Chr. über Korea nach Japan.

Abb. 12: Eine Sojapflanze.

Aber die Geschichte dieser ehrwürdigen Bohne ist sicher noch viel älter.

Im Westen hat sie allerdings erst relativ spät Fuß gefaßt. 1690 wurde sie zum ersten Mal von einem deutschen Botaniker beschrieben, der japanische Sojaprodukte kennengelernt hatte. Es dauerte dann noch einmal hundert Jahre, bis 1790 die ersten Sojabohnen nach England kamen und dort in botanischen Gärten angepflanzt wurden.

Erst zu Beginn unseres 20. Jahrhunderts entdeckte man in der Sojabohne

auch im Westen ein Nahrungsmittel. Allerdings verwendete man sie allenfalls zur Ölgewinnung und die eiweißhaltigen Rückstände als Viehfutter.
Mit dem systematischen Anbau der Sojabohne im Westen haben die Amerikaner begonnen, als sie erkannten, daß sie, bezogen auf die Anbaufläche, sehr hohe Erträge bringt und außerdem leicht zu ernten ist. Als Sojaproduzent und -exporteur sind die USA die Nummer eins, gefolgt von Brasilien, China, Kanada, Australien und Indonesien.
Aber ob die Sojabohne nun verfüttert oder vom Menschen direkt gegessen wird – fest steht, daß ohne diese segensreiche Pflanze die Hungersnot auf diesem Erdball wesentlich verbreiteter und noch aussichtsloser zu bekämpfen wäre.
Diese Bedeutung sieht man der Pflanze nicht an. Sie wird etwa 60 cm hoch und ist mit kurzen, weichen Härchen bedeckt. Sie gehört zur Familie der Hülsenfrüchtler, und bei diesem Namen fallen einem gleich Blähungen und ähnliche Unannehmlichkeiten ein. Aber keine Angst, wir werden Ihnen nachher gleich zeigen, wie diese Wirkungen völlig zu beseitigen sind. Die Hülsen der Sojabohne enthalten zwei bis drei Samen – die eigentlichen Bohnen also. In Form und Größe ähneln sie in getrocknetem Zustand den Erbsen. Läßt man sie in Wasser quellen, werden sie etwa zweieinhalbmal so groß und nehmen eine typische Bohnenform an. Die Pflanzen werden im Mai und Juni ausgesät und sind schon nach zweieinhalb Monaten reif. Man kann sie dann als frische, grüne Sojabohnen zubereiten. Normalerweise wartet man mit der Ernte aber, bis die Früchte bereits an der Pflanze getrocknet sind. Dann liegt die Ernte vier bis fünf Monate nach der Aussaat.

Wir nutzen die Künste der fernöstlichen Küche

Natürlich haben auch wir Vorurteile gehabt, als wir begannen, uns mit fernöstlicher Kochkunst und vor allem Sojabohnen zu befassen. Bei dem Wort Hülsenfrüchte fielen uns – wie gesagt – die berühmten Blähungen ein, und auch sonst konnte sich unter Sojaprodukten keiner von uns etwas Gutes vorstellen. Sie haben vielleicht schon gehört, daß man einmal versucht hat, Soja-Fleisch herzustellen. Das hatten wir natürlich auch probiert und fanden es ziemlich scheußlich. Aber warum soll man eigentlich aus Soja Fleisch machen, es also völlig verfremden und denaturieren? Mit dieser Entwicklung hat die Industrie einen Holzweg beschritten, wie sich auf dem Markt inzwischen längst erwiesen hat.
Die fernöstliche Küche ist da wesentlich einfallsreicher gewesen, wie Sie vielleicht in einem chinesischen, indonesischen, koreanischen oder japanischen Restaurant selbst schon einmal ausprobiert haben. Es ist ja wohl kein Zufall, daß man diese Restaurants überall in der Welt findet, und daß sie einen ausgesprochen guten Ruf haben. Aber warum haben die Rezepte keinen Eingang in unsere Küchen gefunden? Vielleicht sind es die verschiedenen Umwandlungsprozesse, die die Sojabohne durchmacht, bevor man daraus so leckere Dinge wie *Tofu*, *Tempeh* usw. herstellen kann. Das alles hat nichts mit Hexerei zu tun. Damit Sie wissen, was vor sich geht, wenn das Eiweiß der Sojabohne aufgeschlossen wird, hier ein kleiner Ausflug in die Küchenchemie.

Wie das Soja-Eiweiß zur leichten Kost gemacht wird

Wie alle Hülsenfrüchte ist die Sojabohne zunächst einmal schwer verdaulich. Verantwortlich sind dafür die sogenannten *Oligosaccharide*, auf die die Blähungen erzeugende Wirkung aller Bohnenarten zurückgeht. Schon beim Einweichen von Bohnen zieht ein Teil dieser Oligosaccharide in das Einweichwasser. Schütten Sie es fort. Durch Kochen kann man diesen Stoff noch weiter reduzieren; und durch einen Fermentationsprozeß, den wir gleich noch näher beschreiben werden, lassen sich die Oligosaccharide schließlich fast völlig beseitigen.
Außerdem gibt es in den Bohnen noch einen sogenannten *Trypsinhemmer*. Und der wirkt folgendermaßen: Die Bauchspeicheldrüse produziert ein Enzym, das Trypsin genannt wird. Ohne dieses Enzym könnte im Zwölffingerdarm das Eiweiß nicht abgebaut und genutzt werden. Der Trysinhemmer in den Bohnen hindert die Produktion dieses Enzym.
Wir haben also bei der Sojabohne die paradoxe Situation, daß sie einerseits wertvolle Eiweißstoffe in reichlichen Mengen enthält, andererseits aber mit einem Stoff versehen ist, der die Verdauung dieses wertvollen Eiweißes hemmt. Ein Widerspruch ist dies nur für uns Menschen. Im großen Zusammenhang der Natur ist das anders zu sehen. Die Sojabohnen sind ja die Samen einer Pflanze, der daran gelegen sein muß, daß die für die weitere Verbrei-

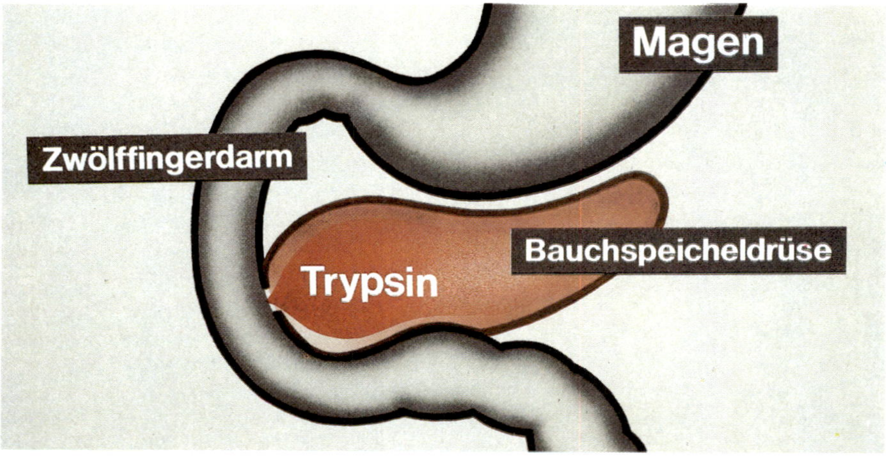

Abb. 13: Die Bauchspeicheldrüse gibt in den Zwölffingerdarm Trypsin ab, ohne das wir kein Eiweiß verdauen könnten.

Tofu

Beginnen wir mit einem Grundnahrungsmittel der Ostasiaten im umfassenden Sinne des Wortes: mit Tofu.
Entstanden ist Tofu, wie so vieles, zunächst in China. Von dort gelangte er auch nach Japan, wo man ihn verfeinert und verschiedene Varianten herausgefunden hat. Der chinesische Tofu heißt Dofu und ist fester gepreßt als der japanische Tofu.
Tofu ähnelt im Aussehen und in seiner Konsistenz unserem Käse. Man bezeichnet ihn deshalb auch als Sojabohnen-Käse oder -Quark. Ähnlichkeiten bestehen auch im Eiweißgehalt. Allerdings ist Tofu überhaupt nicht sauer.

tung wichtigen Samen nicht aufgefressen werden. Anders ausgedrückt: die Sojapflanze schützt sich durch den Trypsinhemmer etwa ähnlich wie die Rose durch ihre Dornen vor dem Gefressenwerden.
In diesem an sich sehr sinnvollen Mechanismus der Natur kann nun der Mensch kraft seiner Intelligenz eingreifen. Schon in frühen Zeiten hat er das bei den Bohnen z. B. dadurch getan, daß er durch Kochen den Trypsinhemmer reduzierte. Dazu genügen 15 bis 20 Minuten in einem Dampfdrucktopf oder 45 Minuten in einem ganz normalen Topf. In Ostasien, wo die Sojabohne für viele Menschen die Existenzgrundlage bildet, hat man es aber bei der einfachen Kochmethode nicht belassen, um ein besonders leicht verdauliches Produkt herzustellen. Wie man dort vorgeht, wollen wir Ihnen jetzt zeigen.

Abb. 14: Frischer Tofu.

Sein Geschmack kommt noch am ehesten dem von Mozzarella-Käse nahe, der ja ebenfalls nicht gesäuert ist.
Hergestellt wird Tofu aus einer Art Milch, der Sojamilch. Und die macht man so (einen zusammenfassenden Überblick über alle Phasen der Tofu-Herstellung finden Sie auf *Seite 128*).

Zunächst einmal wird Sojamilch hergestellt

Für den relativ einfachen Herstellungsprozeß brauchen Sie folgende Geräte:

- Küchenwaage
- leistungsfähigen elektrischen Mixer oder eine Küchenmaschine mit Schlagmesserwerk (Moulinette mit Mixeraufsatz)
- großer Topf mit etwa 6 l Inhalt
- Holzlöffel zum Rühren
- Durchschlagsieb mit Rühreinsatz (vgl. *Seite 125*)
- Baumwollwindel

Zunächst brauchen Sie natürlich *Sojabohnen*, wobei wir im folgenden immer von 250 g ausgehen. Die bekommen Sie entweder in Spezialgeschäften für fernöstliche Lebensmittel, in den entsprechenden Abteilungen der Kaufhäuser und Supermärkte oder Bioläden und Reformhäusern. Die Preise gehen sehr auseinander; da sollten Sie ruhig vergleichen.
Achten Sie darauf, daß Sie keine Bohnen bekommen, die älter als ein Jahr sind. Das Eiweiß macht bei langer Lagerung nämlich einen Umwandlungsprozeß durch. Die Bohnen sollten auch nicht zersplittert sein, weil sie sonst wegen ihres Ölgehaltes schneller ranzig werden.

Abb. 15: Die meisten Gerätschaften, die man für fernöstliche Küche braucht, hat man ohnehin im Haus. Der Rest läßt sich leicht beschaffen oder bauen.

Weichen Sie zunächst die Bohnen in reichlich Wasser ein: Sie quellen dann auf das zweieinhalbfache ihres ursprünglichen Volumens auf. Aus 250 g trockenen Bohnen werden auf diese Weise etwa 520 bis 530 g aufgequollene Sojabohnen. In warmem Wasser geht das sehr schnell; man muß aber dann einen Eiweißverlust hinnehmen. Nehmen Sie also kaltes Wasser und lassen Sie die Bohnen über Nacht stehen.

Im Sommer bilden sich auf der Wasseroberfläche schon nach kurzer Zeit Bläschen. Das können Sie vermeiden, wenn Sie die Schüssel während des Quellens in den Kühlschrank stellen.

Die Bohnen sind fertig gequollen, wenn sich die Schale der Bohne, die Sie zwischen Zeigefinger und Daumen drücken, leicht ablöst. Die Bohne zerfällt dann in zwei Hälften.

Nach unseren Erfahrungen sind zwölf bis sechzehn Stunden Quellzeit anzusetzen. Vergessen Sie nicht, zum Schluß das Wasser wegzuschütten, das nun schon einen großen Teil der Oligosaccharide (vgl. dazu *Seite 121*) enthält.

Nun müssen die Bohnen zerkleinert werden.

Die Chinesen und Japaner haben dazu früher kleine Steinmühlen verwendet. Heute geht das mit modernen Küchengeräten viel einfacher.

Bei unseren Rezepten gehen wir von 250 g getrockneten Sojabohnen aus. Die jetzt aufgequollene Menge zerkleinern Sie wegen der Größe Ihrer Küchenmaschine am besten in 2 Etappen.

Zur *gesamten* Bohnenmenge kommen 600 bis 800 ml warmes Wasser. Die eingeweichten Bohnen werden nun zusammen mit diesem warmen Wasser fünf bis zehn Minuten im Mixer zerkleinert. Sollte der Brei zu pappig werden, dann fügen Sie ruhig noch ein wenig Wasser hinzu. Grob gerechnet geht man davon aus, daß schließlich etwa das Zehnfache des Bohnengewichts an Milch entsteht. Bei 250 g Ausgangsmenge der trockenen Bohnen wären das also 2½ kg einschließlich aufgesogenes Wasser.

Abb. 16: Getrocknete Sojabohnen (links) ergeben gequollen (rechts) etwa die doppelte Menge.

Wenn die Sojabohnen möglichst fein zerkleinert sind, entsteht ein lockerer und leichter dünner Brei. Große Bohnenstücke sollten nicht darin schwimmen, weil sonst später die Eiweiß-Ausbeute zu gering wird (Korngröße feiner als Gries).
Wichtig ist, daß sowohl die Herstellung der Sojamilch wie später auch das Zubereiten des Tofu selbst möglichst schnell und ohne Pause vor sich geht. Zeit sparen Sie auch, wenn Sie bei dem folgenden Prozeß so vorgehen:
Während Sie die erste Hälfte der Bohnen zusammen mit dem Wasser zerkleinern, bringen Sie in dem großen Topf einen Liter Wasser zum Kochen. Ziehen Sie dann den Topf vom Feuer und gießen Sie das dünne Sojabohnen-Püree hinein. Zerkleinern Sie dann die andere Hälfte der Bohnen und schütten Sie sie ebenfalls in den Topf. Nun wird alles bei mittlerer Hitze wieder zum Kochen gebracht.

Wichtig ist nun, daß Sie die Bohnenmilch 15 Minuten lang unter ständigem Rühren mit dem Holzlöffel kochen. Schaben Sie dabei immer wieder den Topfboden und auch die Ränder ab, damit nichts anbrennt. Bei diesem 15minütigem Kochen wird der vorhin genannte *Trypsinhemmstoff* zerstört.

Beim Kochen schäumt die Sojamilch zunächst sehr stark auf. Deshalb haben wir Ihnen auch zu einem 6-l-Topf geraten, bei dem die Gefahr des Überlaufens gering ist. Nach etwa 15 Minuten Kochzeit fällt dieser Schaum aber in sich zusammen.

Die Eiweißsubstanzen haben sich nun weitgehend in die Flüssigkeit abgeschieden. Die Sojamilch muß nun von den festen Bestandteilen – die Japaner nennen es *Okara* – getrennt werden. Man kann sie leicht von der Milch trennen, indem man das Ganze, heiß wie es ist, durch die Baumwollwindel gießt. Allerdings müssen Sie dann die kochendheiße Masse auspressen, was nicht ganz einfach ist. Deshalb hat sich die Hobbythek eine einfache Hilfe ausgedacht.

Abb. 17: Zunächst werden die gequollenen Sojabohnen im Mixer möglichst fein zerkleinert.

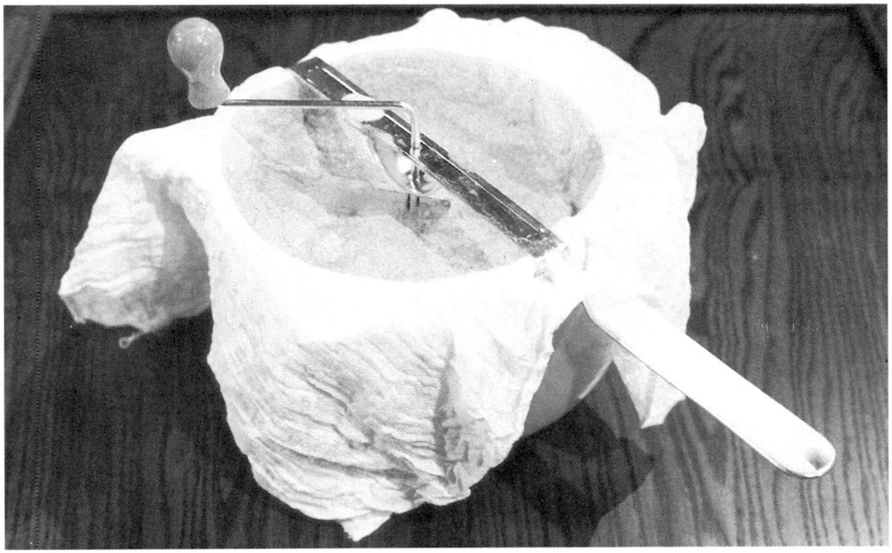

Abb. 18: Der Bohnenbrei wird durch ein Rührsieb passiert, das mit Windelstoff ausgekleidet ist.

In einem Haushaltswarengeschäft haben wir ein einfaches Durchschlagsieb gefunden, wie man es z. B. auch für das Herstellen von Tomatensuppe braucht. Es hat einen Schaber und eine Art eiförmiges Nudelholz, die mit einer Kurbel bedient werden. Nun sind die Maschen dieses Siebs allerdings viel zu grob. Wir haben deshalb das Sieb mit einer einfachen Baumwollwindel ausgekleidet, die sich auch beim Drehen an dem Gerät nicht verschiebt, wenn man sie zwischen Sieb und Drehmechanismus klemmt.
Setzen Sie dieses Durchschlagsieb mit der Windel auf eine passende Schüssel und gießen Sie die erste Hälfte des kochendheißen Bohnenpürees in das Sieb. Dann wird gedreht, die dünnflüssige Milch fließt in die Schüssel ab, und im Sieb bleibt das feste Okara. Dann den Rest aus dem Topf dazugießen und weiter drehen. Wenn sich auf diese Weise keine weitere Sojamilch herausdrücken läßt, klappen Sie den Durchschlagteil aus dem Sieb heraus, nehmen die Windel und pressen mit der Hand noch den letzten zurückgebliebenen Rest von Milch aus dem Okara. Wer will, kann auch einen ½ l kochendes Wasser über das Okara gießen und ein zweites Mal pressen. Dann ist aber auch alles an Eiweißmilch herausgeholt.

Schon die Sojamilch ist ein Genuß

Die fertige *Sojamilch* schmeckt leicht süßlich, mild und aromatisch. Sie läßt sich durchaus mit der Kuhmilch vergleichen. Man kann sie entweder ohne jede weitere Zutat trinken oder auch zusätzlich würzen – das ist Geschmackssache. Ob nun gewürzt oder nicht: diese Sojamilch ist sehr eiweißreich und trotzdem leicht verdaulich, und außerdem hat sie noch einen Anteil von ungesättigten Fettsäuren. Im Vergleich zu normaler Kuhmilch enthält sie 50% mehr Eiweiß, 16% weniger Kohlehydrate, 24% weniger Fett und insgesamt 12% weniger Kalorien. Besonders für Sportler mit ihrem sehr hohen Eiweißbedarf ist diese Milch genau das richtige. Aber auch für Kinder, die ja für den Körperaufbau viel Eiweiß brauchen, ist sie eine feine Sache. Das einzige, was dieser Sojamilch im Vergleich zur Kuhmilch fehlt, ist das Calcium.
Kinder werden die Sojamilch am liebsten mit Zucker oder Honig gesüßt trinken, Erwachsene würzen sie vielleicht mit Sojasoße.
Aber man kann aus dieser Sojamilch – die wohlgemerkt noch nicht Tofu ist – noch etwas anderes machen:

Ein Rezept zwischendurch: Soja-Joghurt

Wie aus der Kuhmilch kann man auch aus Sojamilch Joghurt und sogar Frischkäse herstellen. Die Zubereitung geht genauso wie bei der Kuhmilch – das haben wir im *Hobbythek-Buch 5* im Kapitel über die Käseherstellung ausführlich beschrieben. Für die Joghurt- oder Käseherstellung braucht man sogenannte Starterkulturen. Das sind Milchsäurebakterien, die es in Reformhäusern oder Apotheken entweder gefriergetrocknet oder in anderer Form gibt. Diese Milchsäurebakterien säuern auch die Sojamilch. Es geht hier sogar

Abb. 19: Frische Sojamilch.

Abb. 20: Wie wäre es mit einem leckeren Frühstück mit Sojamilch, Sojajoghurt und Tofu?

noch schneller als bei der Kuhmilch. Für den eigentlichen Säuerungsprozeß wird eine bestimmte Temperatur gebraucht, die über längere Zeit erhalten werden muß. Dafür haben wir eine Wärmebox entwickelt, deren Herstellung wir im Zusammenhang mit der Tempeh-Herstellung ab *Seite 137* beschreiben.
Nach diesem kleinen Tip für die Verwendung der Sojamilch aber nun zur eigentlichen Tofu-Herstellung.

Aus der Sojamilch wird Tofu

Bevor die Sojamilch zu Tofu verarbeitet werden kann, muß man an das Eiweiß herankommen. Das erreicht man durch Gerinnung der Milch. Und dafür brauchen wir ein Gerinnungsmittel.
Das klassische Gerinnungsmittel der Chinesen ist *Calcium-Sulfat*, was chemisch betrachtet nichts anderes als Gips ist. Es ergibt einen relativ geschmacksneutralen Tofu. Calcium-Sulfat gibt es in Apotheken. Keine Angst: der Gips kann im Magen nicht verklumpen. Dazu sind die Mengen zu gering. Außerdem soll er nach neuester Forschung für die Zähne gut sein.
Die Japaner bevorzugen ein Gerinnungsmittel, das *Nigari* heißt, und das Sie notfalls über Bezugsquellen bekommen können, die wir im Anhang nennen. Sie sagen Tofu, der mit Nigari hergestellt ist, den feinsten Geschmack nach. Das ist nun tatsächlich Geschmackssache. Manchen wird er vielleicht ein bißchen streng und nach Chemie schmecken. Nigari wird nämlich aus Meersalz gewonnen, dem man das Natriumchlorid (das Kochsalz also) entzogen hat. Übrig bleiben dann im wesentlichen Magnesium- und Calciumchlorid, aber auch Jod.
Schließlich kann man als Gerinnungsmittel noch *frischen Zitronensaft* verwenden. Dann wird die Masse für den Tofu zwar nicht so homogen, sondern leicht krümelig; der säuerliche Geschmack des fertigen Tofu ist aber sehr angenehm.

Probieren Sie die drei Gerinnungsmittel ruhig einmal aus und finden Sie Ihren persönlichen Geschmack.
Und hier die nötigen Mengen des Gerinnungsmittels:
Ausgegangen wird jeweils von 250 g getrockneten Sojabohnen als Ausgangsmenge.

- bei *Calciumsulfat* brauchen Sie *2 schwach gehäufte Teelöffel*;
- bei *Nigari* brauchen Sie *1 1/2 gestrichene Teelöffel*;
- bei frisch gepreßtem *Zitronensaft* brauchen Sie *6 Teelöffel*.

Bei der Dosierung des Gerinnungsmittels müssen Sie ziemlich genau vorgehen und vielleicht erst noch Erfahrung sammeln. Verwendet man zuwenig, dann bleibt die Molke trüb und die Ausbeute an Eiweiß relativ gering. Nimmt man zuviel, dann läuft der Gerinnungsprozeß zu schnell ab, was ebenfalls zu einem geringen Ertrag führt. Auch wir mußten da erst Erfahrungen sammeln. Aber schon nach wenigen Versuchen haben wir es soweit gebracht, daß wir aus 250 g getrockneten Sojabohnen als Ausgangsmenge 500 g Tofu gewonnen haben.
Wie geht es nun weiter?
Die noch heiße Sojamilch, die Sie im Rührsieb aus dem Okara herausgepreßt haben, gießen Sie in den – zwischendurch gereinigten – Kochtopf zurück und erhitzen sie auf 80 bis 85° C. Kontrollieren Sie die Temperatur mit einem Thermometer (Einmach-Thermometer oder ähnlich).
Wenn Sie Calcium-Sulfat oder Nigari nehmen, lösen Sie es zwischendurch in einer Tasse mit kaltem Wasser auf. Zitronensaft kann man natürlich so verwenden.
Gießen Sie das Gerinnungsmittel sehr langsam unter vorsichtigem Rühren mit dem Holzlöffel in die 80 bis 85° C heiße Sojamilch hinein. Mit dem Rühren sollen Sie das Gerinnungsmittel nur gleichmäßig *verteilen*, nicht aber die Gerinnung selbst stören. Sie werden sehen, daß sich sehr bald der weiße Tofu von der Molke trennt. Decken Sie den Topf nun mit dem Deckel zu, damit die Temperatur möglichst erhalten bleibt.
Nach 10 bis 20 Minuten ist die Gerinnung abgeschlossen. Je langsamer dieser Prozeß verläuft, um so höher ist der Eiweißertrag. Zum Schluß schwimmen in der völlig klaren blaßgelben Molke große wolkenartig aussehende Ausflockungen von Eiweiß.

Wie bei der Quark- oder Käseherstellung muß nun die überschüssige Molke ablaufen. Das geht am besten in einem einfachen *Preßkasten*, den Sie sich nach dem Plan auf *Seite 129* leicht selbst herstellen können. Stellen Sie diesen Preßkasten am besten direkt in die Spüle. Kleiden Sie ihn sorgfältig mit einem angefeuchteten dichten *Baumwoll-* oder *Leinentuch* aus (eine Windel ist dafür zu grobmaschig). Frischen Stoff kochen Sie lieber vorher aus, damit die Appretur herausgeht.
Schöpfen Sie zunächst die Molke so weit wie möglich aus dem Kochtopf heraus. Die festen Bestandteile, die inzwischen einen großen zusammenhängenden Kuchen bilden, werden nun vorsichtig in den Preßkasten umgeschichtet. Das geht am besten mit einem Schaumlöffel. Schlagen Sie

Abb. 21: Geronnene Sojamilch.

dann das Tuch von den Seiten her sorgfältig nach innen, legen Sie den Holzdeckel auf und beschweren Sie ihn mit einer ganz normalen nichtrostenden und gefüllten Konservendose. Dadurch ersparen Sie es sich, mit dem Daumen 15 bis 20 Minuten lang drükken zu müssen. Länger als 20 Minuten sollten Sie den Tofu nicht pressen, weil er sonst zu fest wird.
Wickeln Sie nun den Tofu aus dem Tuch und lassen ihn völlig abkühlen.

Hier noch einmal die Herstellung von Tofu im Überblick

Auf den ersten Blick erscheint die Tofu-Herstellung etwas kompliziert. Das ist sie in Wirklichkeit aber gar nicht. Länger als 1 Stunde brauchen Sie für den gesamten Ablauf nicht; und das ist auch nicht mehr als für Kuchenbacken oder die Zubereitung einer Mahlzeit. Wir sagten ja schon, daß der Tofu am besten gelingt, wenn man alles hintereinanderweg macht. Und das beschreiben wir hier noch einmal in Kurzfassung:

1. 250 g trockene Sojabohnen mit 600 ml bis 800 ml (=0,6 bis 0,8 l) Wasser mischen und fein zerkleinern.
2. Den dünnen Brei in 1 l kochendes Wasser geben und 15 Minuten unter ständigem Rühren weiterkochen. Dadurch wird der schädliche Trypsinhemmer beseitigt.
3. Den dünnen Brei durch eine Baumwollwindel in einem Rührsieb auspressen. Die festen Bestandteile (Okara) können Sie wegwerfen. Die ausgepreßte Sojamilch schmeckt bereits sehr gut.
4. Die heiße Sojamilch in sauberen Topf zurückgießen, auf 80 bis 85° C (mit Thermometer prüfen) erhitzen.
5. Das Gerinnungsmittel dazugeben und alles 10 bis 15 Minuten lang zugedeckt stehen lassen. Darauf achten, daß die Temperatur nicht unter 80° C sinkt.
6. Molke abschöpfen und das Eiweiß aus dem Topf in den Preßkasten geben. 15 bis 20 Minuten lang pressen. Fertig ist der frische Tofu.

Was macht man mit frischem Tofu?

Der Vorteil des Selbermachens ist, daß Sie den Tofu ganz *frisch* essen können. Dann schmeckt er nämlich am besten. Sie können ihn aber auch einen Tag lang zugedeckt im *Kühlschrank* aufheben.
Wenn Sie sich einen Vorrat für etwa 10 Tage anlegen wollen, dann geht das ebenfalls im Kühlschrank. Sie müssen ihn dann aber in *frisches Wasser* legen, das Sie täglich wechseln. Salzen Sie dieses Wasser ruhig ein wenig.
Und schließlich kann man Tofu sogar *einfrieren* und monatelang aufheben. Das geht z. B. mit Käse aus Kuhmilch nicht.

Tofu-Rezepte bringen Abwechslung in Ihre Küche

Daß Tofu überaus gesund ist, haben wir schon gesagt. Und daß er sich sehr vielseitig zubereiten läßt, wollen wir Ihnen jetzt beweisen. Tofu läßt sich nämlich nicht nur roh essen, sondern auch braten, fritieren, kochen, überbacken oder auch grillen, man kann ihn mit Soßen verfeinern, wie Eierstich in Suppen verwenden oder zu Salat servieren. Tofu eignet sich als Vorspeise, als Hauptgericht, ja sogar als Dessert. Gibt es ein vielseitigeres Lebensmittel?
Diese vielfältige Verwendbarkeit verdankt Tofu seinem relativ schwachen Eigengeschmack. Das gestattet es auch, ihn sowohl salzig wie süß, scharf oder sauer zuzubereiten. Lassen Sie sich durch unsere Rezepte ab *Seite 159* anregen.

Die Tofu-Presse der Hobbythek

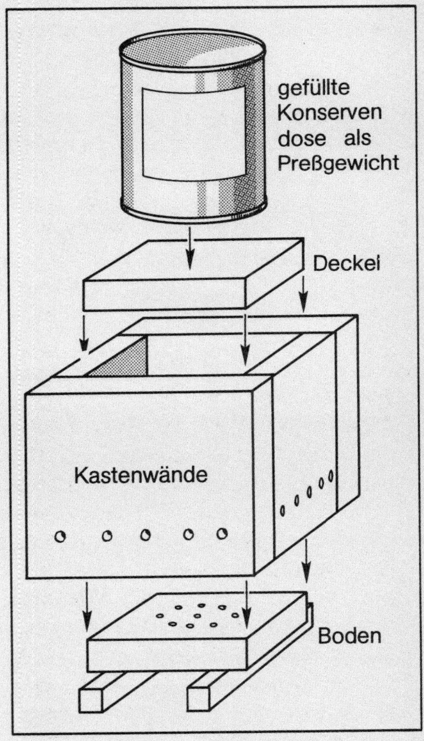

Abb. 22: Unsere einfache, aber praktische Tofupresse.

Auch hier brauchen Sie keine besonderen handwerklichen Fähigkeiten und auch kein aufwendiges Material. Besorgen Sie sich:

Brettchen aus Weißbuche, 20 mm stark, mit den Maßen:	2 Leistenabschnitte von je 14 cm Länge im Querschnitt ca. 15 x 15 mm
2 Stück à 12 x 11 cm	20 verzinkte Holzschrauben, 2,5 x 30 mm
2 Stück à 12 x 14 cm	
2 Stück à 10,5 x 10,5 cm	

Die Brettchen lassen Sie sich am besten bei einem Schreiner zuschneiden. Da die Presse sehr naß wird und die ausgepreßte Flüssigkeit auch leicht sauer ist, sind andere Materialien nicht so gut geeignet. Achten Sie auch darauf, daß die Schrauben *verzinkt* sind, damit sie nicht oxidieren.

Zunächst wird entsprechend der *Zeichnung* eine Art Rahmen zusammengeschraubt. Da Weißbuchenholz relativ hart ist, bohren Sie die Löcher für die Schrauben, die die Seitenwände zusammenhalten, ruhig vor. Bei 3 Schrauben pro Kante können Sie sicher sein, daß sich auch die nassen Brettchen nicht verziehen.

Unter den Boden setzen wir die 2 Leistenstücke. Dann kann die ausgepreßte Flüssigkeit besser ablaufen. Der Deckel hingegen wird einfach lose in den Kasten gelegt.

Als Preßgewicht benutzen wir eine ganz normale gefüllte Konservendose mit 1 Kilo Inhalt. Sie paßt in die Presse genau hinein.

Zum Schluß werden Boden und Wände noch mit ein paar Löchern zum Abfließen der Flüssigkeit versehen; und fertig ist die Presse.

Abb. 23: Wie wäre es mit frischem Tofu mit Kräutern oder mit einem Tofusalat mit Ananas und Lychees?

Tempeh

Was Tofu für China, Korea und Japan ist, ist *Tempeh* für Indonesien. Auch Tempeh wird aus Sojabohnen hergestellt; allerdings unterscheidet es sich von Tofu doch in einigen ganz wesentlichen Punkten. Tempeh wird nicht aus Sojamilch gewonnen, sondern aus der *ganzen Sojabohne*. Gleichzeitig wird diese Bohne in einem Fermentations-Prozeß, den wir gleich beschreiben werden, total verändert.

Auf *Abbildung 24* sehen Sie einige Scheiben Tempeh. Sie sehen aus wie dickes, weißes Knäckebrot. An der buckligen Oberfläche sind noch die Sojabohnen zu erkennen; die schneeweiße Farbe rührt von einem besonderen Schimmelpilz her, der im Aussehen an

Abb. 24: Frischer Tempeh.

den Schimmel von Camembert erinnert. Tempeh duftet überaus frisch nach einer Mischung aus Obst und Pilzen, es beißt sich kräftig, und es ist alles in allem noch gesünder als Tofu. 100 g Tempeh enthalten *157 Kalorien*. Es ist sehr reich an *leichtverdaulichem Eiweiß*, und es enthält aufgrund eines Fermentationsprozesses alle wichtigen *Vitamine der B-Gruppe*, vor allem das Vitamin B_{12}. In seinem Vitamingehalt ist Tempeh dem Tofu überlegen. Dieses Vitamin B_{12} kommt sonst vor allem in tierischen Produkten vor. In Verbindung mit dem hohen Eiweißgehalt macht es Tempeh also zum vollwertigen Fleischersatz. Vegetarier, die ihren Vitamin-B_{12}-Mangel sonst oft durch Pillen ausgleichen, sind also mit Tempeh bestens versorgt.

Darüber hinaus enthalten 100 g Tempeh *5 mg Eisen*. Gerade wir Menschen der westlichen Welt – und darunter vor allem die Frauen durch die Menstruation – leiden aufgrund unserer Ernährung an Eisenmangel. Schließlich gibt es im Tempeh noch *Calcium*, *Magnesium* und andere *Mineralstoffe*. Nicht zuletzt produziert der weiße Schimmelpilz neben dem Vitamin B_{12} verschiedene *Enzyme*, die unser Körper für den Abbau von Eiweiß und Fett braucht. Tempeh ist also ein hochwertiges und zugleich sehr leicht verdauliches Nahrungsmittel.

Wir sagten schon, daß Tempeh ein wichtiges Grundnahrungsmittel in *Indonesien* ist. Vor rund 2000 Jahren hat man es auf der Insel Java zuerst bereitet. Diese Insel bietet für Tempeh ein außerordentlich günstiges Klima. Tempeh verdankt seine Existenz dem Schimmelpilz *Rhizopus oligosporus*, der den Fermantationsprozeß in Gang setzt, durch den aus weichgekochten Sojabohnen ein Produkt mit den eben beschriebenen günstigen Eigenschaften entsteht. Dieser Schimmelpilz startet den Fermentationsprozeß bei Temperaturen zwischen 30 und 37° C. Innerhalb von 24 Stunden verwandelt der Pilz die Sojabohnen in ein völlig anderes Produkt. Er zerstört die *Oligosaccharide* und *Trypsinhemmer*, die die Verdaulichkeit von Hülsenfrüchten wie der Sojabohne behindern (vgl. dazu oben *Seite 121*).

Angesichts der 2000 Jahre langen Geschichte von Tempeh und angesichts der Tatsache, daß Indonesien seit Ende des 16. Jahrhunderts niederländische Kolonie war, verwundert es, daß Tempeh im Westen erst kurz vor der Jahrhundertwende durch einen holländischen Wissenschaftler beschrieben wurde. Wirklich interessiert haben sich die westlichen Menschen für Tempeh sogar erst während des Zweiten Weltkrieges, als amerikanische Soldaten in Indonesien stationiert waren. In den USA hat man denn auch seit 1960 Tempeh wissenschaftlich untersucht. Dabei hat man herausgefunden, daß sich Tempeh nicht nur aus Sojabohnen, sondern auch aus Weizen, Reis, Hirse und anderen Getreidearten herstellen läßt. Inzwischen ist Tempeh in den USA ein ausgesprochener Hit geworden.

Wie macht man Tempeh?

Man kann Tempeh zwar auch aus Getreidekörnern und aus Erdnüssen herstellen; wir wollen uns hier aber auf das traditionelle Tempeh aus Soja beschränken, das das beste ist.

Seine Herstellung ist einfacher als die von Tofu. Die Hilfsmittel, die Sie dabei brauchen, können Sie sich leicht besorgen oder selbst herstellen. Sie brauchen:

1. Als Tempeh-Starter den Schimmelpilz *Rhizopus oligosporus* (Sie bekommen ihn notfalls über Versandanschriften im Anhang). Der Pilz wird in Pulverform gehandelt, und er läßt sich im Kühlschrank mindestens 6 Monate aufheben. Auch danach ist er noch brauchbar, muß aber möglicherweise höher dosiert werden.
   Starter-Kulturen werden zur besseren Dosierung meistens mit Mehl vermischt. Dabei ist das Mischungsverhältnis bei den einzelnen Marken nicht ganz einheitlich. Beachten Sie deshalb bitte auch die jeweiligen Gebrauchsanweisungen.
2. *Milchsäure* (88- bis 92%ig), die in jeder Apotheke zu bekommen ist.
3. Für die 24 Stunden dauernde Fermentation brauchen Sie eine *Wärmebox*, die Sie sich leicht selber bauen können (vgl. dazu *Seite 137*). Sollten Sie z. B. im Heizungskeller eine konstante Temperatur von mindestens 30 bis höchstens 37° C haben, dann können Sie sich die Wärmebox allerdings sparen.

Und so wird Tempeh hergestellt:

Kochen und Schälen

Ausgegangen wird wieder von *250 g trockenen Sojabohnen*. Kochen Sie sie in reichlich Wasser auf. Dabei einen ausreichend großen Topf verwenden, denn die Bohnen quellen auf das zweieinhalbfache ihres ursprünglichen Volumens auf. Das Kochen verkürzt nicht nur die Quellzeit, die in warmen Wasser 6 bis 8 Stunden betragen würde, sondern es beseitigt auch schädliche Bakterien. Außerdem läßt sich von den Bohnen die Schale leichter lösen. Die Schalen nämlich müssen sämtlich entfernt werden, damit der Schimmelpilz die Bohnen möglichst schnell und vollständig bedecken kann.

Nun wäre das Schälen jeder einzelnen Bohne eine Arbeit, die einem Tempeh verleiden könnte. Wir haben uns deshalb eine Hilfe ausgedacht, die diese Sysiphusarbeit zu einem Vergnügen macht.

Schütten Sie die gequollenen Sojabohnen in ein *Salatsieb aus Plastik* (man benutzt es auch zum Abgießen von Spaghetti). Diese Siebe haben relativ große Löcher. Schieben Sie nun die Sojabohnen mit der Innenfläche der flachen Hand an der löchrigen Kunststoffwand des Siebes entlang. Ohne viel Druck lösen sich nun die Schalen von den Bohnen fast von allein, wobei die meisten von ihnen in zwei Hälften zerfallen. Sollte sich die Schale nicht leicht lösen lassen, was man zwischen zwei Fingern mit ein wenig Druck ausprobieren kann, dann müssen die Bohnen einfach noch ein wenig länger quellen. Wenn die Bohnen ihre Schale verloren haben, schütten Sie sie mitsamt den leeren Schalen in eine große Schüssel. Füllen Sie die bis zum Rand mit Wasser. Die leichten Schalen steigen nach oben und können abgenommen werden. Notfalls ein paarmal Wasser nachgießen und umrühren.

Abb. 25: Von den vorgequollenen Sojabohnen lassen sich die Schalen in einem Plastiksieb sehr leicht abstreifen.

Das Fermentieren

Der Fermentationsprozeß, durch den aus der einfachen Sojabohne herrliches Tempeh entsteht, kommt im tropischen Klima von Indonesien von selbst in Gang. Dort schwirren derart viele Schimmelsporen in der Luft herum, daß dies kein Problem ist. Zugleich säuern die Bohnen ganz leicht durch die ebenfalls allgegenwärtigen Milchsäurebakterien.

Bei uns hingegen muß man den Fermentationsprozeß „starten“; denn hier schwirrt keine einzige Edelpilzspore von Typ Rhizopus oligosporus durch die Luft. Es gibt sogenannte Starterkulturen, und mit denen setzen wir den Prozeß in Gang (Beschaffungsnachweis im Anhang).

Die notwendige leichte Säuerung erzeugen wir außerdem durch Hinzufügen von Milchsäure ins Kochwasser oder durch Essig.

Im leicht sauren Medium wächst der Edelpilz am besten; viele andere hier unerwünschte Mikroorganismen hinge-

Abb. 26: Beim Zugeben des Schimmelpilzes *Rhizopus oligosporus* sehr sauber arbeiten.

gen nicht. Der Vorteil: es bilden sich keine schädlichen Schimmelstellen und es wachsen keine Fäulnisbakterien. Schalten Sie diese Gefahr zusätzlich dadurch aus, indem Sie *sehr sauber* arbeiten und genügend Starterkultur des Edelschimmels auf die Bohnen geben.

Hier die Mengenangaben und die Fermentationsmethode:

Auf 250 g getrocknete Sojabohnen (Ausgangsmenge) kommt entweder *ein Teelöffel Milchsäure* (80- bis 93%ig) oder ersatzweise eine *halbe Tasse Essig* (5%ig).

Die Ausgangsmenge von 250 g getrockneten Sojabohnen, aus denen durch Kochen und Quellen die zweieinhalbfache Menge geschälter Sojabohnen geworden ist, übergießen Sie jetzt mit einem Liter Wasser, fügen Sie das Säuerungsmittel hinzu und stellen Sie alles in einem ganz normalen Kochtopf auf den Herd. Bei kleiner Flamme wird die Mischung jetzt 45 bis 60 Minuten lang gekocht. Achten Sie darauf, daß das Wasser nicht verkocht; gießen Sie evtl. nach.

Verkürzen kann man das ganze Verfahren in einem Dampfdrucktopf. Dann brauchen Sie nur noch 15 bis 20 Minuten zu kochen.

Die Bohnen sollten nun so weich sein, daß sie angenehm eßbar sind. Also nicht zu matschig, sondern immer noch mit einem kräftigen Biß.

Die Bohnen haben jetzt einen leichten Nußgeschmack und sind noch etwas säuerlich. Aber sie sind auch noch recht schwer verdaulich. Das ändert sich erst bei der Fermentation.

Ab dieser Phase müssen Sie *besonders sauber* arbeiten, denn jetzt kommt die Starter-Kultur für den Fermentationsprozeß hinzu. Spülen Sie das Gefäß zum Impfen (z. B. ein Einmachglas) mit kochendem Wasser aus.

Wenn alles bereit ist, gießen Sie das Kochwasser von den Bohnen. Die Bohnen müssen jetzt mit einem ganz sauberen Geschirrtuch oder Küchenkrepp abgetrocknet werden.

Und nun kommt das wichtige Impfen der Bohnen mit der Starter-Kultur aus Schimmelsporen. Dazu müssen sie allerdings soweit abgekühlt sein, daß sie nicht wärmer als 40° C sind. Sonst geht der Schimmelpilz nämlich ein.

Streuen Sie nun die Starter-Kultur über die Sojabohnen und rühren Sie mit einem Löffel kräftig durch. Wenn Sie die Sojabohnen mit der Starter-Kultur gut vermischt haben, dann kommt ein nächster wichtiger Schritt: die richtige Verpackung.

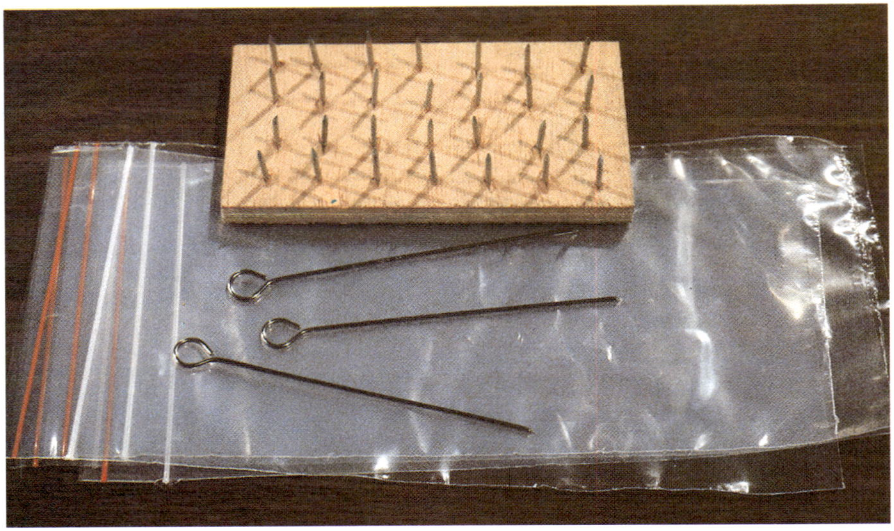

Abb. 27: Bauen Sie sich am besten solch ein einfaches Nadelbrettchen zum Durchlöchern der Folie.

Abb. 28: Die vorbereiteten Bohnen flach in einen Plastikbeutel packen.

Bei der Tempeh-Zubereitung kommt es auf die richtige Verpackung an

Beim fertigen Tempeh werden die einzelnen Bohnen durch ein dichtes, schneeweißes Geflecht von Pilzen zusammengehalten. Damit solche schönen, appetitlichen Tempeh-Scheiben entstehen, wie Sie sie auf *Abb. 24* sehen, lassen wir den Fermentationsprozeß in einer Plastikhülle ablaufen.

Nun braucht der Pilz zum Wachsen allerdings Sauerstoff. Deshalb muß die Plastikfolie Löcher bekommen. Die kann man ziemlich schnell mit einer ganz normalen Nadel stechen; der Abstand der Löcher beträgt 1 bis 1,5 cm. Sie können aber auch mit einem Kopierrädchen, wie man es für Schnittmuster verwendet, ein paar Reihen Löcher stechen. Und wer es ganz rationell machen will, der baut sich ein Nadelbrettchen, wie es auf *Abb. 27* zu sehen ist. Außerordentlich praktisch sind Gefrierbeutel mit einem *Falzverschluß,* den man ähnlich wie einen Reißverschluß öffnen und immer wieder schließen kann. Es eignen sich aber auch ganz normale Gefrierbeutel, die Sie entweder zuschweißen oder zukleben.

Ist alles vorbereitet, dann füllen Sie die geimpften Bohnen in den Beutel. Bitte nur soviel nehmen, daß der Beutel flach mit einer etwa 2 bis 3 cm dicken Schicht gefüllt ist. Drücken Sie die Bohnen im Beutel zu einer gleichmäßigen Schicht mit der flachen Hand; drücken Sie aber nicht zu stark, damit keine Flüssigkeit aus den Löchern in der Folie herausläuft. Die Fladenform, die Sie jetzt zurechtgedrückt haben, hat das Tempeh auch nach der Fermentation.

Und nun braucht Tempeh 24 Stunden gleichmäßige Wärme

Auf *Seite 137* zeigen wir den Bau einer einfachen *Wärmebox* aus Styropor, die man mit einer ganz normalen 15-Watt-Birne heizen kann. Wir haben die Kastenmaße in verschiedenen Experimenten so festgelegt, daß sich die Idealtemperatur von 35° C ziemlich genau erreichen läßt. Prüfen Sie das aber zur Sicherheit mit einem Thermometer nach, das Sie in die Box legen. Bei Temperaturen über 38° C gerät der Edelschimmelpilz nämlich ins Schwitzen und stellt sein Wachstum ein. Bei Temperaturen unter 32° C geht alles sehr langsam oder der Fermentationsprozeß kommt überhaupt nicht in Gang.

Die fertig vorbereiteten und geschlossenen Beutel kommen nun in die Wärmebox. Wenn es nicht allzu viele sind, können Sie sie einfach nebeneinander legen. Damit der Pilz jedoch überall Sauerstoff bekommt, müssen Sie die Beutel einmal während der 24 Stunden umdrehen.

Sie können sich aber auch einen kleinen, selbstgebauten Holzrost oder einen Kaffeekannenuntersetzer in die Box legen, damit die Beutel auch von unten belüftet werden. Und wenn Sie sehr viel Tempeh herstellen, dann empfiehlt sich doch der Bau eines kleines Etagengestells aus Styropor, in das Sie die flachen Beutel hineinschichten. Dann kommt die 15-Watt-Lampe in einer Konservendose, die Sie auf einen umgedrehten Teller stellen, in die Box. Den Deckel auf den Kasten, Birne einschalten; und nun muß das Tempeh in wohliger Wärme 24 Stunden ruhen.

Bei Ihren ersten Versuchen sollten Sie die Temperatur zwischendurch immer einmal nachprüfen. Dabei können Sie immer auch einen Blick auf das Tempeh werfen, auf dem sich ziemlich schnell ein sehr feines und zunächst hauchdünnes weißes Fädchengespinst bildet, das an Watte erinnert. Es wird im Laufe der 24 Stunden so dicht, daß das Edelpilzgeflecht die verschiedenen Sojabohnenhälften fest miteinander verknotet. Das Ergebnis ist dann die schöne weiße Scheibe auf *Abbildung 24*.

Obwohl das Pilzgeflecht so dicht wie möglich sein soll, ist es riskant, den Fermentationsprozeß länger als 24 Stunden dauern zu lassen. Es bilden sich dann nämlich zunächst ganz kleine graue und schwarze Punkte. Sie sind ein Zeichen dafür, daß das Tempeh zu lange der Wärme ausgesetzt war. Holen Sie es dann sofort aus der Box und legen Sie es in einen Kühlschrank. Die kleinen schwarzen oder grauen Stellen sind nicht weiter schlimm; Sie können

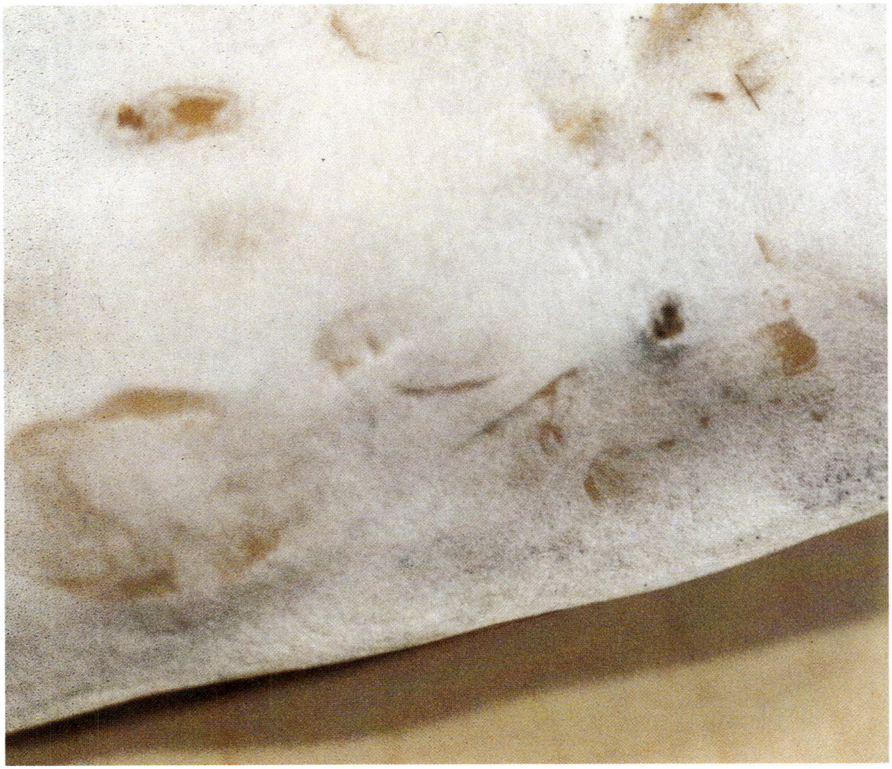

Abb. 29: Das Pilzgeflecht hat die Bohnen bereits völlig umhüllt.

sie wegschneiden. Ist das Tempeh jedoch völlig schwarz geworden, dann ist es nicht mehr genießbar.
Ob das Tempeh gut gelungen ist, kann man nicht nur an seiner schneeweißen Farbe, sondern auch an seinem sehr appetitlichen Geruch feststellen. Es ist eine Mischung aus Obst- und Pilzgeruch, der etwas ausgesprochen Frisches hat. Schnuppern Sie also auf jeden Fall an Ihrem Tempeh. Wenn es nämlich nach Alkohol oder gar nach Amoniak riecht, dann ist etwas schiefgegangen. Dann haben Sie sehr wahrscheinlich nicht sauber gearbeitet und irgendein anderer Pilz hat die Oberhand gewonnen. Aber wenn Sie wirklich sauber und hygienisch gearbeitet haben, kann das nicht vorkommen.

Noch ein Wort zur Fermentation

Das Fermentieren ist keine Erfindung der Ostasiaten. Auch wir Europäer essen fermentierte Dinge, zum Beispiel Joghurt, Dickmilch, Kefir und Käse, die durch Milchsäurebakterien fermentiert sind. Auch Sauerkraut, Salzgurken usw., deren Herstellung wir Ihnen im *Hobbythek-Buch 7* beschrieben haben, werden durch Milchsäurebakterien fermentiert und dadurch leicht verdaulich und wohlschmeckend. Schließlich läuft auch im Wein und Bier ein Fermentationsprozeß ab, der hier mit Hilfe von Hefepilzen bewirkt wird, und bei dem durch Vergären von Zucker Alkohol entsteht. Ja selbst beim Essig, der durch Essigbakterien aus Wein entsteht, läuft ein Fermentationsprozeß ab.
Aber es sind nicht nur Mikroorganismen wie Hefepilze und Bakterien, sondern auch Edelpilzkulturen, die wir aus westlicher Nahrung kennen. Denken Sie nur an den Camembert mit seiner schneeweißen Edelpilzschicht. Sie ähnelt derjenigen des Tempeh sehr stark.

Das Tempeh ist fertig

Wenn Sie das Tempeh aus der Wärmebox nehmen, sollten Sie den Fermentationsprozeß auf jeden Fall einfach dadurch stoppen, daß Sie es kühllegen (Kühlschrank oder ähnlich).
Es sei denn, daß Sie das Tempeh sofort essen wollen. Da schmeckt es sehr frisch und leicht nach Nuß, ohne einen starken Eigengeschmack zu haben. Aber das ist ja gerade der Vorteil von Tempeh. Es ähnelt darin unserem Brot oder Knäckebrot, das man ebenfalls sowohl mit süßen als auch salzigen Zutaten essen kann. Dazu aber gleich mehr in unseren Rezepten.
Sie können Tempeh im Kühlschrank ohne weiteres mehrere Tage aufheben. In der Tiefkühltruhe hält es sich sogar mehrere Monate. Und was man nicht von allen eingefrorenen Dingen sagen kann: Tempeh schmeckt nach dem Auftauen genauso gut wie frisches.

Hier noch einmal der Herstellungsprozeß im Überblick

1. 250 g getrocknete Sojabohnen in reichlich Wasser kochen.
2. Schälen der Bohnen in einem Salatsieb aus Plastik.
3. Die geschälten Bohnen mit 1 l Wasser übergießen, das Säuerungsmittel dazugeben, 45 bis 60 Minuten kochen lassen.
4. Das Wasser mit dem Säuerungsmittel abgießen, die Bohnen trocknen, Starterkultur hinzugeben (darauf achten, daß die Bohnen nicht heißer als 40° C sind).
5. Die Bohnen in durchlöcherte Folie packen und in Platten von 2 bis 3 cm Stärke drücken.
6. Die Platten in der Folie in Wärmebox geben und bei 32 bis 38° C 24 Stunden lang fermentieren.

Achten Sie darauf, daß sehr sauber gearbeitet werden muß. Das gilt vor allem für die Phasen ab Punkt 4.

Die Universal-Bio-Box der Hobbythek

Um Tempeh herzustellen, Sprossenkeime zu züchten und noch verschiedenes andere braucht man über längere Zeit eine Temperatur zwischen 30 und 37° C. Und die läßt sich in unserer *Bio-Box* tagelang gleichmäßig aufrechterhalten. Wir haben die Maße und damit das Volumen unserer Box so ausgetüftelt, daß eine ganz normale kleine 15-Watt-Birne mit einer E 14-Fassung als Heizquelle genau diese Temperatur erzeugt und aufrechterhält. 15 Watt sind nicht viel. Bei Dauerbetrieb ergibt das in knapp 3 Tagen gerade erst einmal 1 kWh. Energiesparender geht's also nicht. Da lohnt es sich schon, die Joghurt- und Käseherstellung, die wir im *Hobbythek-Buch 7* ausführlich beschrieben haben, in die neue Bio-Box zu verlegen. Und wenn Sie schnell einmal Hefeteig gehen lassen wollen oder Weinessig vergären soll, dann tut die Bio-Box ebenfalls gute Dienste. Wenn Sie den Styropor-Deckel durch eine Glasscheibe ersetzen und dadurch ausreichend Licht in die Box kommt, dann können Sie darin im Winter sogar Kräuter und im Frühjahr Setzlinge für den Balkon züchten.
Sehen Sie sich die *Zeichnung* einmal an. Dann können Sie erkennen, daß der Bau dieser Bio-Box keine Hexerei ist. Und auch die Kosten halten sich in Grenzen.

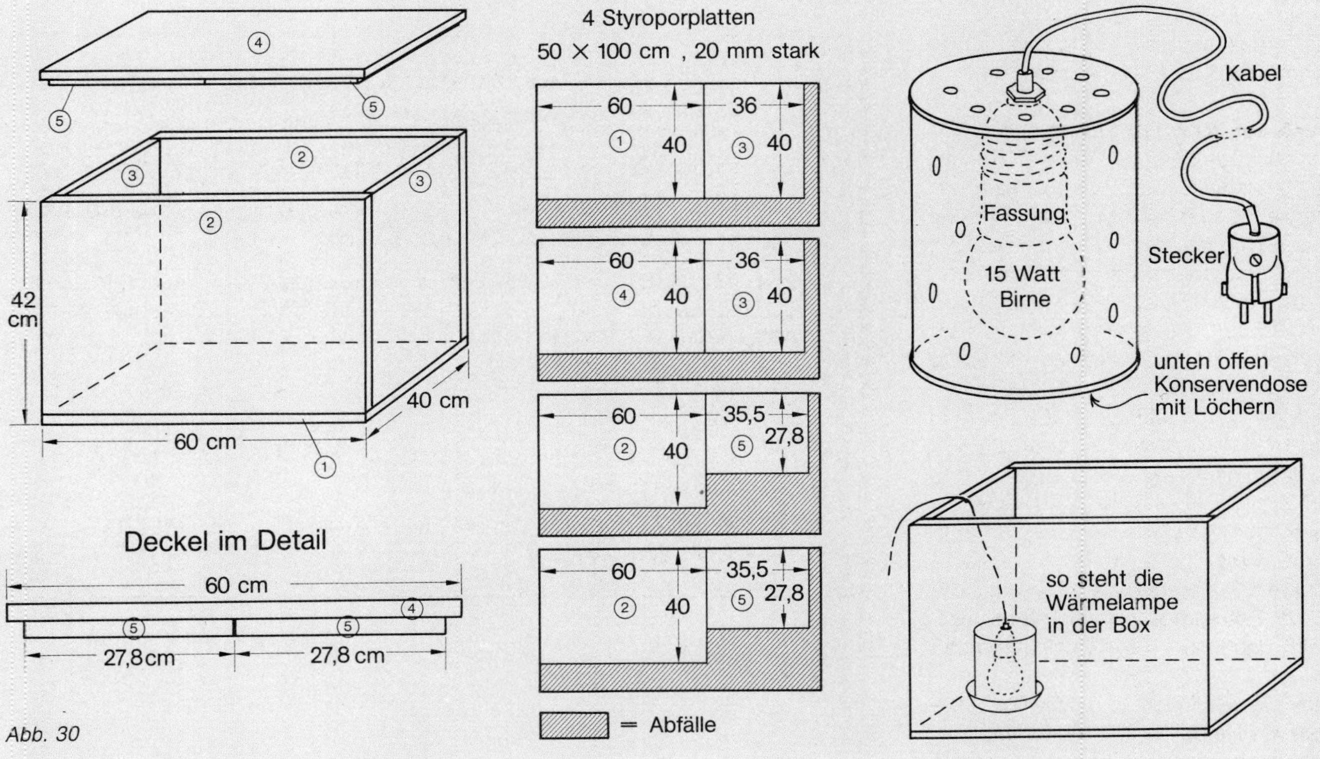

Abb. 30

1. Als Material brauchen Sie:

4 handelsübliche Styropor-Platten im Format 50 x 100 cm und 20 mm Dicke 1 ganz normale leere Konservendose ohne Deckel (1 l) 1 Lampenfassung E 14 (evtl. + Gewindestück und Mutter) 1 15-Watt-Birne für E 14-Fassung (möglichst Kugelform) ausreichend Kabel 1 Schuko-Stecker Styropor-Kleber oder Ponal (kein Uhu o. ä.!)

Auf *Abbildung 30* haben wir Ihnen vorgezeichnet, wie man die 4 Styropor-Platten möglichst rationell und ohne viel Abfall zerschneidet.
Zeichnen Sie die Schnittlinien mit Filzstift möglichst exakt auf das Styropor und schneiden Sie mit einem scharfen Küchen- oder Fleischmesser ohne Wellenschliff diese Linien mit sägender Bewegung nach. Wenn es Ihnen Mühe macht, einen genau geraden Schnitt zu führen, dann behelfen Sie sich mit einer Metallschiene oder einer festen Holzplatte als Lineal. Das Styropor so auf eine Tischkante legen, daß die Schnittlinie über die Tischplatte hinausragt. Darauf achten, daß die Schnitte senkrecht durch die Platte laufen, damit Sie später saubere Klebekanten haben.
Anschließend alles nach Plan zusammenkleben und die Klebestellen evtl. provisorisch mit Dekorationsnadeln oder dünnen Nägeln sichern.
Der Deckel bekommt ein Futter (Pos. 5), durch das er am Verrutschen gehindert wird und zugleich dicht schließt.
Aus dem übrigbleibenden Styroporstücken können Sie sich leicht ein *mehretagiges Gestell* bauen, in dem Sie gleich mehrere Pakete Tempeh unterbringen können.
Jetzt wird die *Wärmelampe* zusammengebaut:
Falls Sie nicht über die nötigen Fachkenntnisse verfügen, sollten Sie sich die Birnenfassung anhand der *Zeichnung 30* von einem Elektriker anschließen lassen.
Wenn Sie eine E 14-Fassung mit 10-mm-Gewindestück verwenden, wird in den Boden der Dose in der Mitte ein 10 mm großes Loch gebohrt (falls Sie keinen Bohrer haben, tut's auch ein Schraubenzieher). Die auf *Abbildung 30c* verwendete Fassung braucht ein etwas größeres Loch. Zur besseren Wärmezirkulation kommen in den Boden der Dose noch ein Kranz Löcher und auch an den Seiten ein paar Öffnungen.
Beim Zusammenbau der Birnenfassung mit dem dreiaderigen Kabel nicht vergessen, das Erdungskabel (grün-gelb gestreift) sowohl in der Fassung selbst wie auch im Schuko-Stecker an die dafür vorgesehenen Klemmschrauben anzuschließen.
In die Bio-Box wird die Dose mit der Birne mit der Öffnung nach unten gestellt. Damit aber das leicht schmelzende Styropor auf keinen Fall einen Schaden erleidet, stellen Sie die Wärmedose auf einen kleinen Teller.
Zur Herausführung des Kabels wird in den Rand der Box eine Kerbe geschnitten, die möglichst nicht breiter als das Kabel dick ist.
Beim ersten Einsatz der Box legen Sie zur Sicherheit und Kontrolle ruhig ein Thermometer mit in die Box. Nach unseren Erfahrungen kann aber eigentlich gar nichts schiefgehen. Selbst bei Außentemperaturen von über 25° C ist die Temperatur im Inneren nie über 38° C gestiegen, was wichtig bei der Tempeh-Herstellung ist. Sollte es doch einmal zu warm werden, lüften Sie einfach den Deckel ein wenig.
Wenn Sie die Bio-Box als Treibhaus im Winter auf dem Balkon verwenden wollen, dann könnte es sich empfehlen, eine 25-Watt-Birne zu verwenden. Noch stärkere Birnen aber nicht nehmen; sie würden zu heiß.
Die Glasplatte, die den Deckel ersetzt, soll rundherum 10 cm überstehen, dann ist das Innere des Treibhauses auch gegen Regen geschützt.
Und nun viel Erfolg mit unserer Bio-Box.

a) Hier die fertige Box, bei der wir durch den Deckel einfach ein Thermometer hindurchgesteckt haben.

b) Eine 15-Watt-Birne in E 14-Fassung sorgt für die nötige Wärme.

c) So wird die Fassung von außen mit der Konservendose verschraubt.

Abb. 31: Unsere Bio-Box kann man auch als Treibhaus für die Anzucht von Pflanzen verwenden.

Sojasauce und Miso – zum Würzen und für die Gesundheit

Sojasauce und Miso sind im Geschmack ähnlich; sie unterscheiden sich aber in ihrer Konsistenz. Sojasauce ist flüssig, Miso eine dicke Paste. Beide werden ebenfalls aus *Sojabohnen* gewonnen und sie sind – nach Tofu und Tempeh als Grundnahrungsmitteln – sozusagen die Grundwürze der ostasiatischen Küche.
Obwohl Sojasauce und Miso auch heute noch in vielen ostasiatischen Haushalten selbst hergestellt werden, müssen wir hier der Ehrlichkeit halber sagen: es ist gar nicht so einfach. Wir haben sehr lange experimentiert, mußten aber schließlich einsehen, daß man hierzulande an die verschiedenen Starterkulturen und sonstigen Zutaten nicht leicht herankommt. Da aber Sojasauce und Miso, die man hier kaufen kann, bei unseren Gerichten eine große Rolle spielen, wollen wir Ihnen wenigstens in den Grundzügen verraten, wie diese beiden Eckpfeiler ostasiatischer Kochkunst hergestellt werden. Beide sind Ergebnis eines Fermentationsprozesses der Sojabohne. Dabei ist die *Sojasauce* eine Erfindung der *Chinesen,* die damit schon vor rund 3000 Jahren ihre Küche bereicherten. *Miso* hingegen ist ein Gewürz der *Japaner.*
Auf die Sojasauce ist man wohl mehr oder weniger durch Zufall gekommen. Man entdeckte nämlich beim Konservieren von Fleisch und Fisch in Salzwasser, daß – wie wir heute wissen – Enzyme ihre Wirkung taten und das Eiweiß (Protein) von Fisch und Fleisch in seine einzelnen Bestandteile zerlegte: in die Aminosäuren. Durch bestimmte Mikroorganismen wurde anschließend ein Fermentationsprozeß in Gang gesetzt, der den Geschmack des eingelegten Fischs oder Fleischs entscheidend veränderte. Sie bekamen ein intensiveres Aroma, ähnlich dem der Sojasauce. Etwa 200 Jahre v. Chr. stellte man dann gezielt Versuche einer Gewürzproduktion auf der Basis von Sojabohnen an.

Möglicherweise waren die Japaner aus China beeinflußt, als sie ihr eigenes Gewürz, das Miso, entwickelten.
Wer heute Sojasauce oder Miso herstellen möchte, braucht zunächst einmal eine Menge Geduld, dann verschiedene Starterkulturen und schließlich immer wieder wechselnde Temperaturen, die über längere Zeit eingehalten werden müssen. Der Reifeprozeß dauert bei natürlicher Sojasauce ein halbes bis ein ganzes Jahr. Darin ist diese Sauce dem Wein ähnlich.

Der Grundstoff sind außer Sojabohnen geröstete Weizenkörner. Eingeleitet wird der Herstellungsprozeß mit einem Schimmelpilz (Aspergillus oryzae). Seine Enzyme bauen die Eiweiß-, Fett- und Kohlehydrat-Bestandteile ab. Nach einer Ruhezeit treten Hefepilze (Saccharomyces rouxii) in Aktion und Milchsäurebakterien, die die zweite Fermentationsstufe in Gang bringen.

Sojasauce und Miso sind nicht nur als Gewürz begehrt. Durch ihre aktiven Enzyme wirken sie auch verdauungsfördernd. Außerdem enthalten beide Gewürze sehr viel Vitamin B_{12}. 100 g Miso zum Beispiel 0,17 mg.

Schließlich wirken Miso und Sojasauce alkalisierend, das heißt, sie lindern Sodbrennen und auch den ganz normalen Kater. Das gilt allerdings nur für nicht pasteurisierte Produkte. Achten Sie beim Einkauf darauf.
Da beide Gewürze relativ salzig sind, muß man mit sonstigem Salz vorsichtig umgehen. Die japanische Sojasauce ist noch salziger als die chinesische.
Aber nun doch noch ein Wort zum Aroma: Wer mit Sojasauce gekocht hat, der rührt bald keine Maggiflasche mehr an. Besonders Saucen zu Fleischgerichten – auch zu europäischen – lassen sich herrlich damit würzen. Tofu und Tempeh bekommen außerdem durch Sojasauce und Miso einen fleischähnlichen Geschmack.

Selbstgezogene Sprossen und Keime

Das Züchten von Sprossen und Keimen ist eine alte chinesische Kunst. Schon vor 5000 Jahren war man dahintergekommen, daß sie sehr gesund sind. *Warum* sie es sind, das wußte man damals natürlich noch nicht. Heute wissen wir es: sie sind es vor allem durch ihren hohen Reichtum an *Vitaminen* und *Mineralstoffen.* Da Sprossen und Keime gleichzeitig relativ kalorienarm sind, sind sie für eine Diät hervorragend geeignet.
Den Vitaminreichtum nutzten schon die alten Seeleute bei ihren langen Fahrten mit den Segelschiffen. Sie schützten sich vor der Vitaminmangel-Krankheit Skorbut, indem sie auf dem Schiff Sprossen zogen und aßen.
Getrocknete Samen beginnen bei Feuchtigkeit zu quellen, und unter be-

stimmten zusätzlichen Bedingungen, wie einer gewissen Temperatur und Sauerstoffzufuhr, keimen sie dann. Viele Samen sind ausgesprochene Dunkelkeimer, was leicht zu verstehen ist; denn auch unter der Erdoberfläche ist es dunkel.
Beim Keimen werden *Enzyme* aktiviert, die die im Samen vorhandenen *Proteine* (Eiweiß) in *Aminosäuren* zerlegen und dadurch das Wachstum in Gang setzen. Außerdem wird ein Teil der Stärke in Zucker (Malzzucker) umgewandelt, wodurch die Körner einen angenehm süßen Geschmack bekommen. Das nutzt man im übrigen beim Bierbrauen, wie wir im *Hobbythek-Buch 7* im einzelnen beschrieben haben. Die Enzyme leisten hier gewissermaßen einen Teil des Verdauungsvorgangs im voraus. Unser Körper hat also weniger Probleme, die Nährstoffe der Keime zu zerlegen und aufzunehmen.

Auch die Enzyme selbst sind für den Menschen wichtig, denn sie arbeiten im Stoffwechselprozeß unseres Körpers weiter. Da sie bereits bei 50 bis 60° C zerstört werden, sollte man die Sprossen möglichst oft roh essen.
Temperaturempfindlich sind auch Vitamine, und die gibt es in Sprossen in großer Zahl. Die Menge der Mineralstoffe und Vitamine steigt während des Keimens erheblich an.

Mungbohnen-Sprossen
Die grüne Mungbohne gehört als eine Sojabohnenart zu den Hülsenfrüchten. Sie wird für das Züchten von Sprossen am häufigsten verwendet. Sie ist nicht größer als ein Weizenkorn, ihre grüne Schale platzt beim Keimen auf und legt ein gelbliches Samenkorn frei. Das enthält nun außer einer Menge *Mineralstoffen* wie Calcium, Phosphor, Eisen, die *Vitamine* A, B_1, B_2, B_3, B_{12} und besonders viel Vitamin C. Da die Mungbohne aber auch zugleich eine Hülsenfrucht ist, enthält sie Stoffe, die nicht ganz leicht verdaulich sind. Deshalb empfehlen wir, die Mungbohnen-Sprossen nach dem Keimen kurz zu blanchieren; das heißt, sie etwa 10 bis 12 Sekunden in kochendes Wasser zu geben. Verwenden Sie Mungbohnen-Sprossen als Füllung einer Frühlingsrolle oder gar als Gemüse, dann erübrigt sich natürlich das Blanchieren, weil sie ohnehin gekocht werden.

Außerdem geht ein Teil der schwerverdaulichen Stoffe natürlich schon beim Einweichen in das Wasser, das man hinterher wegschüttet.

Die Beliebtheit der Mungbohne geht wohl auch darauf zurück, daß sie die größte und schnellste Keimfähigkeit besitzt. Unter idealen Bedingungen sind die Keime schon nach 24 bis 48 Stunden mindestens 1 cm lang. Außerdem müssen die Bohnen nicht flach ausgebreitet keimen. Im Gegenteil: wenn sie in einer dicken Schicht übereinander liegen, werden die Sprossen besonders kräftig, weil sie sich zwischen den Bohnen nach oben zwängen müssen.

Die knackigen Mungbohnen-Sprossen eignen sich mit ihrem frischen Geschmack ausgezeichnet als Salat oder Zutat zu Salaten. Man kann sie aber auch – in nicht zu großer Menge – in Suppen tun, als Gemüse zu Pfannengerichten reichen oder als Füllung von Frühlingsrollen verwenden.

Man bekommt Mungbohnen in Reformhäusern, Bioläden, Samenhandlungen usw. in Plastiktüten abgepackt.

Alfalfa-Sprossen
Die Alfalfa-Samenkörner sind winzig klein. Auch sie enthalten viele wichtige Mineralstoffe und besonders reichlich das Vitamin C. Eine Tasse voll Alfalfa-Sprossen hat etwa den Vitamingehalt von 6 Gläsern frisch ausgepreßter Orangen! Hinzu kommen noch die Vitamine A, B_1, B_2, B_{12}, D und E.
Alfalfa-Sprossen ißt man am besten frisch zu Rohkostsalaten oder auch fein gehackt in Kräuterquark. Man kann damit auch Suppen garnieren oder die Sprossen einfach auf ein Butterbrot legen. Klein gehackt können Sie die Sprossen aber auch in heiße Saucen mischen – z. B. in eine Spaghetti-Sauce. Probieren Sie's ruhig einmal selbst aus.

Weizen-Sprossen
Auch ganz normale Weizenkörner lassen sich zum Keimen bringen. Im Gegensatz zu den Sprossen von der Mungbohne und Alfalfa zieht man hier nur etwa 5 mm lange Keime. Dann schmecken Weizen-Sprossen nämlich am besten durch ihren hohen Gehalt an Malzzucker.
Sie können damit Ihr Frühstücksmüsli bereichern oder sie über Salate streuen.

Sojabohnen-Sprossen
Bei gelben Sojabohnen wollen wir Ihnen vom Selbstzüchten abraten. Wir haben lange damit herumprobiert und oft schlechte Ergebnisse erzielt. Die Sprossen rochen muffig, es gab leicht

Abb. 32: Von Sojasauce und Miso gibt es verschiedene Sorten. Probieren Sie aus, welche Sie am liebsten mögen.

Abb. 33: So frische Mungbohnen-Sprossen haben Sie nur, wenn Sie sie selbst züchten.

Schimmel. Wir meinen deshalb, daß Sie beim Sprossenzüchten auf die sonst so beliebte Sojabohne verzichten können.

Wie züchtet man Sprossen?
Fangen wir beim Einkaufen an:
Achten Sie darauf, daß Sie keine alten Bohnen bekommen und daß nicht zu viele zerbrochene Teile im Beutel sind. Die keimen dann nicht mehr und faulen leicht.
Auch beim Sprossenzüchten müssen Sie sehr sauber vorgehen. Waschen Sie also die Bohnen gründlich. Vor allem mit Fett dürfen die Bohnen nicht in Berührung kommen, weil es die Keimung verhindert.

Keimgefäße
Es genügen ganz normale, nicht zu kleine Gläser mit Schraubdeckel, wie man sie mit Obst oder geschälten Kartoffeln kauft (850 ml oder größer). Stechen Sie in den Schraubdeckel mit einem Milchdosenöffner mehrere Löcher (durch sie wird das Wasser abgeschüttet).
Noch bequemer geht das Keimen mit Plastikschalen, die es auch in Größen von 1 Liter gibt. Sie haben einen durchsichtigen Deckel und sind als Einweg-Verpackungen leider nur im Verpackungsgroßhandel zu bekommen, wo man gleich 50 Stück abnehmen muß. Aber dann sind Sie auf lange Zeit ausreichend versorgt.
Der Vorteil dieser Plastikschalen liegt darin, daß man zwei ineinander stellen kann. Die äußere Schale dient als Wasserbehälter, während die innere Schale mit durchlöchertem Boden die Keimlinge enthält. Sie steht wie ein Sieb in der

Abb. 34: Trockene Mungbohnen.

Abb. 35: Sprossen kann man in ganz normalen Gläsern mit durchlöchertem Deckel züchten.

äußeren Schale. Da man beim Keimen ab und zu mit Wasser durchspülen oder Wasser wechseln muß, ist diese Methode besonders bequem. Sie brauchen nur die innere Schale aus der äußeren herauszunehmen, abtropfen zu lassen, das Wasser wegschütten oder wechseln, die innere Schale wieder hineinstellen und fertig.
Wenn Sie die innere Schale mit dem durchsichtigen Deckel verschließen wollen, nicht vergessen, ausreichend viele Löcher hineinzustechen. Dabei vorsichtig vorgehen, weil das Material nicht sehr robust ist.

Das eigentliche Keimen
Zunächst das Keimen von *Mungbohnen:*
Wenn Sie als Keimgefäß von einem Glas von 850 ml Inhalt ausgehen, dann können Sie darin etwa 3 Eßlöffel grüne getrocknete Mungbohnen keimen lassen.
Die Bohnen nach dem gründlichen Waschen in reichlich lauwarmem Wasser 1 bis 2 Stunden quellen lassen. Machen Sie sich danach die kleine Mühe, die zersprungenen, dunkel gefärbten oder gar nicht gequollenen Bohnen herauszulesen. Dann fault Ihnen beim Keimen nichts.
Nun das Wasser wegschütten und die Bohnen in das Glas geben und noch einmal reichlich lauwarmes Wasser hinzufügen (nicht wärmer als handwarm); es beschleunigt das Quellen erheblich.

Bei Zimmertemperatur die Bohnen etwa 10 Stunden im Wasser weiter quellen lassen. Dabei das Wasser in regelmäßigen Abständen 2- bis 3 mal wechseln. Drehen Sie dazu das Glas um, dann läuft das Wasser durch den perforierten Deckel ab. Dann das Glas wieder aufrecht stellen und erneut füllen.

Nach diesen 10 Stunden das Wasser gründlich abtropfen lassen und nun das Glas mit den Bohnen in eine möglichst dunkle warme Ecke stellen. Wenn Sie unsere Biobox mit der Idealtemperatur von 35 bis 38° C benutzen (vgl. dazu *Seite 137*), dann geht alles schnell und bequem. Aber vielleicht haben Sie auch einen dunklen und warmen Heizkeller. Auf keinen Fall darf die Temperatur unter 18° C fallen; sonst tut sich im Glas nämlich nichts. Und nicht vergessen, daß durch die Löcher im Deckel Luft ins Glas kommen muß.

Nach 3 bis 6 Tagen – die Zeit hängt entscheidend von der Temperatur ab – sind die Sprossen 4 bis 6 cm lang geworden und füllen das Glas fast völlig aus. Während dieser 3 bis 6 Tagen müssen Sie allerdings die Bohnensprossen morgens und abends gründlich und zugleich vorsichtig durchspülen. Lassen Sie die Sprossen dabei jedesmal 10 bis 20 Minuten in frischem Wasser stehen, das Sie hinterher wegschütten.

Beim Keimen platzen die grünen Schalen der Mungbohnen. Sie stören die Zartheit der Sprossen und sollten beseitigt werden. Das geht ziemlich einfach, weil die Schalen beim Durchspülen nach oben schwimmen und mit einem sauberen Löffel entfernt werden können.

Sollte sich trotz aller Sauberkeit doch irgendwo Schimmel zeigen, dann müssen Sie ihn sofort entfernen. Wenn etwas nicht in Ordnung ist, dann merken Sie das am muffigen Geruch. Riechen die Sprossen hingegen frisch, dann ist alles okay.
Sie sollten die Sprossen nicht so lange keimen lassen, daß sich Blattansätze bilden. Dann sinkt nämlich der Vitamingehalt rapide. Grob gerechnet kann man sagen, daß das spätestens 12 Tage nach Keimbeginn der Fall ist. Begünstigt wird die Blättchenbildung durch Licht. Aber dagegen kann man ja etwas tun.

Wir züchten Sprossen in der Bio-Box

In unserer selbstgebauten Styropor-Bio-Box geht das alles natürlich viel schneller und einfacher. In ihr sind die Mungbohnen-Sprossen in 2, spätestens aber in 3 Tagen fertig. Und da Sie die Box ja auch zur Tempeh-Herstellung gebrauchen können und sogar Käse darin machen können (vgl. *Hobbythek-Buch 5*), sollten Sie sich ruhig eine bauen.
Je schneller die Sprossen wachsen, um so geringer ist auch die Gefahr der Schimmel- oder Fäulnisbildung. Außerdem macht es einfach Spaß zuzuschauen, wie die Sprossen rapide wachsen. Wenn Sie sich in die Box mehrere Sprossenbehälter im Abstand von 1 Tag stellen, dann ist auch jeden Tag ein Behälter sozusagen erntereif. Sie haben dann immer frische Sprossen auf dem Tisch.
In der Bio-Box verringert sich auch die Quellzeit auf 8 Stunden. Vergessen Sie aber auch hier nicht, jeden Morgen und Abend die Keime durchzuspülen.
Bei *Weizenkörnern* und *Alfalfa-Samen* sind die Zeiten etwas anders:
Weizen wird etwa 6 Stunden lang eingeweicht. Bei Zimmertemperatur braucht man etwa 2 Tage für das Züchten der kurzen Sprossen, da sie ja nur ½ cm lang werden sollen. In der Bio-Box geht's entsprechend schneller.
Die winzigen Alfalfa-Samenkörnchen brauchen nur 3 Stunden eingeweicht zu werden. Nach 3 bis 4 Tagen hat man bei Zimmertemperatur 3 bis 4 cm lange Sprossen mit 2 winzigen grünen Blättchen am Ende. Dann sind die Alfalfa-Sprossen genau richtig. Übrigens werden hier die Samenhüllen mitgegessen.

Rezepte – Rezepte ...

Vorspeise

Frühlingsrolle
In China sind die Frühlingsrollen kleiner als in den Restaurants bei uns, wo sie einen schon fast satt machen können. Aber da müssen Sie nach Ihrem eigenen Appetit und dem Ihrer Gäste gehen.
Den Teig für Frühlingsrollen gibt es tiefgefroren zu kaufen. Wenn Sie ihn aber selbst machen wollen, hier die Zutaten:

Für den Teig:
250 g Mehl
½ l Wasser
1 Ei
½ Teelöffel Salz

Für die Füllung:
250 g Gehacktes (halb Rind und halb Schwein)
1½ Tassen frische Mungbohnen-Sprossen
1 dünne Stange Porree
1 kleine Möhre
3 Eßlöffel Öl
2 Eßlöffel Sojasauce
½ Teelöffel Zucker
1 Messerspitze Sambal Oelek (ist sehr scharf)
etwas Salz

Beginnen wir mit dem *Teig:*
Hier hängt das Gelingen wesentlich davon ab, daß er sehr gut verrührt ist und keine Klumpen übrig bleiben, durch die beim Ausbacken Löcher entstehen. Benutzen Sie also möglichst einen elektrischen Rührer.

Abb. 36: Selbstgemachte Frühlingsrollen.

Schlagen Sie zunächst das Ei mit dem Salz. Unter ständigem Weiterrühren Wasser und Mehl etappenweise hinzugeben. Wenn genügend Zeit ist, tut es dem Teig gut, wenn er 1 Stunde zieht. Dann hauchdünne Pfannkuchen mit wenig Öl backen. Je dünner sie sind, um so besser werden die Frühlingsrollen. Die Pfannkuchen auf umgedrehtem Suppenteller stapeln.
Die *Füllung* – Porree und Möhre kleinschneiden – wird in Öl unter Rühren in der Pfanne gebraten. Nicht braun werden lassen. Gewürze dazugeben und die Füllung auf einem Sieb abtropfen lassen. Die Flüssigkeit aufheben.
Entsprechende Menge der Füllung auf einem Pfannkuchen ausbreiten, ihn einrollen und dabei die Seiten gut einschlagen. Zum Schluß wird die Rolle mit Mehlkleister aus viel Mehl und wenig Wasser regelrecht zusammengeklebt.
Sie können die Rollen fritieren oder in reichlich Öl in einer Pfanne braten.
Natürlich können Sie die Füllung noch variieren. Hier ein paar Vorschläge zur Anregung:

Sehr gut schmeckt eine fleischlose Füllung aus Pilzen, Chinakohl und Mungbohnen-Sprossen. Harte Zutaten möglichst nicht verwenden, weil sonst die Teigrolle leicht kaputtgeht.
Aus dem Saft, der beim Braten der Füllung in der Pfanne entstanden ist und den Sie aufgehoben haben, kann man eine gute Soße bereiten. Erhitzen Sie ihn mit ½ bis 1 Tasse Wasser und dicken Sie evtl. mit etwas Stärke an.

Suppen

Wan-Tan-Suppe

Wan-Tans sind Teigtaschen, die in der Regel eine Füllung aus Hackfleisch und Gemüse haben. Sie schwimmen in einer Gemüsesuppe. Sie können aber auch fritiert und mit Sauce serviert werden.
Wir haben anstelle von Hackfleisch auch eine Füllung aus *Tofu* probiert, den wir vorher mit Sojasoße gewürzt haben. Probieren Sie es einmal; es schmeckt ausgezeichnet.
Man kann Wan-Tan-Teig auch gefroren in Chinageschäften kaufen. Seine Zubereitung ist nicht ganz einfach; probieren Sie es aber trotzdem. Er hat nur wenige Zutaten:

Der Teig:
1 Ei
200 g Mehl
1 bis 2 Eßlöffel Wasser

Das Zusammenkneten der Zutaten geht recht schnell, das Ausrollen hingegen ist nicht so einfach, weil der Teig sich leicht wieder zusammenzieht. Besser geht es, wenn man ihn mindestens eine Stunde lang im Kühlschrank ruhen läßt.
Der Teig soll papierdünn ausgerollt werden. Nach dem Ausrollen sofort verarbeiten oder abdecken, weil er sehr schnell austrocknet und hart wird. Schneiden Sie den Teig in 4 bis 5 cm große Quadrate. Geben Sie jeweils 1 Teelöffel Füllung darauf und rollen Sie ihn so zusammen, wie auf *Abbildung 37* zu sehen ist. Schließen Sie die Rolle nicht ganz, sondern lassen Sie etwa einen halben Zentimeter offen.
Die Rolle dann zu einem Kranz formen, mit dem Rand nach außen. Beide Enden der Rolle fest ineinander drücken.

Die Füllung:
150 g gefrorenen Tofu oder Hackfleisch
2 Eßlöffel kleingeschnittenen Porree
1 zerdrückte Knoblauchzehe
4 Teelöffel Sojasauce (bei Hackfleisch etwas weniger)
½ Teelöffel Salz (bei Hackfleisch etwas weniger)
¼ Teelöffel Zucker

Den tiefgefrorenen Tofu auftauen und mit den Händen das Wasser herausdrücken, 150 g abwiegen und ihn zerbröckeln.

Abb. 37: So werden Wan-Tan zubereitet.

Mit allen anderen Zutaten mischen und abschmecken. Danach in den Wan-Tan-Teig füllen.

Gemüsebrühe:
1 ½ Liter Wasser
1 Möhre
1 Stange Porree
150 g Sellerieknolle
1 Eßlöffel helle Sojasauce
1 Teelöffel Salz
½ Teelöffel Zucker
1 Messerspitze gemahlener Pfeffer

Das zerkleinerte Gemüse wird mit den Gewürzen 10 Minuten lang gekocht. Danach die vorbereiteten Wan-Tans in die kochende Brühe geben und 10 bis 20 Minuten weiterkochen lassen.

Variationsmöglichkeiten:
Sehr gut schmecken Muerrpilze in der Suppe, die überdies noch sehr schön aussehen, weil sie in ihrer faltigen Struktur den Wan-Tans gleichen.

Abb. 38: Wan-Tan-Suppe.

Scharf-saure Hühnersuppe

1 kg Suppenhuhn oder Hähnchen
10 getrocknete Muerrpilze oder eine mittlere Dose Champignons
1 kleine Dose Bambussprossen
1 roter Paprika oder Tomatenpaprika aus dem Glas
1 Stange Porree
250 g Möhren
150 g Mungbohnensprossen
50 g Glasnudeln
1 Teelöffel Sesamöl
3 Eßlöffel Sojasauce
4 Eßlöffel Essig
2 Teelöffel Salz
1 Teelöffel Zucker
¼ Teelöffel weißer, gemahlener Pfeffer
2 l Wasser
4 Eßlöffel Stärke

Damit Sie Zeit sparen, beginnen Sie mit dem Einweichen der *Pilze* in kochendem Wasser, das am längsten dauert: nämlich 1 Stunde.
Dann wird das *Hühnerfleisch* in einem Liter Wasser gegart, was im Dampfdrucktopf etwa eine halbe Stunde dauert, im normalen Topf entsprechend länger. Das Fleisch ist gar, wenn es sich gerade vom Knochen lösen läßt. Das Fleisch anschließend in kleine Stücke schneiden.
Während das Huhn kocht, werden sämtliche Gemüseteile in Streifen oder dünne Scheiben geschnitten, die Bambussprossen unter kaltem Wasser abgespült.
Zur Hühnerbrühe wird 1 Liter Wasser hinzugegeben, in dem man die härte-

Abb. 39: Scharf-saure Hühnersuppe mit ihren Zutaten (auf dem Teller ein gelber unzerteilter Bambussproß).

ren Gemüse, die Pilze und die Gewürze etwa 10 Minuten lang kochen läßt. Dann Paprikastreifen und zum Schluß das Fleisch und die Glasnudeln hinzugeben und 5 Minuten ziehen lassen.
Zum Schluß wird die im kalten Wasser angerührte Stärke dazugegeben, kurz noch einmal aufkochen lassen, und fertig ist das Gericht.
Beim Andicken mit Stärke muß man sich ein wenig Übung verschaffen. Wenn Sie schon einmal in einem chinesischen Restaurant gegessen haben, werden Sie wissen, daß Suppen dort immer leicht geliert sind.
Durch die Säure bleiben in der Suppe die Gemüsefarben besonders kräftig. Sie ist auch ein Vergnügen für die Augen.
Sie können die Suppe auf folgende Weise ergänzen und *variieren:*
Besonders gut schmeckt sie mit verquirltem *Ei.* Lassen Sie es vor dem Servieren über einen Schaumlöffel in die kochend heiße Suppe laufen. Dann ergeben sich die typischen Eierfäden der fernöstlichen Küche.
Sie können aber auch in Streifen oder Würfel geschnittenen *Tofu* hinzugeben. Dies aber erst kurz vor dem Servieren, da er bereits nach 10 bis 15 Minuten den Geschmack der Suppe angenommen hat und nach 20 bis 30 Minuten sehr weich wird. Er fühlt sich auf der Zunge ähnlich wie Eierstich an.
Schließlich kann man die scharf-saure Suppe auch mit Rind- oder Schweinefleisch zubereiten. Dann geben Sie einfach sehr dünne Fleischscheiben oder Streifen in die kochende Suppe.

Salate

Mungbohnensprossen-Salat

500 g Mungbohnen-Sprossen
4 Eßlöffel Essig
1 Eßlöffel Zucker
½ Teelöffel Salz

Essig, Zucker und Salz gut verrühren. Die Mungbohnen-Sprossen in einem Küchensieb etwa ½ Minute lang in sprudelnd kochendes Wasser tauchen. Dann im Sieb abtropfen lassen. Nach dem Erkalten die süß-saure Sauce darübergießen und nach etwa 1 Minute die restliche Sauce abgießen.
Mungbohnensprossen kann man auch mit geraspelten Möhren und Äpfeln mischen und mit Walnüssen garnieren.

Hier die Zutaten einer Variante:
500 g Mungbohnensprossen, blanchiert, werden mit einer Sauce übergossen, die besteht aus:

1–2 Eßlöffel Sojasauce (möglichst hell)
3 Eßlöffel Weinessig

1 Eßlöffel Sesamöl
1 Messerspitze frisch geriebene Ingwerwurzel
evtl. 1 Knoblauchzehe

Die Saucenbestandteile gut miteinander verrühren und über die Sprossen gießen.
Sehr gut schmecken zu diesem Salat auch Lichees oder Ananasstücke, mit denen man zugleich garnieren kann.

Abb. 40: Sprossen sind die ideale Zutat zu Salaten.

Fritiergericht

Tempura
Tempura ist ein japanisches Gericht, das fritiert wird. Es ist weltberühmt, und seine Entstehungsgeschichte könnte aus einer Kuriositätensammlung stammen. Es heißt nämlich, daß die Portugiesen im 16. Jahrhundert auf ihren Handelsreisen nach Japan die Gewohnheit hatten, an religiösen Fastentagen mit ihrem Fleischverbot fritierte Hummerkrabben zu essen. Diese Fastentage nannten sie lateinisch *Quattuor tempora,* das heißt: die vier Jahreszeiten. Die Japaner lernten diese Speise kennen, sie schmeckte ihnen gut, und so übernahmen sie sie schließlich. Aber sie übernahmen auch die ihnen unverständliche lateinische Bezeichnung, die sie für den Namen des Gerichtes hielten.
Die Japaner wären nicht die Japaner, wenn sie nicht aus etwas Vorgefundenem noch etwas Besseres machten. So verwandelten sie den ursprünglich wohl wesentlich dickeren und pappigeren Teig, mit dem die Portugiesen ihre Hummerkrabben umhüllten, in eine zartknusperige Angelegenheit.

Es gibt Leute, die Tempura heute zu den schönsten Gerichten überhaupt zählen. Tempura vereint in sich sehr viele Grundsätze der japanischen Küche; darunter vor allem die Austauschbarkeit der Zutaten: Da Tempura im Prinzip nichts anderes ist als ein mit zartem Teig umgebener Inhalt, der fritiert wird, kann es aus fast allen Fisch-, Fleisch- und Gemüsearten zubereitet werden.
Gegen dieses „alles" wendet sich allerdings wiederum die japanische Neigung zu Regeln und Systemen. Ein Tempura-Gericht darf nämlich nicht weniger als 6 und höchstens 14 verschiedene Zutaten enthalten. Innerhalb dieser Grenzen aber hat man die Wahl zwischen Hummerkrabben, Sardinen, Aal, Rotbarsch, Muscheln, Schweine- oder Hühnerfleisch, Gemüse wie Möhren, Pilze, Auberginen, grüne Bohnen, Zwiebeln, Broccoli, Porree, Bambussprossen, Spargel, Lotuswurzel, Paprika usw. Ausgenommen sind nur stark wasserhaltige Gemüse wie Rettich oder Chinakohl.
Bei der Vorbereitung dieser Zutaten braucht man sich nicht allzu lange aufzuhalten. Hummerkrabben werden natürlich geschält, kleine Fische ausgenommen, Fischfilet und Fleisch quer zur Faser in Streifen geschnitten, Pilze in ½ cm dicke Scheiben, Auberginen der Länge nach halbiert oder geviertelt oder in Scheiben geschnitten.
Verschiedene Gemüse müssen vor dem Eintauchen in den Tempura-Teig und dem Fritieren *blanchiert* (kurz in kochendes Wasser gehalten) werden. Dazu gehören Bohnen, Broccoli, Spargel.

Abb. 41: Knuspriges Tempura mit Hummerkrabben.

Grüne Bohnen werden dann in 3 bis 4 cm lange Stücke geschnitten und mehrere auf einen Zahnstocher gespießt. Zwiebeln halbiert man und sichert sie durch einen Zahnstocher vor dem Auseinanderfallen. Broccoli zerpflückt man in kleine Röschen, Spargel schneidet man ebenfalls in 3 bis 4 cm lange Stükke, Möhren zerlegt man in Streifen oder schneidet sie fächerartig auf.

Der Tempura-Teig

Er besteht aus ganz einfachen Zutaten:

1 Eigelb
250 g Mehl
½ l Eiswasser
⅛ Teelöffel Natron

Alle Zutaten mit einem Rührgerät gründlich mischen. Der Teig soll hinterher sehr dünn sein und leicht vom Löffel laufen. Sollte er das wider Erwarten nicht tun, dann noch mit wenig eiskaltem Wasser nachverdünnen. Der Teig muß so kalt wie möglich sein. Stellen Sie ihn evtl. in eine zweite Schüssel mit Eisstücken.

Eiskalt muß der Teig sein, damit er als Hülle der verschiedenen Stückchen im heißen Fett durch den entstehenden Dampf regelrecht explodiert und aufgeht. Er gibt der Tempura-Hülle ihre charakteristische blasige Gestalt, und außerdem gart er den Inhalt dieser Hülle schonend.

Schließlich soll der Tempura-Teig die einzelnen Stücke wirklich nur sehr zart umhüllen, wobei einige Teile ruhig herausschauen dürfen. Auf keinen Fall eine dicke Teighülle nach Art der „Würstchen im Schlafrock" herstellen.

Tempura wird in heißem Pflanzenöl fritiert (mehr darüber im Kapitel „Fritieren" ab *Seite 149*). Natürlich kann man dieses Gericht auch gemeinsam am Tisch zubereiten. Dann muß der Tempura-Teig auf jeden Fall in einer Schüssel mit Eisstücken kalt gehalten werden. Vor den Fritieren stippt jeder sein Stück in den Teig.

Pro Person kann man etwa 100 g Fleisch oder Fisch und rd. 200 g Gemüse rechnen.

Normalerweise ist Tempura aber doch mehr etwas für die Küche. Dort kann man freilich nicht alle Stücke auf einmal in die Friteuse werfen, weil dann das Öl zu schnell abkühlen würde. Es stellt sich also das Problem des Warmhaltens. Heben Sie die fertigen Portionen ruhig im Backofen auf, der auf 120° C vorgeheizt ist.

Serviert werden die Tempura-Stücke auf Tellern, die vorher mit einer hübschen Papierserviette ausgelegt werden. Daneben kommt ein Schälchen mit kalten Dips aus Sojasauce (Rezepte vgl. *Seite 162*), in die das heiße Tempura getaucht wird. Sie werden sehen: ein herrliches Gericht.

Grillgericht

Dschingis Khan

Dieses japanische Gericht eignet sich besonders gut als Grillgericht, das am Tisch zubereitet wird.

Hier die Zutaten:

500 g Rindfleisch oder Schweinefleisch
1 Gemüsezwiebel
1 grüner Paprika
1 Aubergine
150 g Champignons (möglichst frisch)

Für die Sauce:
250 ml Sojasauce
125 g Zucker
1 Eßlöffel Hoisin-Sauce
¼ Teelöffel frisch geriebene Ingwerwurzel
1 Knoblauchzehe, zerdrückt
½ geriebener Apfel
Saft einer ½ Zitrone

Das Fleisch wird in dünne Streifen von mundgerechter Größe geschnitten und mit wenig Pflanzenöl am Tisch gegrillt.

Die rohen Gemüsezwiebeln werden in Scheiben geschnitten, der Paprika in Streifen und die Aubergine in Scheiben von ½ bis 1 cm Dicke. Auf *Abbildung 42* haben wir Ihnen gezeigt, wie man all diese Zutaten dekorativ auf einer Platte anordnen kann.
Die Sauce sollte 1 Stunde vor dem Servieren zusammengerührt werden, damit sie gut durchziehen und ihr Aroma voll entfalten kann. Jeder am Tisch bekommt in einer kleinen Schale etwas von dieser kalten Sauce.
Und schließlich wird zu diesem Gericht Reis serviert, der fernöstlicher Küche entsprechend nicht allzu trocken sein sollte. Dies ist nicht zuletzt ein Zugeständnis an alle, die mit Stäbchen essen wollen und können.
Auch hier wieder kann man variieren: Sellerie und Selleriekraut schmecken gut dazu, oder roter und gelber Paprika, oder Zucchini und Porree. Außerdem schmeckt Tintenfisch, auf diese Weise gegrillt, sehr delikat.

Abb. 42: Dschingis-Khan, eine fernöstliche Grillspezialität, die wir auf Ibiza fanden.

Eintopfgerichte

Sukiyaki

Sukiyaki ist bei uns im Westen eines der bekanntesten japanischen Gerichte. In Japan selbst spielt es – da Rindfleisch dort seltener gegessen wird – keine so vorherrschende Rolle mehr, obwohl es eine alte Geschichte hat. Sukiyaki heißt „Auf dem Pflug gebraten". Es enthielt ursprünglich kein Fleisch, sondern Meerestiere – später allenfalls Geflügel. Es war ein Gericht der Fischer und Bauern, die es auf einem heißen Stück Eisen zubereiteten. Später wurde dieses Gericht immer raffinierter und um neue Zutaten bereichert, so daß man schließlich alles in einem Topf kochte. Die Japaner zählen Sukiyaki zu den *Nabemono*-Gerichten, das sind Eintopfgerichte, die am Tisch zubereitet werden. Außerdem ist es ein *Nimono,* was soviel bedeutet wie „Kochen in gewürzter Flüssigkeit". Als im 16. Jahrhundert die Europäer nach Japan kamen, wurde Sukiyaki ein Gericht mit Fleisch, speziell mit Rindfleisch. Als weitere Zutat wurde aber auch *Tofu* verwendet, was Sie auch einmal ausprobieren sollten.
Sukiyaki ist in Japan ein ausgesprochenes Wintergericht. Dann sitzt man gemütlich um den Tisch und beschäftigt sich gemeinsam mit Kochen. Machen Sie es den Japanern nach.

Abb. 43: Sukyaki ist besonders gut für die Zubereitung am Tisch geeignet.

500 g Rindfleisch
1 Stange Porree
1 Möhre
¼ Chinakohl oder Spitzkohl oder Weißkohl
1 grüne Paprikaschote
1 rote Paprikaschote
1 kleine Dose Bambussprossen
100 g Champignons
100 g Mungbohnensprossen
50 g Glasnudeln
evtl. Tofu

Legen Sie das Rindfleisch 1 Stunde ins Gefrierfach, weil es sich dann besser in hauchdünne Scheiben schneiden läßt (bitte quer zur Faser). Auch die anderen Zutaten müssen so fein wie möglich geschnitten werden.
Die Bambusschößlinge und die Mungbohnensprossen waschen und abtropfen lassen.
Die Glasnudeln gibt man etwa drei Minuten in kochendes Wasser und schneidet sie hinterher klein.
Wenn Sie Tofu dazunehmen, dann können Sie ihn in Streifen schneiden und 15 Minuten in der Brühe ziehen lassen. Uns hat er aber noch besser in fritierter Form geschmeckt. Da können Sie Würfel oder Streifen fritieren, die anschließend nur kurz in die Brühe getaucht werden, damit der Tofu nicht weich wird.
Auf *Abbildung 43* können Sie sehen, wie wir die feingeschnittenen Zutaten angeordnet haben. Nach japanischer Sitte werden die einzelnen Sorten niemals gemischt, sondern säuberlich nebeneinander gelegt.

In die Mitte des Tisches kommt nun ein Topf, der auf einem Brenner steht und der enthält:

250 ml Sojasauce
300 ml Sake (Reiswein)
500 ml Wasser oder Brühe
4 Eßlöffel Zucker
2 Teelöffel Salz

Den Topf möglichst schon kochendheiß auf den Tisch stellen.
Jeder bekommt nun ein Schälchen mit Reis und ein anderes Schälchen, in das er ein rohes Ei schlägt und verquirlt – je nach Kunstfertigkeit mit einer Gabel oder mit Stäbchen. Währenddessen kommt die erste Hälfte der Zutaten in die Brühe, wo sie langsam zu kochen beginnen. Probieren Sie zwischendurch vielleicht schon vom fritierten Tofu.
Dann angelt man sich die einzelnen Stücke aus dem Topf, taucht jedes einzeln kurz in das verquirlte Ei – dem man noch etwas Brühe aus dem Topf beifügen kann –, und ißt dann das Fleisch und Gemüse mit dem Reis.
Aber es gibt noch eine andere Methode der Zubereitung:
In einer großen Pfanne wird wenig Öl erhitzt, ein Teil der Zutaten hineingegeben und kurz angebraten. Dann ein wenig Soße darübergießen und alles kurz kochen lassen. Nach dem Verteilen kommen die nächsten Portionen in die Pfanne und alles beginnt von vorn. Zu dieser Art der Zubereitung schmeckt Tofu besonders gut.
Wir finden die Methode mit dem großen Topf am angenehmsten und auch am einfachsten.

Mizutaki

Auch Mizutaki ist ein Eintopfgericht wie Sukiyaki.

Die Hauptzutaten sind Huhn und verschiedene Gemüse sowie Reis:

500 g Hühnerfilets oder anderes Geflügelfleisch
½ Chinakohl
2 Möhren
8 getrocknete chinesische Pilze
4 Frühlingszwiebeln
1 grüne Paprikaschote
150 g Mungbohnensprossen
1 kleine Dose Bambussprossen
50 g Glasnudeln
evtl. Tofu

Für die *Kochflüssigkeit* brauchen wir:

1 Liter Hühnerbrühe (fällt oben an)
1 Stück Kombu-Alge (bekommt man in Geschäften für ostasiatische Zutaten)

Schließlich gehört zu diesem Gericht noch ein *Dip:*

5 Eßlöffel frischer Zitronensaft
5 Eßlöffel Sojasauce

Die Pilze werden 1 Stunde lang eingeweicht. Währenddessen wird das rohe Hühnerfleisch in 3 cm große mundgerechte Stücke geschnitten, der Chinakohl und die anderen Gemüse zerkleinert. Dann alles in die Kochflüssigkeit geben und kurz kochen. Mit Salz und Pfeffer würzen.

Die Kombu-Alge wird während der ganzen Zeit unzerkleinert auf dem Topfboden mitgekocht. Sie schmeckt übrigens salzig, deshalb vorher nicht allzu stark salzen. Da die Alge lediglich als Gewürz dient, wird sie nach dem Kochen aus dem Topf herausgeholt und fortgeworfen. Die Brühe wird zum Trinken in Portionsschälchen verteilt.

Bereitet man diesen Eintopf mit Rindfleisch, dann heißt er *Shabu-Shabu.*

Pfannengerührte Gerichte

Chop Suey

Hier die Zutaten:

500 g Schweineschulter oder Schinkenbraten
1 kl. Dose Bambussprossen
8–10 Muerr-Pilze (chinesische Baumpilze)
2 Tassen Mungbohnen-Sprossen
1 Stange Porree
2 Möhren
evtl. ½ Blumenkohl oder Chinakohl oder Broccoli
10 Eßlöffel Öl

Zu diesem Gericht brauchen wir eine *Marinade,* die enthält:

3 Eßlöffel Sojasauce
1 Teelöffel Zucker
½ Teelöffel Salz
2 Eßlöffel Stärke

Außerdem kommt noch eine *Sauce* hinzu:

3 Eßlöffel Sojasauce
6 Eßlöffel Wasser
1 Teelöffel Zucker
½ Teelöffel Salz
1 Messerspitze Sambal Oelek oder etwas Cayennepfeffer
1 Teelöffel Sesamöl
1 Teelöffel Stärke

Bevor Sie mit allem anderen beginnen, übergießen Sie die getrockneten *Pilze* mit kochendem Wasser und lassen sie etwa 1 Stunde ziehen.
Währenddessen schneiden Sie das *Fleisch* in möglichst dünne Scheiben von mundgerechter Größe.
Dann wird die *Marinade* gerührt. Sie hat fast die Konsistenz einer Panade, damit das Fleisch saftig bleibt. Die dünnen Fleischscheiben werden jetzt mit der kalten Marinade gut vermischt und sollen 5 Minuten ziehen.
Währenddessen werden die Bambussprossen und die Möhren in Scheiben geschnitten, der Blumenkohl oder Broccoli in Röschen zerteilt und blanchiert.
Dann wird in einer großen Pfanne zunächst das Fleisch in Öl angebraten. Nehmen Sie es heraus und tun Sie statt dessen das Gemüse hinein; und zwar zuerst den Porree, dann den Blumenkohl, dann Möhren, Pilze, Bambussprossen und erst zum Schluß die Mungbohnen-Sprossen. Die Gemüse garen nämlich unterschiedlich schnell. Insgesamt dauert die Braterei des Gemüses jedoch nur 2 Minuten. Nach diesen 2 Minuten wird das angebratene Fleisch wieder dazugegeben sowie die inzwischen zusammengerührte Sauce. Alles 1 Minute aufkochen lassen, und fertig ist das Chop Suey.
Chop Suey läßt sich nicht nur mit Schweinefleisch, sondern auch mit Rindfleisch, Hühnerfleisch und sogar mit Fisch zubereiten. Auch Variationen beim Gemüse sind möglich, da lassen Sie Ihrer Phantasie freien Lauf.
Achten Sie auf schöne Farbkontraste, die sich z. B. mit roten, gelben und grünen Paprikaschoten unterstützen lassen.

Abb. 44a: Die Zutaten für Chop Suey.

Rindfleisch mit Broccoli

Das Gericht könnte genausogut heißen: Schweinefleisch mit Chinakohl oder: Hühnerfleisch mit Champignons oder noch anders. Es läßt sich nämlich in die verschiedensten Richtungen variieren. Es wird – wie die meisten ostasiatischen Gerichte – unter Rühren in der Pfanne gebraten, und es ist ganz schnell zubereitet. In China bekommt man es bei fast jeder Einladung serviert.

Abb. 44b: Das berühmte Chop Suey.

Und hier die Zutaten:

500 g Rindfleisch (z. B. Hüfte), in dünne Scheiben geschnitten
500 g Broccoli, in Röschen geteilt und blanchiert
1 Zwiebel, in dünne Scheiben geschnitten
evtl. 1 Zehe Knoblauch
1 Messerspitze Ingwer-Wurzel, frisch gerieben
10 Eßlöffel Öl

Auch hier brauchen wir wieder eine *Marinade:*

3 Eßlöffel Sojasauce
3 Eßlöffel Wasser
1 Teelöffel Zucker
½ Teelöffel Salz
1 Teelöffel Sesamöl
2 Eßlöffel Stärke

Schließlich noch die *Sauce:*

1 Tasse Wasser
1 Eßlöffel Sojasauce
½ Teelöffel Salz
1 Eßlöffel Sake (chinesischer Reiswein)
½ Teelöffel Zucker
evtl. ½ Teelöffel Sambal Oelek
1 Teelöffel Stärke

Die *Rindfleischscheiben* 1 Stunde lang in der Marinade liegen lassen; dann werden sie zarter.
Die *Marinade* abtropfen lassen und das Fleisch etwa 1 Minute lang in Öl anbraten. Aus der Pfanne nehmen und warm stellen.
Im restlichen Öl Zwiebel, Knoblauch, Ingwer anbraten, Broccoli dazugeben und 2 Minuten schmoren lassen. Zum Schluß kommt das Fleisch wieder in die Pfanne.
Durch den Reiswein bleibt die grüne Farbe der Broccoli-Röschen besser erhalten. Ist das Ganze zu trocken, evtl. noch etwas Wasser dazugeben.
Durch die kurzen Kochzeiten haben alle Bestandteile dieser Mahlzeit ihre Farbe behalten. Das dunkelbraune Fleisch sieht mit dem grünen Broccoli und der hellbraunen Sauce sehr appetitlich aus.
Auch hier gibt es wieder die Möglichkeit zur Variation:
Statt Rindfleisch kann man Schwein, Huhn oder Fisch verwenden. Als Gemüse eignet sich Blumenkohl, Chinakohl oder Spitzkohl, der gebraten sehr lecker schmeckt sowie Paprika (rot, grün oder gelb) und weiße Champignons und Auberginen.

Süß-scharfe Rippchen

Ein Rezept für Leute, die gern Knochen abknabbern.
Rippchen haben ja ein sehr aromatisches Fleisch, was hier besonders zur Geltung kommt.

1 kg Schweinerippchen

Für die Marinade:
- 6 Eßlöffel Sojasauce
- 1 gehäufter Eßlöffel kleingeschnittener Porree
- ¼ Teelöffel geriebene Ingwerwurzel
- 1 zerdrückte Knoblauchzehe
- 2 Teelöffel Worcestershiresauce
- 3 Eßlöffel Zucker
- 1 Tasse Wasser

Die Rippchen werden auseinandergeschnitten und in die Marinade gelegt. Nehmen Sie dazu am besten eine flache Schüssel, in der die Rippchen nebeneinander liegen können. Eine Stunde lang ziehen lassen. Danach die Rippchen in heißem Öl von allen Seiten braten.
Die Marinade kann nicht als Sauce verwendet werden, weil sie dazu viel zu süß ist. Man kann sie aber durchaus zum Marinieren von Tofu und Tempeh weiterverwenden, die man anschließend fritiert oder ebenfalls in der Pfanne brät. Oder vielleicht wollen Sie sie direkt am Tisch grillen?
Zu den Rippchen serviert man Reis. Wenn Sie wollen, können Sie dazu auch noch eine Sauce bereiten.

Schweinefleisch süß-sauer

Die Zutaten für dieses Gericht gruppieren sich in drei Teile:

1. Das Fleisch
500 g Schweinefleisch

2. Die Marinade und Panade
- 1 Ei
- 1 Eßlöffel Sojasauce
- ½ Teelöffel Zucker
- ½ Teelöffel Salz
- 1 Messerspitze Pfeffer
- 2 Eßlöffel Mehl
- 1 Eßlöffel Stärke

3. Gemüse und Sauce
- 2 Möhren
- 2 rote Paprika
- 1 grüner Paprika
- 1 kleine Dose Ananas mit Saft
- 1 Zwiebel
- 1 Knoblauchzehe
- 1 kleine Dose Tomatenmark
- 2 Eßlöffel Öl
- 2 Tassen Wasser oder Fleischbrühe

Abb. 45a: Die Zutaten für das Schweinefleisch süß-sauer.

4 bis 5 Eßlöffel roter Weinessig (kann man nach Rezepten im *Hobbythek-Buch 7* selber machen)
2 bis 3 Eßlöffel Zucker
½ Teelöffel Salz
¼ Teelöffel Sambal Oelek
1 Eßlöffel Stärke in 2 Eßlöffeln kaltem Wasser angerührt

Schneiden Sie das *Schweinefleisch* in Würfel von etwa 2 cm Stärke.
Das Eigelb schlagen und mit den anderen Zutaten der *Marinade* bis auf Mehl und Stärke verrühren. Die Fleischwürfel damit vermischen und ziehen lassen. Kurz vor dem Braten oder Fritieren des Fleisches werden die Würfel in einer Mischung aus den 2 Eßlöffeln Mehl und 1 Eßlöffel Stärke gewälzt.
Jetzt zum *Gemüse:* Es wird in Streifen geschnitten und angebraten. Der Paprika am kürzesten, damit er seine Farbe behält. Dann alle anderen Zutaten in die Pfanne geben und kurz weiterköcheln lassen; zum Schluß die Stärke zum Andicken hinzugeben. Vor dem Servieren wird die Mischung über das gebratene oder fritierte Fleisch gegeben.

Abb. 45b: Schweinefleisch süß-sauer.

Variationsmöglichkeiten: Statt Schweinefleisch kann man auch Hühner-, Rind- oder Entenfleisch nehmen, ja sogar Fisch. Sehr gut schmeckt für diejenigen, die es gern fleischlos mögen, dasselbe Gericht mit *Tofu* oder *Tempeh.*
Beim Gemüse kann man auch frische Tomaten, Bambussprossen, Muerrpilze, grüne Erbsen oder Lichees verwenden. Statt des Zuckers kann man auch mit Honig süßen.

Bulgogi – das koreanische Feuerfleisch

Bulgogi ist eine Rindfleisch-Spezialität der Koreaner. Das Rezept hat uns der Koch des koreanischen Restaurants Han Kook in Köln verraten. Bulgogi wird normalerweise über Holzkohlenglut gegart; es geht aber genauso gut auf einem Tischgrill oder in der Pfanne.

Sie brauchen:

500 g mageres Rindfleisch

Für die Marinade:
4 Eßlöffel Sojasauce
1 Eßlöffel Sake (chinesischer Reiswein) oder trockener Sherry
1 Teelöffel Sesamöl
2 Frühlingszwiebeln oder Porree
1 zerdrückte Knoblauchzehe
evtl. ¼ Teelöffel geriebene Ingwerwurzel
1 gestrichener Teelöffel Zucker
1 Messerspitze gemahlener schwarzer Pfeffer
evtl. 1 Teelöffel Sesamkörner
2 Eßlöffel Wasser

Das Rindfleisch muß in hauchdünne kleine Scheiben geschnitten werden. Evtl. eine Stunde ins Gefrierfach legen, damit es sich besser schneiden läßt.
Dann die Marinade zusammenrühren und die kleinen Stücke mindestens drei bis vier Stunden, besser aber noch einen ganzen Tag einlegen.
Bulgogi wird gebraten und mit Reis serviert.
Wenn Sie mögen, können Sie zusätzlich mit einer der süß-sauren oder auch sauer-scharfen Sauce würzen.

Hühnerfleisch mit Mandeln und Ananas

500 g Hühnerfleisch (Brust)
8 Eßlöffel Öl
3 Frühlingszwiebeln
100 g geschälte Mandeln
1 frische oder 1 Dose Ananas

Für die Marinade:
2 Eßlöffel Sojasauce
1 Eßlöffel Sake (chin. Reiswein)
½ Teelöffel Zucker
¼ Teelöffel geriebene Ingwerwurzel
1 Teelöffel Salz
2 Eßlöffel Stärke

Für die Sauce:
2 Eßlöffel Sojasauce
1 Tasse Ananassaft
⅓ Teelöffel Salz
1 Messerspitze Pfeffer
1 Teelöffel Stärke

Das Hühnerfleisch in Stücke schneiden und 10 bis 30 Minuten lang in die Marinade legen. Dann das Fleisch in Öl anbraten, bis es hell, nicht aber braun wird. Kurz darauf die kleingeschnittenen Zwiebeln, die Mandeln dazugeben, dann die Ananasstücke und die Marinade mit dem Ananassaft. Bis alles wieder aufkocht, ständig rühren.
Sie können das Gericht auch mit Schweinefleisch oder sogar mit Fischfilet (z. B. Rotbarsch) abwandeln.

Saté Babi

Hier handelt es sich um ein *indonesisches Rezept* für Schweinefleischspießchen, das uns Mareike vom wwf-club empfohlen hat.

500 g Schweinefilet oder Poulardenbrust

Für die Marinade:
4 Eßlöffel Ketjap Manis (indonesische Sojasauce)
2 zerdrückte Knoblauchzehen
1 Messerspitze gemahlener Kreuzkümmel
1 Messerspitze Koriander
1 Messerspitze gemahlener weißer Pfeffer
der Saft 1 Zitrone
evtl. 1 Prise Salz

Natürlich kann man auch andere Schweinefleischstücke verwenden, z. B. Schnitzel. Und wenn Sie kein *Ketjap Manis* bekommen, verwenden Sie eine normale Sojasauce, die mit wenig Zucker nachgesüßt wird.
Das Fleisch in etwa 2 cm große Würfel schneiden und auf Schaschlikspieße stecken. Die Spieße etwa 1 Stunde lang in der Marinade ziehen lassen. Anschließend in 2 Eßlöffel Öl in der Pfanne braten.

Abb. 46: Hühnerfleisch mit Mandeln und Ananas.

Tofu und Tempeh

Tofu-Rezepte

Wir sagten schon, daß man Tofu sowohl salzig wie süß, scharf wie mild, gebraten oder fritiert, gegrillt oder gekocht essen kann. Man kann Tofu auch ohne weitere Zutaten essen; aber mit einer Sauce und Reis angerichtet, ergibt er eine komplette Mahlzeit.
Am besten hat uns Tofu mariniert und anschließend gebraten, fritiert oder gegrillt geschmeckt. Dazu den Tofu in etwa ½ cm dicke Scheiben schneiden, 10 bis 30 Minuten in einer der angegebenen Marinaden ziehen lassen und fritieren. Schon in 1 bis 2 Minuten ist er braun. Länger bitte nicht, weil er dann hart wird.
Nehmen Sie eine der Sojasaucen-Dips dazu und servieren Sie mit Reis.
Man kann aber auch Tofu wie Tempura zubereiten (vgl. *Seite 162*).

Gefrorener Tofu

Tiefgefrorener Tofu unterscheidet sich von frischem dadurch, daß das Eiweiß und das Wasser sich trennen. Er wird dann leicht bräunlich. Nach dem Auftauen wird er wieder hell; er läßt sich nun wie ein Schwamm zusammendrücken, wobei die Flüssigkeit herausgepreßt wird. Anschließend können Sie ihn mit den Fingern zerbröseln und wie Hackfleisch verwenden. Er ist dann hervorragend geeignet als Füllung von Wan-Tan, für Tofu-Bällchen usw.
Tiefgefrorenen Tofu sollten Sie nicht fritieren, weil er schnell hart wie Zwieback wird und seine poröse Struktur viel Fett aufnimmt.
Weitere Verwendungsmöglichkeiten: in scharf-saure Suppe (vgl. *Seite 147*) oder in Eintopfgerichten wie Sukiyaki (vgl. *Seite 152*).
Schließlich kann man Tofu noch in große Scheiben schneiden und wie Schnitzel in der Pfanne braten. Die Scheiben vorher 1 bis 2 Stunden marinieren. Ob Sie panieren oder nicht, überlassen wir ganz Ihnen.

Mabo-Dofu

Der chinesische *Dofu* ist etwas fester als der japanische *Tofu*. Sie können aber dazu ohne weiteres unseren Tofu verwenden. Sie brauchen:

500 g Tofu
3 Eßlöffel Öl
1 zerdrückte Knoblauchzehe
1 Stange Porree oder Frühlingszwiebel
1 rote Paprikaschote
1 grüne Paprikaschote
2 gehäufte Teelöffel Tomatenmark
1 Tasse Wasser

Für die Marinade:
3 Eßlöffel Sojasauce
2 Eßlöffel Sake oder trockener Sherry
1 Teelöffel Worcestershiresauce
1 gestrichener Teelöffel Salz
1 gestrichener Teelöffel Zucker
1 Teelöffel Sambal Oelek

Den Tofu in ½ cm dicke Scheiben schneiden und eine halbe Stunde lang marinieren. Währenddessen Porree und Paprika in dünne Streifen schneiden, im Öl andünsten, Knoblauch und Tofu dazugeben, vorsichtig wenden. Zum Schluß das Tomatenmark und die restliche Marinade dazugeben und kurz noch einmal aufkochen. Mit 1 Teelöffel Stärke andicken.

Mit Reis servieren.

Tofu-Bällchen

400 g Tofu (tiefgefroren)
1 Zwiebel
1 Ei
4 gestrichene Eßlöffel Semmelbrösel
1 Eßlöffel Sojasauce
½ Teelöffel Zucker
1 gestrichener Teelöffel Salz
1 Messerspitze Sambal Oelek oder Tabasco

Der krümelige Tofu wird mit allen anderen Zutaten zu einem Teig vermischt. Daraus formt man Bällchen von 3 cm Durchmesser. Sie werden fritiert, bis sie knusprig braun sind. Das dauert nicht länger als 3 Minuten; sie werden nämlich sonst leicht hart und im Inneren trocken.
Servieren kann man die Bällchen mit jeder beliebigen Sauce oder z. B. auch mit selbstgemachtem Ketchup, für das wir Ihnen im *Hobbythek-Buch 7* die Rezepte gegeben haben. Auf diese Weise ist es eine sehr interessante Vorspeise. Sie können aber dazu auch Salate oder pfannengerührtes Gemüse und Reis reichen. Dann wird es ein Hauptgericht.
Dieses Grundgericht können Sie mit Pilzen, Möhren, Auberginen, Bambussprossen abwandeln.

Abb. 47: Knusprige Tofu-Schnitzel.

Abb. 48: Tofu-Bällchen.

Abb. 49: Mabo-Dofu.

Abb. 50: Frischer Tofu mit Tomaten und Basilikum.

Abb. 51: Tempeh fritiert.

Abb. 52: Tempeh gegrillt.

Abb. 53: In der Pfanne gerührtes Tempeh mit Gemüse.

Abb. 54: Tempeh mit Sauce, Möhren und Auberginen.

Tempeh-Rezepte
Mit Tempeh können Sie ähnlich wie mit Tofu verfahren.
Man kann es braten, fritieren oder grillen. Je nach Geschmack können Sie es vorher marinieren oder auch nur kurz in Salzwasser tauchen. Zum Marinieren genügen 5 bis 10 Minuten (suchen Sie sich in den anderen Rezepten eine passende Marinade aus). Es geht auch mit einfacher Sojasauce.
Tempeh kann man anstelle von Fleisch zu allen entsprechenden Gerichten verwenden. Das gilt auch für Tofu.

Wunderbar schmeckt Tempeh auch mit süßen oder süß-sauren Zutaten, z. B.:

Mango-Chutney (vgl. *Seite 163*)
Cumberlandsauce
Wildpreiselbeeren
selbstgemachtes Apfelmus
heiße Himbeeren und Vanillesauce
Honig und Walnüsse
gute Konfitüren

Bei der Kombination mit süßen Zutaten muß Tempeh natürlich auch mariniert werden. Hier ein Vorschlag:

1 Eßlöffel Sojasauce
1 Eßlöffel Weinessig
1 Eßlöffel Wasser
1 Teelöffel Zucker

Saucen

Süß-saure Sauce
Für diese Sauce brauchen Sie nicht viel Zeit. Sie paßt zu vielen Gerichten wie z. B. zu fritiertem Tofu und Tempeh und auch zu Frühlingsrollen, zu Rippchen usw.

Hier die Zutaten:

1 Eßlöffel Pflanzenöl
1 Knoblauchzehe
1 Zwiebel
1 Messerspitze frisch geriebene Ingwerwurzel
1 Tomate oder 1 Eßlöffel Tomatenmark, doppelt konzentriert
2 Eßlöffel Sake
5 Eßlöffel Weinessig
2 Eßlöffel Sojasauce
1 Teelöffel Worcestershire-Sauce
½ Teelöffel Salz
3 Eßlöffel Zucker oder Honig
½ Teelöffel Sambal Oelek oder Cayennepfeffer
½ Liter Wasser oder Brühe

Das Öl erhitzen und feingehackte Knoblauch und Zwiebel darin braten. Tomatenmark hinzugeben und kräftig durchrühren. Mit der Flüssigkeit ablöschen, die Gewürze hinzugeben und 5 bis 10 Minuten ziehen lassen. Evtl. mit etwas Stärke andicken.

Marinaden und Dips mit Sojasauce
Sojasauce kommt in fast allen Rezepten der ostasiatischen Küche vor; zumindest in Marinaden und Saucen. In vielen Fällen genügt schon einfache Sojasauce. Aber die kann man ja noch verfeinern. Dafür hier einige Vorschläge:

Abb. 55: Saucen und Dips. In den Schälchen links: Soja-Sauce mit Honig und Frühlingszwiebeln; rechts: Tempura-Dip mit Rettig; vorn: Süß-saure Sauce.

Tempura-Dip (genauso gut zu fritiertem Tofu geeignet)

4 Eßlöffel Sojasauce 2 Eßlöffel Sake (chinesischer Reiswein) oder trockener Sherry 8 Eßlöffel Wasser 2 Eßlöffel geriebener Rettich 1 Messerspitze geriebene Ingwerwurzel ½ Teelöffel Zucker

Alles gut verrühren und fertig.

Terijaki (eine japanische Sauce, die gut zu Tofu paßt)

2½ Eßlöffel Sojasauce 3 Eßlöffel Sake 2 zerdrückte Knoblauchzehen 1 Messerspitze geriebene Ingwerwurzel ¼ Teelöffel scharfer Senf 1 Eßlöffel Zucker 1 Teelöffel Sesamöl

Honig-Marinade mit Frühlingszwiebeln

3 Eßlöffel Sojasauce 2 Eßlöffel Sake 1 Eßlöffel feingehackte Frühlingszwiebeln 2 zerdrückte Knoblauchzehen 1 Messerspitze frisch geriebene Ingwerwurzel 1 Eßlöffel Honig evtl. 4 Eßlöffel Ananassaft

Verschiedene Chutneys

Chutneys sind pikante, süß-saure Saucen. Sie lassen sich lange aufheben und verfeinern die meisten fernöstlichen Gerichte.

Abb. 56: Eine frische Mango-Frucht und Mango-Chutney.

Mango-Chutney

Das ist der „klassische“ Chutney.

2 bis 3 frische Mangofrüchte ½ Liter Weinessig 350 g Zucker 200 g kernlose Rosinen 30 g geriebene Ingwerwurzel 1 Teelöffel Senfsamen etwas zerdrückter Knoblauch 1 gehackte und hell angeschmorte Zwiebel Pfeffer und Salz evtl. 1 bis 2 scharfe Pepperoni

Die Mangofrüchte werden geschält und zerkleinert.

Dabei die Teile dicht am Kern möglichst nicht verwenden, da sie leicht faserig sind. Dann alle Zutaten miteinander verrühren und solange kochen, bis ein guter Brei entsteht.

Den Chutney in Schraubgläsern oder weithalsigen Flaschen aufbewahren.

Nuß-Chutney

2 Äpfel 4 Mandarinen 100 g Sultaninen 100 g grob gehackte Nüsse (Haselnuß oder Walnuß) 75 g Zucker 1 Eßlöffel eingelegter Ingwer 1 Zimtstange

Die Zutaten kleinhacken und 10 Minuten dünsten. Dann die Zimtstange herausnehmen und drei Gläschen Rum dazugießen. Fertig.

Apfel-Chutney

1,5 kg Äpfel
500 g Zwiebeln
150 g Korinthen
500 g Zucker
½ Teelöffel Salz
je eine Messerspitze gemahlene Nelken und Pfeffer
½ Teelöffel Curry
1 ½ Tassen Weinessig
evtl. geriebene Ingwerwurzel

Zubereitung wie beim Nuß-Chutney.

Reis einmal anders

Indonesischer Reis
Man kann ihn gut mit *Tofu* und *Tempeh,* aber auch mit vielen anderen Gerichten kombinieren.

Hier die Zutaten:

1 Tasse Langkornreis
1 zerdrückte Knoblauchzehe
1 gestrichener Teelöffel Salz
1 ungespritzte Zitrone
1 Messerspitze Koriander

Den Reis mehrmals waschen, damit alle freiliegende Stärke beseitigt wird. Dann den Reis 5 bis 6 Stunden oder auch über Nacht quellen lassen. Eine Tasse Reis quillt dann auf 2 Tassen auf. Den Reis zusammen mit 1 ½ Tassen kalten Wasser in einen Topf geben und zum Kochen bringen. Währenddessen die Gewürze hinzufügen.
Die ungespritzte Zitrone etwa zur Hälfte hauchdünn schälen, damit von der weißen Schale nichts abgeschnitten wird. Sie wird nämlich beim Kochen bitter. Diese dünne Schale jetzt zum Reis geben und alles zusammen einmal kurz aufkochen. Den Herd abschalten, den Topf aber auf der heißen Platte stehenlassen. Die Hitze reicht aus, um den Reis garzuquellen. Nach etwa einer halben Stunde ist er fertig. Er duftet angenehm und sieht durch die kleinen gelben Zitronenschalenstücke schön aus.
Die Indonesier verwenden anstelle des Kochwassers oft Kokosmilch, die aus dem Fleisch der Kokosnuß hergestellt wird. Sie können sie auf folgende Weise zubereiten:
250 g Kokosflocken mit 250 ml heißem Wasser in einer Schüssel durchrühren. In ein Durchschlagsieb geben und die auslaufende Milch in einer Schüssel auffangen. Anschließend die Kokosflocken aus dem Sieb nehmen und in weiteren 250 ml heißem Wasser verrühren. Wieder ins Durchschlagssieb ablaufen lassen; evtl. ausdrücken. Sie haben jetzt etwa ½ Liter Kokosmilch, die Sie zum Reiskochen verwenden.

Abb. 57: Kaufen Sie möglichst den gesunden ungeschälten Reis.

Hier noch ein paar wichtige Gewürze und Zutaten der fernöstlichen Küche

Vieles ist bereits auf den vorhergehenden Seiten erklärt worden. Hier noch ein paar Ergänzungen, damit Sie wirklich alles Nötige über die fernöstliche Küche wissen:

Bambussprossen oder/schößlinge:
In Ostasien sehr beliebtes Gemüse aus den jungen Trieben des Bambus. Man bekommt es bei uns in Dosen. Nicht sofort verbrauchte Reste in ein Glas geben, mit Wasser bedecken und verschlossen in den Kühlschrank stellen.

Currypulver:
Ein indisches Gewürz, das aus einer Mischung aus Ingwer, Kurkuma, Pfeffer, Zimt und anderen Gewürzen besteht.

Abb. 58: Wichtige Gewürze und Zutaten fernöstlicher Küche.

5-Gewürze-Pulver:
Wichtiges chinesisches Gewürz aus Sternanis, Fenchel, Zimt, Nelken, Szetchuanpfeffer.

Glasnudeln:
Aus der Stärke der grünen Mungbohne hergestellte durchsichtige Nudeln. Im trockenen Zustand sehr hart und elastisch; bereits nach 3 Minuten Kochzeit gar.

Glutamat:
Monosodium-Glutamat verstärkt den Eigengeschmack von Nahrungsmitteln, besonders, wenn ohne Fleisch gekocht wird. Obwohl es in Restaurants in großen Mengen verwendet wird, haben wir darauf verzichtet. Gute Zutaten brauchen kein Glutamat. Außerdem kann es allergische Reaktionen der Haut, Sodbrennen und in größeren Dosen auch Übelkeit auslösen.

Hoisinsauce:
Sie besteht aus Sojabohnen und Gewürzen. Der Geschmack ist süßlich-salzig; sie wird zum Würzen von Saucen und Dips vor allem in der chinesischen Küche verwendet.

Ingwerwurzel:
Frische Ingwerwurzel gibt es in Fachgeschäften. Im Frühjahr ist sie milder und wird scheibchenweise verwendet, im Herbst sehr scharf und nur gerieben in kleinen Mengen genießbar (schmeckt sonst leicht seifig). Trockenes Ingwerpulver ist kein Ersatz. Frische Ingwerwurzel in feuchtem Sand im Glas aufheben.

Koriander:
Ein typisch indonesisches Gewürz (wichtiger Bestandteil von Curry). Das frische Kraut heißt Cilantro und ist auch

als chinesische Petersilie bekannt. Für unseren Geschmack ist Cilantro vielleicht weniger geeignet. Koriander, der Samen der Pflanze, hingegen sehr.

Kreuzkümmel:
Wichtiges indonesisches Gewürz und Hauptbestandteil von Curry.

Muerr-Pilze:
Wegen ihrer Form auch Wolkenohr-Pilze genannt. Fälschlicherweise oft als Morcheln bezeichnet. Eine beliebte Zutat zu chinesischen Gerichten. Der Geschmack ist relativ neutral. Man kauft sie getrocknet, übergießt sie mit kochendem Wasser und läßt sie eine Stunde quellen. Dann werden sie gewaschen, evtl. harte Stiele abgeschnitten und die Pilze eine Minute im Gericht mitgekocht.

Sake:
Japanischer Reiswein, der warm mit einer Temperatur von etwa 44° C getrunken wird. Man erhitzt ihn in einem Porzellangefäß im Wasserbad. Beim Kochen kann er durch trockenen Sherry ersetzt werden.

Sambal Oelek:
Eine indonesische, sehr scharfe Mischung aus zerkleinerten Chili-Schoten und Salz.

Sesamöl:
Wird in China und Japan als Würze verwendet. Das Öl wird aus gerösteten Sesamsamen gewonnen, während das normale, helle Sesamöl aus ungerösteten Körnern gepreßt wird.

Sternanis:
Ein wichtiges chinesisches Gewürz. Es wird zum Kochen und Schmoren von Fleisch verwendet und hat einen lakritzähnlichen Geschmack.

Versuchen Sie doch einmal, mit Stäbchen zu essen

Schauen Sie sich *Abbildung 59* genau an.
Legen Sie ein Stäbchen in die Höhlung zwischen Daumen und Zeigefinger *(Abbildung oben)*. Achten Sie darauf, daß das dickere Ende des Stäbchens etwa ⅓ über den Handrücken hinausragt und auf der Innenseite der Ringfingerspitze liegt.
Dann legen Sie das zweite Stäbchen wie auf *Abbildung mitte* zwischen Zeige- und Mittelfinger und drücken es mit der Daumenkuppe dagegen. Das macht man etwa so, wie man einen Bleistift hält. Dabei müssen die Spitzen beider Stäbchen übereinanderliegen. Bewegt wird nur das obere Stäbchen, das untere bleibt fest eingeklemmt.
Wenn Sie Zeige- und Mittelfinger leicht beugen, können Sie mit den Stäbchenspitzen wie mit einer kleinen Zange einen Bissen fassen.

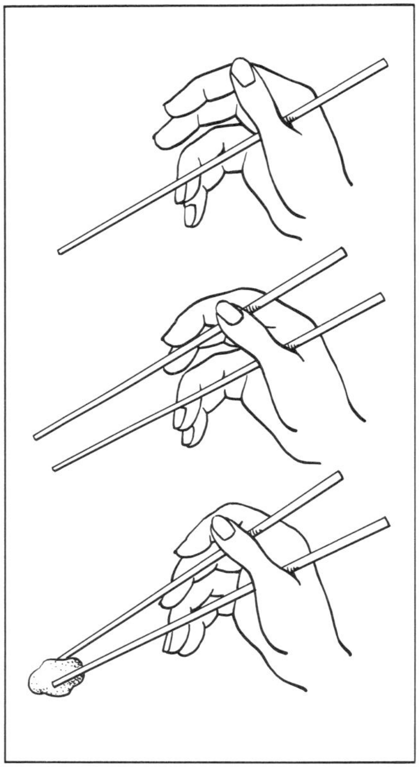

Abb. 59: So ißt man mit Stäbchen.

Bezugsquellen und Informationen

Sollten Sie irgendwelche Schwierigkeiten bei der Lieferung der hier genannten Dinge haben, so schreiben Sie uns bitte (Jean Pütz, c/o vgs, Postfach 18 02 69, 5000 Köln 1).

Gießton – eine alte Technik wird wieder entdeckt

Gießformen

Fa. Welte, Max-Planck-Str. 7, 5030 Hürth-Hermülheim, Tel. 0 22 33/ 7 50 05

Fa. PYRO, Abt. Keramikbedarf, Hüttenstr. 21/25 und 51, 5000 Köln 30, Tel. 02 21/5 50 32 81

Atelier Bartmann, Inh. Günther Erdtmann, Kölner Str. 29, 5030 Hürth-Gleuel, Tel. 0 22 33/3 56 57

Keramik-Design Wolf Manger (stellt auch spezielle Formen auf Wunsch her), Bahnhofstr. 60, 5778 Meschede 3, Tel. 0 29 03/13 29

Fa. CeramiCraft, Erftstadt (für BRD außer PLZ-Gebiet 2); Produkte der Fa. CeramiCraft vertreibt im PLZ-Gebiet 2 folgendes Studio: Keramikstudio „annette", Uhlandstr. 64, 2105 Seevetal 1, Tel. 0 41 05/ 5 32 64

Töpferzentrum Ursel Blezinger, 7102 Weinsberg, Tel. 0 71 34/87 55

Gießton

Firmen Welte (nur 20-kg-Eimer), CeramiCraft (12,5- und 20-kg-Eimer), PYRO (5- und 10-l-Eimer)

Fa. BSZ-Keramikbedarf, Sabinastr. 34, 4300 Essen, Tel. 02 01/ 25 19 97 (nur 25-kg-Eimer)

Glasieren – die Kunst der Veredelung von Keramik

Glasuren

Firmen Welte, CeramiCraft, PYRO, BSZ-Keramikbedarf; Töpferzentrum Ursel Blezinger

Fa. Grothe, Postfach 11 69, 3062 Bückeburg, Tel. 0 57 22/40 25 (Engobenglasuren: Redox, Engosyn und Gronat)

Artikel der Fa. Degussa (Glasmalfarben, Glasuren und Gold) sind über folgende Händlerfirmen zu beziehen: Rudolf Viebach, Hohentoors Heerstr. 95–97, 2800 Bremen, Tel. 04 21/50 44 43

Michael Wolbring, An der Hoffnung 21, 4030 Ratingen 5, Tel. 0 21 02/ 1 93 94

Hans Wolbring, St.-Martin-Weg 5, 5410 Höhr-Grenzhausen/Ww., Tel. 0 26 24/20 30

CERAMICA, Felsenstr. 8, 7031 Magstadt, Tel. 0 71 59/4 21 84

Bischitzky & Co. KG, Kolpingring 22, 8024 Oberhaching, Tel. 0 89/ 6 13 46 66

Andrea Wolbring OHG, Moosstr. 32, 8120 Weilheim/Obb., Tel. 08 81/ 84 56

Töpferbedarf jeglicher Art erhalten Sie außerdem bei:

Rantzauer Töpferbedarf, Rantzau 10, 2202 Barmstedt, Tel. 0 41 23/ 29 83

H. H.-F. Keramik-Bedarf, Johannisstr. 5, 2900 Oldenburg, Tel. 04 41/ 8 63 45

Ulrike Könecke, Mörliehäuserstr. 6, 3413 Moringen 1, Tel. 0 55 03/ 84 17

Drehgerät für Gipsmodelle

Fa. Egeling, Postfach 165, 6430 Bad Hersfeld

Einige Bemerkungen zum Thema Brennofen

Aluminiumsilikatofen

Hersteller Fa. Mesac, Saarstr. 29, 6300 Friedberg. Lieferbar in 40 Liter; demnächst auch größer. Die Preise sind inzwischen derart hoch, daß die Vorteile durch geringeren Energieverbrauch nicht mehr ausgeglichen werden und wir unsere Empfehlung nicht mehr aufrecht erhalten können. Bei Redaktionsschluß kostete der 40-Liter-Ofen DM 1254,– + DM 570,– für elektronische Steuerung + Frachtkosten.

Klassische Brennöfen:

Fa. CeramiCraft: ca. 40 Liter (39 ∅ x 34 cm) DM 980,–. Der Preis versteht sich incl. halbautomatischer 2-Programm-Regelung und Frachtkosten (Lieferung frei Haus).

Adresse: Fa. CeramiCraft, Hubert-Rüttger-Str. 51, 5042 Erftstadt 16, Tel. 0 22 35/8 47 44

Fa. Vielhaben: ca. 40 Liter (43 ∅ x 25 cm) DM 1010,–. Der Preis versteht sich incl. vollelektronischer 2-Programm-Regelung und Frachtkosten frei Bahnstation.

Adresse: Fa. Vielhaben, Gravelottestr. 95, 2800 Bremen 1, Tel. 04 21/ 44 49 05

Literatur

Die Töpferzeitschrift „Keramik creativ" erscheint vierteljährlich im Verlag Eike Reuter, Bienenstr. 31–33, 7570 Baden-Baden, Tel. 0 72 21/2 48 64;

das „KeramikMagazin" alle 2 Monate im Verlag Kesselring, Elzstr. 27, 7830 Emmendingen.

Ein sehr eingehendes, aber für Schulzwecke geschriebenes und daher mit Unterrichtsvorschlägen versehenes Buch ist: „Keramische Gefäße – gegossen", von Ernst Hermann Rübsam, Stuttgart ²1977. Wer genau informiert werden möchte, sollte es sich kaufen.

Sonne und Haut

Karotinoide – Bräunung aus der Pillendose (erhältlich in Apotheken)

Pillen aus reinem Canthaxanthin:

STARBRONZE (32 mg pro Kapsel), Fa. Bronzactive, Unterschleißheim.

OROBRONZE (30 mg pro Kapsel), Fa. Applipharm, Paris;

Pillen, die Canthaxanthin und Beta-Carotin enthalten:

CAROTINOID (35 mg Canthaxanthin + 4 mg Beta-Carotin pro Dragee), Fa. Isar Pharm, München;

BELLA CAROTIN (35 mg Canthaxanthin + 5 mg Beta-Carotin pro Kapsel), Fa. Weimer, Rastatt.

Sonnenbaden, Joggen, Energie sparen mit Elektronik

Bausätze

Hersteller ist die Fa. Thomsen-Elektronik. Alle Bausätze zu beziehen über den Fachhandel oder über: vgs, Postfach 18 02 69, Breite Str. 118/120, 5000 Köln 1, Tel. 02 21/21 96 41.

HS 1 „Hobby-Sun-Timer" (Konverter zum Taschenrechner) Bs DM 49,90; bP DM 62,50

TR 10 Modifizierter Taschenrechner mit Steckkontakt, DM 19,50

HJ 1 „Hobby-Joggingmeter" (Quecksilberschalter mit Befestigungsmaterial zum Taschenrechner), Bs DM 14,90

HL 1 „Luxmeter" (Konverter zum Taschenrechner), Bs DM 59,80; bP DM 71,50

SOL 12 „Hobby-Solarpak" 1,5/3/6 Volt – 1 Watt, bP DM 69,50

IRS 1 „Elektronischer Schlüssel" – Sender – (Miniausführung für Knopfzellen), Bs DM 32,–; bP DM 39,80

IRS 2 „Elektronischer Schlüssel" – Sender – (Normalausführung für 9-V-Energieblock), Bs DM 34,80; bP DM 42,50

AWT „Elektronischer Schlüssel" – Empfänger – für Türöffner, Bs DM 88,30; bP DM 119,80

IRS 4 Fernbedienung für 4 Schaltkreise (Sender), Bs DM 40,50; bP DM 48,–

FBS 4 dto. Empfänger (für 4 Steckdosen), Bs DM 84,60; bP DM 111,50

SSG 1 Universelle Schaltsteckdose, DM 35,–

SN 12 Steckernetzteil 12 Volt, DM 12,–

IRS 6 IR-Fernbedienung – Sender – für Spielzeug (6-fach), Bs DM 42,50; bP DM 49,50

IRS 13 IR-Fernbedienung – Sender – für Spielzeug (13-fach), Bs DM 47,90; bP DM 54,90

MFB 1 Spielzeugfernbedienung – Empfänger – (6–13-fach, Grundausstattung), Bs DM 89,80; bP DM 109,50

MFB 2 Spielzeugfernbedienung – Treiber – (Erweiterungsmodul zu MFB 1), Bs DM 24,50; bP DM 35,70

2005 Gehäuse zu AWT 1, FBS 4, MFB 1, DM 7,80

2011 Gehäuse zu IRS 1, DM 3,50

6000 Gehäuse zu HS 1, HL 1, IRS 2, IRS 4 und IRS 6, DM 6,20

2001 Gehäuse zu IRS 13, DM 5,70

(Bs = Bausatz; bP = fertig bestückte Platine)

Weiterführende Literatur

Ernst Beckmann u.a., Einführung in die Elektronik, herausgegeben von Jean Pütz, 18. Auflage, 288 Seiten, zahlreiche Abbildungen, Format 18,7 x 24 cm, kart., DM 38,–.

Gesundheit aus fernöstlicher Küche

In fast allen Städten gibt es bereits Spezialgeschäfte, die die notwendigen Rezeptzutaten anbieten, vor allem Bioläden, chinesisch/japanische Lebensmittelhandlungen, aber auch Spezialabteilungen in Kaufhäusern. Leider sind die Preise häufig überzogen. Deshalb hier zum Vergleich die Preise zweier Läden, die ihre Waren auch per Versand gegen Rechnung verschicken. Hinzu kommen nur die Portogebühren, keine Verpackungskosten (Preisstand Oktober 1983).

Fa. Toko Jakarta, Palanterstr. 6 d, 5000 Köln 41, Tel. 02 21/41 28 38

Sojabohnen	500 g	DM 1,50
Mungbohnen	500 g	DM 1,85
Tofu vakuumverpackt	375 g	DM 1,40
Tempeh	475 g	DM 2,60
Sojasauce, chin.	0,63 l	DM 3,35
Sojasauce, jap.	1 l	DM 7,95
Misopaste pasteurisiert	500 g	DM 4,25
frischer Ingwer	100 g	DM 1,30
Sesamöl	300 ml	DM 7,95
Glasnudeln	500 g	DM 6,50
Bambussprößlinge	800 g	DM 4,25
Chinesische Pfanne (Wok) mit Teflonboden	30 ∅	DM 82,50
Eßstäbchen	1 Paar	DM 0,50

Fa. Sojastern (aus biolog. org. Anbau), Dürener Str. 232, 5000 Köln 41, Tel. 02 21/40 99 09

Sojabohnen	500 g	DM 1,50
Mungbohnen	500 g	DM 1,85
Tofu, 200–400-g-Stück	pro kg	DM 1,–
Sojasauce	350 ml	DM 4,–
Miso, unpasteurisiert	400 g	DM 5,50

Ein großes Sortiment hat auch die Fa. Sojaquelle, Weidgarten 2, 8091 Soyen, Tel. 0 80 71/42 20. Sie versteht sich auch als Informationsstelle für alle einschlägigen Fragen.

Es gibt außerdem mittlerweile einige Organisationen, die sich besonders der vegetarischen bzw. makrobiotischen Kost auf Sojabohnenbasis verschrieben haben. Zum Teil mit weltanschaulichem Eifer. Sie veranstalten auch Kochkurse und stellen Literatur zur Verfügung:

Farmgemeinschaft e.V., 8821 Dornhausen Nr. 29

Ost-West Bund E.V., Ludweiler Str. 9, 6621 Werbelu, Tel. 0 68 34/62 66

Durch die Bemühung der Hobbythek ist es gelungen, die Preise für Tempehstarter (Rizopus Oligosporus, s. *Seite 131*) erheblich zu reduzieren. Folgende Firmen bieten an:

Fa. Starterkulturenversand Blumenstock/Fritze

10 g (für ca. 10 kg Sojabohnen) Preis DM 5,50 incl. Porto und Verpackung.

Den Betrag auf Postscheckkonto Hannover Nr. 4374 54-301 überweisen, es wird dann frei Haus geliefert.

Fa. Sojaquelle, Weidgarten 2, 8091 Soyen, Tel. 0 80 71/42 20, Postscheck München Nr. 9380-804

35 g (für ca. 10 kg) Preis DM 19,50

Literatur

William Shurtleff-Akiko Aoyagi: Das Tofu-Buch, Ahorn Verlag, DM 32,–

William Shurtleff-Akiko Aoyagi: The book of Tempeh. Harper + Row Verlag, New York/London (soll später im Ahorn Verlag erscheinen), $ 16,95

Charmaine Solomon: Die Küche Asiens. Pawlak Verlagsgesellschaft, Herrsching, DM 24,80

Preise ohne Gewähr (Preisstand vom Oktober 1983). Lieferbarkeit und Gewährleistung werden von den Autoren und vom Verlag nicht garantiert.